FRAGMENTA HESIODEA

Hesiodus.

FRAGMENTA HESIODEA

EDIDERVNT

R. MERKELBACH

ET

M. L. WEST

OXONII

E TYPOGRAPHEO CLARENDONIANO

MCMLXVII

Oxford University Press, Ely House, London W. 1

GLASGOW NEW YORK TORONTO MELBOURNE WELLINGTON
CAPE TOWN SALISBURY IBADAN NAIROBI LUSAKA ADDIS ABABA
BOMBAY CALCUTTA MADRAS KARACHI LAHORE DACCA
KUALA LUMPUR HONG KONG TOKYO

PRINTED IN GREAT BRITAIN
AT THE UNIVERSITY PRESS, OXFORD
BY VIVIAN RIDLER
PRINTER TO THE UNIVERSITY

PRAEFATIO

POSTQUAM Hesiodea annis 1902–1913 edidit vir doctus atque venerabilis Alois Rzach, satis accuratum opus et quod suis temporibus omnino sufficeret, tanta papyrorum accessit copia, ut si quis hodie reliquias Hesiodeas universas vult perlegere, plures requirat libros quam facile una manu comprehendat. Nunc vero illae Musae rursus

ἐντὶ μιᾶς μάνδρας, ἐντὶ μιᾶς ἀγέλας.

Quod tamen non sine conturbatione quadam effici potuit; nam **ordinem fragmentorum** numerosque quos ille Rzach apposuit, quamquam consuetudine atque usu firmatos, necesse erat ut mutaremus. Numeros Rzachianos, et litteras eas quibus ante decem annos fragmenta quaedam papyracea notavit alter nostrum,[1] in apparatu critico invenies, eosdemque cum nostris numeris comparatos exposuimus in calce voluminis (p. 191).

Stellam (*) appinximus fragmentis aliquot quae minus certa sunt origine, seu quod sine auctoris nomine ab antiquis laudantur, seu quod in papyrorum frustulis leguntur tam minutis ut unum sit auctoris indicium, quod alia maiora habemus fragmenta quae eiusdem libri videntur fuisse. Fortasse quaeres etiam quo consilio fragmenta nonnulla litteris (**a**) (**b**) (**c**) in duo vel tria partiti simus. Accidit interdum ut auctores, cum ad unum locum spectent et aliquid commune inter se habeant, tamen alii alias praebeant notitias, dicat hic quod ille tacet, taceat quod ille dicit. Quod potuit fallere, si alterum alteri sine pluribus subiunxissemus; illa distinctio per litteras rem clariorem faciet.

[1] R. Merkelbach, 'Die Hesiodfragmente auf Papyrus', Archiv für Papyrusforschung, 16, 1957.

Auctores paullo plenius exscripsimus, quo rectius intelligas quid dicant, quid Hesiodum velint dixisse; neque eodem iure si nimis habes indignaberis quam si parum. Addidimus multos locos in quibus testimonia subesse de carminibus Hesiodeis crediderunt quidem aliqui, sed falso; nam ne hos quidem te desiderare voluimus. Philodemi librum *περὶ εὐcεβείαc* cum opus erat laudare, adhibuimus recensionem ineditam a viro docto G. Schober anno 1923 factam, qua ut uteremur Wolfgang Schmid Bonnensis benigne nobis concessit.

Papyros paene omnes denuo inspeximus, sive in bibliothecis sive per phototypa, et lectiones hic illic invenimus novas. De quibus ut ipse iudicare possis, phototypa suppeditavimus earum papyrorum quae nondum ab aliis repraesentatae sunt; itaque omnium iam papyrorum Hesiodearum imagines potes exquirere, si libet, praeter unius Berolinensis 10560 (= fr. nostrum 204) partem posteriorem, ubi adeo expalluit atramentum ut decipiant phototypa citius quam adiuvent. In **fragmentis supplendis** erunt quibus liberius videbimur egisse. Sed sicubi supplementa in textu dedimus, credimus nos, si non verba, at certe voluntatem poetae attigisse; itemque, si quae audaciora in apparatu protulimus, demonstrare voluimus quo modo sensus constare possit, potius quam singula verba divinando admirationem movere. Auctor supplementi si non nominatur, scito eum esse qui fragmentum primus edidit. Commentarium non scribebamus; sed **explicationes** breves res ipsa flagitavit, nec nos negavimus. Plura invenies in libro sane uberi quem nuper conscripsit J. Schwartz,[1] et in Papyrorum Oxyrhynchicarum volumine XXVIII a viro sagacissimo E. Lobel edito. Ceterum in animo habemus libellum de Mulierum Catalogo seorsum edere, in quo de carminis origine et structura et de fragmentorum ordinatione fusius agemus.

Restat ut **beneficia** grato animo recognoscamus. Hartmut Erbse accuratissimas praestitit notitias eorum locorum ubi

[1] *Pseudo-Hesiodeia* (Lugduni Batavorum, 1960). Referimus ad hoc opus interdum sine inscriptione: 'J. Schwartz p. 200' et sim. Contra Bibliotheca 'Apollodori' per solam inscriptionem laudatur: 'Bibl.'.

'Hesiodus' in scholiis ad Iliadem laudatur. Ludwig Koenen et Bradford Welles papyros inspexerunt, hic in Yale, ille in Cairo, et de lectionibus nos certiores fecerunt. Herbert C. Youtie liberaliter permisit ut duo fragmenta papyri Michiganensis nos primi ederemus, et in papyris legendis nos adiuvit. Edgar Lobel, antequam ille liber quem supra laudavimus in omnium manus venit, plagulas nobiscum communicavit, et si quid de lectionibus rogabamus, statim responsa dabat. Plagulas etiam K. Nickau suppeditavit ex Ammonio suo. Winfried Bühler memoriam fragmenti 335 antiquissimam ex ingenti sua doctrina expiscatus est. W. S. Barrett schedas nostras excussit, exposuitque quo modo repraesentatio materiae formosior atque clarior fieret. Clarendonianis denique gratias agimus, qui Pseudoli gallinam mira cum cura interpretati incohatum nostrum perduxerunt ad finem.

Coloniae Agrippinae R. M.
Oxonii M. L. W.

CONSPECTUS

TABULAE

ΓΥΝΑΙΚΩΝ ΚΑΤΑΛΟΓΟΣ
sive
ΗΟΙΑΙ

TESTIMONIA

Suda η 583

ποιήματα δὲ αὐτοῦ (sc. Hesiodi) ταῦτα· Θεογονία, Ἔργα καὶ Ἡμέραι, Ἀcπίc, Γυναικῶν ἡρωινῶν Κατάλογος ἐν βιβλίοις ε̄, ἐπικήδειον εἰς Βάτραχόν τινα ἐρώμενον αὐτοῦ, περὶ τῶν Ἰδαίων Δακτύλων, καὶ ἄλλα πολλά.

Pausan. ix. 31. 4–5

Βοιωτῶν δὲ οἱ περὶ τὸν Ἑλικῶνα οἰκοῦντες παρειλημμένα δόξηι λέγουσιν ὡς ἄλλο Ἡσίοδος ποιήσειεν οὐδὲν ἢ τὰ Ἔργα. . . . ἔστι δὲ καὶ ἑτέρα ⟨δόξα⟩ κεχωρισμένη τῆς προτέρας, ὡς πολύν τινα ἐπῶν ὁ Ἡσίοδος ἀριθμὸν ποιήσειεν, ἐς γυναῖκάς τε αἰδόμενα, καὶ ἃς μεγάλας ἐπονομάζουσιν Ἠοίας, καὶ Θεογονίαν τε καὶ ἐς τὸν μάντιν Μελάμποδα, καὶ ὡς Θησεὺς ἐς τὸν Ἅιδην ὁμοῦ Πειρίθωι καταβαίη, παραινέσεις τε Χείρωνος ἐπὶ διδασκαλίαι δὴ τῆι Ἀχιλλέως, καὶ ὅσα ἐπὶ Ἔργοις τε καὶ Ἡμέραις. οἱ δ' αὐτοὶ οὗτοι λέγουσιν καὶ ὡς μαντικὴν Ἡσίοδος διδαχθείη παρὰ Ἀκαρνάνων· καί ἐστιν ἔπη μαντικά, ὁπόσα τε ἐπελεξάμεθα καὶ ἡμεῖς, καὶ ἐξηγήσεις ἐπὶ τέρασιν.

'Proclus' proleg. in Hes. Op. p. 8 Gaisf. (cf. p. 17)

Ἡσιόδου Ἔργα καὶ Ἡμέραι τὸ βιβλίον ἐπιγέγραπται. . . . οὕτω δὲ ἐπιγέγραπται πρὸς ἀντιδιαστολὴν τῶν ἑτέρων αὐτοῦ πεντεκαίδεκα βιβλίων, Ἀσπίδος, Θεογονίας, Ἡρωογονίας, Γυναικῶν Καταλόγου καὶ τῶν λοιπῶν.

Proleg. in Hes. Op. p. 3. 9 Pertusi

μετὰ τὴν ἡρωικὴν γενεαλογίαν καὶ τοὺς Καταλόγους ἐπεζήτησε καινουργῆσαι πάλιν ἑτέραν ὑπόθεσιν.

Hesych. η 650 (cf. Et. Gud.)

Ἠοῖαι· ὁ κατάλογος Ἡσιόδου.

Eustath. in Hom. p. 1680. 29

πάνυ δεξιῶς ὁ ποιητὴς τὴν ῥαψωιδίαν ταύτην ἡρώων ἅμα καὶ ἡρωίδων πεποίηκε κατάλογον, Ἡσιόδου μόνων γυναικῶν ποιησαμένου κατάλογον.

Diomedes, Gramm. Lat. i. 482 sq. Keil

poematos genera sunt tria . . . exegeticon est vel enarrativum, in quo poeta ipse loquitur sine ullius personae interlocutione, ut se habent tres Georgici et prima pars quarti, item Lucreti carmina et cetera his similia. . . . exegetici vel enarrativi species sunt tres, angeltice historice didascalice . . . historice est, qua narrationes et genealogiae componuntur, ut est Hesiodu gynecon catalogos et similia.

Max. Tyr. xxvi. 4 p. 312 Hobein

καθάπερ ὁ Ἡσίοδος, χωρὶς μὲν τὰ γένη τῶν ἡρώων, ἀπὸ γυναικῶν ἀρχόμενος καταλέγων τὰ γένη, ὅστις ἐξ ἧς ἔφυ, χωρὶς δὲ αὐτῶν πεποίηνται οἱ θεῖοι λόγοι κτλ.

Menander περὶ ἐπιδεικτ. 628 (Rhet. Gr. ix. 268. 15 Walz, iii. 402 Sp.)

ἐπιφωνήσεις δὲ καὶ τῶν Σαπφοῦς ἐρωτικῶν καὶ τῶν Ὁμήρου καὶ Ἡσιόδου· πολλὰ δὲ αὐτῶι ἐν τοῖς Καταλόγοις τῶν Γυναικῶν εἴρηται περὶ θεῶν συνουσίας καὶ γάμου.

Xenophanes fr. 10 Diehl (11 Diels–Kranz)

πάντα θεοῖς ἀνέθηκαν Ὅμηρός θ' Ἡσίοδός τε
ὅσσα παρ' ἀνθρώποισιν ὀνείδεα καὶ ψόγος ἐστί,
κλέπτειν μοιχεύειν τε καὶ ἀλλήλους ἀπατεύειν.

Serv. in Verg. Aen. vii. 268

antiquis semper mos fuit meliores generos rogare. . . . Hesiodus etiam περὶ γυναικῶν *inducit multas heroidas optasse nuptias virorum fortium.*

[Asclepiades sive] Archias, Anth. Pal. ix. 64 (de Musis et Hesiodo)

δῶκαν δὲ κράνας Ἑλικωνίδος ἔνθεον ὕδωρ,
τὸ πτανοῦ πώλου πρόσθεν ἔκοψεν ὄνυξ·
οὗ σὺ κορεσσάμενος μακάρων γένος ἔργα τε μολπαῖς
καὶ γένος ἀρχαίων ἔγραφες ἡ⟨μ⟩ιθέων.

Hermesianax fr. 7. 21–26 Powell

φημὶ δὲ καὶ Βοιωτὸν ἀποπρολιπόντα μέλαθρον
Ἡσίοδον πάσης ἤρανον ἱστορίης
Ἀσκραίων ἐσικέσθαι ἐρῶνθ' Ἑλικωνίδα κώμην·
ἔνθεν ὅ γ' Ἠοίην μνώμενος Ἀσκραϊκὴν
πόλλ' ἔπαθεν, πάσας δὲ λόγων ἀνεγράψατο βίβλους
ὑμνῶν, ἐκ πρώτης παιδὸς ἀνερχόμενος.

Luc. Diss. c. Hesiodo 1

ἐξενήνοχας θεῶν τε γενέσεις διηγούμενος . . . ἔτι δὲ γυναικῶν ἀρετὰς καὶ παραινέσεις γεωργικάς.

[Luc.] Amores 3

διηγουμένου σοῦ τὸν πολύν, ὡς καὶ παρ' Ἡσιόδωι, κατάλογον ὧν ἀρχῆθεν ἠράσθης.

Dio Prus. ii. 13 sq.

ὁ μέντοι Ἡσίοδος, ὦ πάτερ, δοκεῖ μοι οὐδὲ αὐτὸς ἀγνοεῖν τὴν ἑαυτοῦ δύναμιν, ὅσον ἐλείπετο Ὁμήρου. — Πῶς λέγεις; — Ὅτι ἐκείνου περὶ τῶν ἡρώων ποιήσαντος, αὐτὸς ἐποίησε γυναικῶν κατάλογον, καὶ τῶι ὄντι τὴν γυναικωνῖτιν ὕμνησε, παραχωρήσας Ὁμήρωι τοὺς ἄνδρας ἐπαινέσαι.

Max. Tyr. xviii. 9 p. 230 Hobein

Ἡσιόδωι δὲ ἀείδουσιν αἱ Μοῦσαι τί ἄλλο ἢ γυναικῶν ἔρωτας καὶ †ἀνδρῶν καὶ ποταμῶν ἔρωτας καὶ βασιλέων καὶ φυτῶν;†

Eunap. vit. soph. vi. 6. 6–10

περὶ ταύτης δὲ (sc. *Σωσιπάτρας*) *ἐν ἀνδρῶν σοφῶν Καταλόγοις καὶ διὰ μακροτέρων εἰπεῖν ἁρμόζει· τοσοῦτον κλέος τῆς γυναικὸς ἐξεφοίτησεν. . . . τούτου δὲ τοῦ γένους—οὐ γὰρ τὰς Ἡσιόδου καλουμένας Ἠοίας ἔσπευδον γράφειν—ἀπορροαί τινες ὥσπερ ἀστέρων περιελείφθησαν.*

---

1 P. Oxy. 2354, ed. Lobel

Νῦν δὲ γυναικῶν ⌊φῦλον ἀείσατε, ἡδυέπειαι
Μοῦσαι Ὀλυμπιάδε⌊ς, κοῦραι Διὸς αἰγιόχοιο,
α̣ἳ τότ' ἄρισται ἔσαν̣[
μίτρας τ' ἀλλύσαντο .[
μισγόμεν̣αι θεοῖ̣ς̣[ιν
ξυναὶ γὰρ τότε δα⌊ῖτες ἔσαν, ξυνοὶ δὲ θόωκοι

---

1 (A) Musarum invocatio. haec et finem Theogoniae unus poeta uno tempore composuit, novi carminis initium statuerunt grammatici 1–2 ferunt libri aliquot in fine Theogoniae 4 .[: α, γ, η, ι, κ, λ, ν, π, ρ, τ, υ 5 *θεοῖ̣ς̣[ιν* West (ad synizesin cf. *A* 18, *ξ* 251): ⟨*τε*⟩ *θεοῖ̣ς̣* Stiewe (praeeunte Treu): non videtur fuisse *θεόφιν* 6–7 cit. Orig. c. Cels. iv. 79, 6 etiam schol. Arat. 104 (p. 357. 28 M.): fr. 82 Rz. 6 *θῶκοι* schol. Arat. et Origenis libri primarii

ἀθανάτοις τε θε[οῖσι καταθνητοῖς τ' ἀνθρώποις.
οὐδ' ἄ̣ρα ἰσαίωνες ομ[
ἀνέρες ἠδὲ̣ γυναῖκες ε[
ὀ̣σ̣σόμεν[ο]ι φρ[εσὶ] γῆρ[ας
οἳ μὲν δηρὸν ε.[..]κ.[
ἠΐ[θ]ε̣οι, τοὺς δ' εἶθ̣[αρ] ε̣.[
ἀ̣[θ]ά̣να̣τ̣ο̣ι̣ [νε]ότη̣τ̣[
τ̣ά̣ω̣ν ἔσπετε Μ[οῦσαι
ὅ̣σσ[αι]ς δὴ π̣αρελ[έξατ' Ὀλύμπιος εὐρύοπα Ζεὺς
σ]περμ[αί]νων τα[
.]ς τε̣ Π̣[ο]σειδάω[ν
..... .]ν τ' Ἄρης [
..... .].ηι̣.ιντ[
....].ς̣τοσπ[
.... Ἑ]ρμῆς .[
....] βίη Ἡ[ρακλῆος

2 Schol. Ap. Rhod. Γ 1086 (p. 248. 6 Wendel), "ἔνθα Προμηθεὺς | Ἰαπετιονίδης ἀγαθὸν τέκε Δευκαλίωνα"

ὅτι Προμηθέως καὶ †Πανδώρας υἱὸς Δευκαλίων, Ἡσίοδος ἐν πρώτωι Καταλόγων φησί, καὶ ὅτι †Προμηθέως (ἢ Δευκαλίωνος) καὶ Πύρρας Ἕλλην, ἀφ' οὗ Ἕλληνες καὶ Ἑλλάς.

---

1 7 αθανατοιςτε̈ Π: ἀθανάτοισι Origenes 8 ὁμ[ῶς μακάρεσσι θεοῖσιν Merk.: ὅμ[ως Treu: ὁμ[ίλεον Kakridis: ὁμ[ηλικίη γε μὲν ἦσαν West, cf. Orph. Arg. 1115 9 ἔ[σαν Merk.: ἐ[πὶ χθονὸς Kakridis: ἐ[πὶ χθονί· οὐ γὰρ ὀλοιὸν West 10 φρ[ᵃ..]γήρ[Π cf. Triphiod. 245–6 11 ἔχ̣[εσ]κο̣[ν Treu, deinde ἐπηράτου ἄνθεα ἥβης West, ὁρᾶν φάος ἠελίοιο Stiewe cf. fr. 356 12 ἠ⟨μ⟩ίθεοι Stiewe [[ε]]ιθ̣[Π 13]ότητ̣[Π: ἀθανάτων ἰότητι vestigiis pugnat 14 ἀγακλυτὰ φῦλα γυναικῶν West 15 δὴ Lobel: αν Π 16 possis τὰ [μέγιστα, τα[ύρωι ἴκελος, alia 17 ἅ]ς (Lobel) aut ἧ(ι)]ς 18 ὅσσῃσί]ν Stiewe: Ἀπόλλω]ν τ' Ἄρης [τε Lobel 19 fort.]κ̣ vel]χ̣ vel]ί̣, deinde ἧ̣ι̣ς̣ίν τ[ε 20 Ἥφ]α̣[ι]σ̣τος Lobel: an].ε̣το σπ[? 21 .[: α, δ, ζ, λ, ξ, π, χ 22 Ἡ[ρακλῆος West, cf. Σ 117: Ἡρακληείη (Stiewe) versum claudere solet

2 (2 Rz.) Προμηθέως ἢ Δευκαλίωνος schol. Paris.: Προμηθέως schol. Laur. locum funditus corruptum varie sanare conati sunt viri docti: Προμηθέως καὶ Πανδώρας et Δευκαλίωνος καὶ Πύρρας Marckscheffel, Προμηθέως καὶ Προνοίης et Προμηθέως καὶ Πύρρας Sittl, Προμηθέως {καὶ Πανδώρας} et Δευκαλίωνος καὶ Πύρρας ⟨τῆς Ἐπιμηθέως καὶ Πανδώρας⟩ West

3 Filastrius, Diversarum hereseon liber 111 (Corp. Christ. ix. 277 ed. Heylen)

pagani autem . . . sive a pago (id est loco sive provincia una) dicti sunt ⟨*sive de idolis*⟩ *sive a Pagano rege, ut ait* Hesiodus *Grecus poeta, quod verum esse manifestatum est. si ergo a pago, loci est indicium, sicuti et nunc dicitur 'de pago illo'; si autem de idolis, quod ea colentes sculptilia ita nominabantur pagani, id est gentiles . . . certa autem est probatio et maior, quod ipsi pagani in suis historiis referunt, quod a Pagano rege* {*ut ait* Hesiodus *Grecus poeta*} *pagani sunt appellati; qui postea ex rege Pagano, Deucalionis filio et Pyrrae, quasi plausibile atque amabile nomen eius habentes, immo potius colentes memoriam eius usque in hodiernum diem, hoc mendacium nominis usque nunc detinent percolentes. Hellen itaque, id est Grecus homo, a lingua et a nomine regis dicitur, qui fuit Deucalionis filius, qui ita appellatus est; sicut ab Italo Itali, et Romani a Romulo, et Latini a Latino nomen acceperunt . . . linguam autem Grecam provinciae unius proprietas declaravit, quam rex Paganus ex suo nomine confirmavit, ut Romanos Romulus nuncupavit et ut ait* Hesiodus *a Greco rege fuisse Grecos appellatos, qui Grecus nomine filius fuit Deucalionis.*

4 Schol. Hom. κ 2 (ii. 444. 8 Dindorf)

Δευκαλίων, ἐφ' οὗ ὁ κατακλυϲμὸϲ γέγονε, Προμηθέωϲ μὲν ἦν υἱόϲ, μητρὸϲ δὲ ὡϲ πλεῖϲτοι λέγουϲι Κλυμένηϲ, ὡϲ δὲ Ἡϲίοδοϲ †Πρυνείηϲ, ὡϲ δὲ Ἀκουϲίλαοϲ (2 F 34) Ἡϲιόνηϲ τῆϲ Ὠκεανοῦ {τοῦ Προμηθέωϲ}. ἔγημε δὲ Πύρραν τὴν Ἐπιμηθέωϲ καὶ Πανδώραν τὴν ἀντὶ τοῦ πυρὸϲ δοθεῖϲαν τῶι Ἐπιμηθεῖ εἰϲ γυναῖκα. γίνονται δὲ τῶι Δευκαλίωνι θυγατέρεϲ μὲν δύο Πρωτογένεια καὶ Μελάνθεια, υἱοὶ δὲ Ἀμφικτύων καὶ Ἕλλην. οἱ δὲ λέγουϲιν ὅτι Ἕλλην γόνωι μὲν ἦν Διὸϲ λόγωι δὲ Δευκαλίωνοϲ.

5 Ioannes Laurentius Lydus, De mens. i. 13 (p. 7. 22 Wünsch)

τοϲούτων οὖν ἐπιξενωθέντων τῆϲ Ἰταλίαϲ, ὥϲπερ ἐδείχθη, Λατίνουϲ μὲν τοὺϲ ἐπιχωριάζονταϲ, Γραικοὺϲ δὲ τοὺϲ ἑλληνίζονταϲ ἐκάλουν, ἀπὸ Λατίνου τοῦ ἄρτι ἡμῖν ῥηθέντοϲ καὶ Γραικοῦ τῶν ἀδελφῶν, ὡϲ

---

3 (2 et 4) pagani appellantur sive ἐθνικοί (a pago, ἀπὸ τοῦ ἔθνουϲ) sive εἰδωλολάτραι (de idolis) sive Ἕλληνεϲ (a rege 'Pagano', ἀπὸ Ἕλληνόϲ τινοϲ βαϲιλέωϲ) 2 *sive de idolis* add. Merk. *quod verum est ut ait Hesiodus Grecus poeta manifestatum est* codd.: *verum esse* Sichardus, transp. West 5 *pagani* i.e. εἰδωλολάτραι *certa*: *tertia* Merk. 6–7 *ut ait — poeta* del. Merk. 15 *Greco*: hic quoque Ἕλληνα dicit, credimus, non Γραικόν (fr. 5)

4 (3) ⟨οἱ⟩ πλεῖϲτοι Dindorf Πρυνείηϲ Ambros.: Πρυνόηϲ Harl.: Προνόηϲ Dindorf: Πανδώραϲ Sturz: Πρυλείηϲ Welcker τοῦ Προμηθέωϲ del. West: καὶ Προμηθέωϲ Sturz Πανδώραν τὴν — δοθεῖϲαν: Πανδώραϲ τῆϲ — δοθείϲηϲ Buttmann ἀντὶ Harl.: ἀπὸ Ambros.

5 (4) Graecus Pandorae et Iovis filius

φηςιν Ἡcίοδος ἐν Καταλόγοις,

Ἄγριον ἠδὲ Λατῖνον (Theog. 1013),

⟨καὶ πάλιν⟩

κούρη δ' ἐν μεγάροισιν ἀγαυοῦ Δευκαλίωνος
Πανδώρη Διὶ πατρὶ θεῶν cημάντορι πάντων
μιχθεῖc' ἐν φιλότητι τέκε Γραικὸν μενεχάρμην

6 Schol. Ap. Rhod. Δ 265 (p. 276. 1 Wendel), "οὐδὲ Πελαcγὶc | χθὼν τότε κυδαλίμοισιν ἀνάccετο Δευκαλίδῃcιν"

οἱ ἀπὸ Δευκαλίωνος τὸ γένος ἔχοντες ἐβαcίλευον Θεccαλίαc, ὥc φηcιν Ἑκαταῖοc (1 F 14) καὶ Ἡcίοδος.

7 Constantinus Porphyrogenn. De them. 2 (p. 86 sq. Pertusi)

Μακεδονία ἡ χώρα ὠνομάcθη ἀπὸ Μακεδόνος τοῦ Διὸc καὶ Θυίαc τῆc Δευκαλίωνος, ὥc φηcιν Ἡcίοδος ὁ ποιητήc·

ἣ δ' ὑποκυcαμένη Διὶ γείνατο τερπικεραύνωι
υἷε δύω, Μάγνητα Μακηδόνα θ' ἱππιοχάρμην,
οἳ περὶ Πιερίην καὶ Ὄλυμπον δώματ' ἔναιον

8 Grammaticus de soloec. et barb., p. 310. 5 Nauck (post **Lex.** Vindob.)

περὶ δὲ διαίρεcιν (sc. βαρβαρίζουcιν), ὡc ὅταν Ἡcίοδος λέγῃ·

Μάγνηc δ' αὖ Δίκτυν τε καὶ ἀντίθεον Πολυδέκτεα.

οὐ γὰρ διαιρεῖται, ὧν ἡ αἰτιατικὴ εἰc ῡ λήγει.

---

5 *καὶ πάλιν* e.g. add. Merk. Lydo adhuc demonstrandum erat Agrium et Graecum eundem virum fuisse. fortasse de *Γραι(κ)ῶι* per anagramma in *Ἀγρί(κ)ωι* mutato cogitandum (Merk.), vel post *Γραικὸν μενεχάρμην* supplendum ⟨*ἄγριον*⟩ vel ⟨—*καὶ ἄγριον*⟩ (West). in cod. Matr. 4607 post Theog. 1022 haec leguntur: *Ἡcιόδου καὶ ταῦτα· κούρη—μενεχάρμην καὶ Γραικὸc τὸν ἀδελφὸν ἐc Ἄγριον ἠδὲ Λατῖνον.* ultimus versiculus sensu carens e Lydi verbis confectus est *καὶ Γραικοῦ τῶν ἀδελφῶν, ὥc φηcιν Ἡcίοδοc . . . Ἄγριον ἠδὲ Λατῖνον*

6 (8)

7 (5) Deucalionis filia Thyia *Μακηδόνα* Lehmann: *Μακεδόνα* cod. *δ' ἱπποχάρμην* cod.

8 (6) *δ' αὖ Δίκτυν τε* Goettling: *δ' αὖ Δίκτην τε* cod. Leidensis Valckenaerii: *δὲ κατ' αὐτὸ* libri Nauckii *Πολυδέκτεα* (vel *Πολυδέκτην*) Nauck: *Πολυδεύκεα* codd.

9 Plutarchus, Quaest. conviv. ix. 15. 2 p. 747 F; Schol. Lycophr. 284 (ii. 121. 33 Scheer); Iamblich. vit. Pyth. 242 cum schol. p. 149. 23 Deubner; Tzetzes, Exeges. Iliad. p. 63. 14 et 134. 22 Hermann; Schol. Thucydid. i. 3 (p. 5. 20 Hude); Herodianus, *περὶ μον. λέξ.* p. 42 (ii. 947. 24 Lentz)

Ἕλληνος δ' ἐγένοντο φιλοπτολέμου βαςιλῆος
Δωρός τε Ξοῦθός τε καὶ Αἴολος ἱππιοχάρμης

Schol. Hom. *κ* 2 (ii. 444. 21 Dindorf)

Αἴολοι δύο, οὗτος μὲν Ἱππότου . . . ἕτερος δὲ Ἕλληνος, ὃς ἦν Διός, οὗ καὶ Ἡςίοδος μέμνηται.

10–76 (+77–121?) AEOLIDAE

10 Schol. Pind. Pyth. iv. 253 (c) (ii. 133. 8 Drachmann), "*μία βοῦς Κρηθεῖ τε μάτηρ καὶ θραςυμήδεϊ Σαλμωνεῖ*"

ἀντὶ τοῦ· ἓν ἔχομεν γένος. καὶ Ἡςίοδος·

Αἰολίδαι δ' ἐγένοντο θεμιςτοπόλοι βαςιλῆες
Κρηθεὺς ἠδ' Ἀθάμας καὶ Σίςυφος αἰολομήτης
Σαλμωνεύς τ' ἄδικος καὶ ὑπέρθυμος Περιήρης

11 P. Oxy. 2075 fr. 2, ed. Hunt [Tab. II]

]ι̣την θ' ἑλικοβ[λέφαρον

---

9 (7. 1–2) Hellenis filii   *φιλοπτολέμου βαςιλῆος* schol. Lycophr.: *φιλοπόλεμοι βαςιλῆες* schol. Iamblichi: *θεμιςτοπόλου βαςιλῆος* Tzetzes: *θεμιςτοπόλοι βαςιλῆες* (cf. fr. 10. 1) Plut. et sscr. in Tzetz. exeg. Iliad. p. 63   Tzetzes in Lycophr. 284 hoc fragmentum cum sequenti perperam coniunxit

10 (7. 3–5) Aeoli filii   de Tzetza in Lycophr. 284 vide ad fr. 9

11 (F 2) progenies Perimedes Aeoli filiae. stemma hoc fuisse videtur:

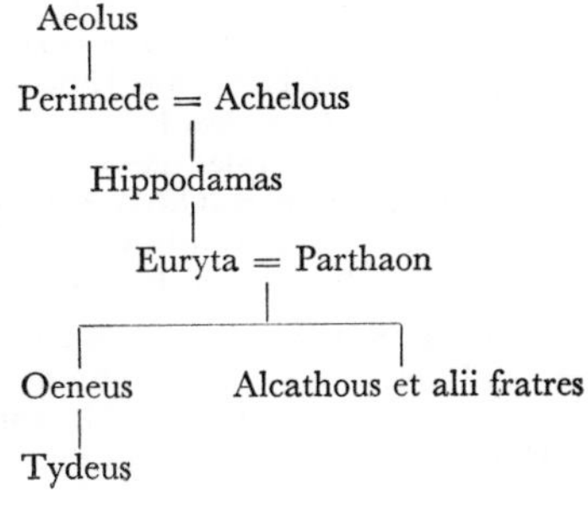

— ⏑ ⏑ Π]ορθά̣ων[
]. εγείνα[τ
— ⏑ ⏑ Ἀλ]κάθο̣όν τ̣[ε
— ⏑ ⏑]Ἱπποδά[μα
— ⏑]τ̣ατος δὲ Πυλ[
— ⏑ ⏑]ρ̣' Οἰ̣νέος̣[

12 Ps. Apollod., Bibl. i. [74] 8. 4 (p. 26. 20 Wagner)

Ἀλθαίας δὲ ἀποθανούςης ἔγημεν Οἰνεὺς Περίβοιαν τὴν Ἱππονόου. ταύτην δὲ ὁ μὲν γράψας τὴν Θηβαΐδα (fr. 6 Kinkel et Allen) *πολεμηθείςης Ὠλένου λέγει λαβεῖν Οἰνέα γέρας, Ἡςίοδος δὲ ἐξ Ὠλένου τῆς Ἀχαΐας, ἐφθαρμένην ὑπὸ Ἱπποςτράτου τοῦ Ἀμαρυγκέως, Ἱππόνουν τὸν πατέρα πέμψαι πρὸς Οἰνέα πόρρω τῆς Ἑλλάδος ὄντα, ἐντειλάμενον ἀποκτεῖναι . . . ἐγεννήθη δὲ ἐκ ταύτης Οἰνεῖ Τυδεύς.*

Schol. Pind. Ol. x. 46f (i. 322. 8 Drachmann), "ἐὰν πόλιν"

τὴν πόλιν φαςὶ καλεῖςθαι Φύκτεον ἀπό τινος Φυκτέως, οὗ μέμνηται καὶ Ἡςίοδος οὕτω·

τὴν δ' Ἀμαρυγκείδης Ἱππόςτρατος ὄζος Ἄρηος
Φυκτέος ἀγλαὸς υἱὸς Ἐπειῶν ὄρχαμος ἀνδρῶν

13 Strabo viii. 3. 11, p. 342

ὁ δὲ Τευθέας εἰς τὸν Ἀχελῶιον ἐμβάλλει τὸν κατὰ Δύμην ῥέοντα, ὁμώνυμον τῶι κατὰ Ἀκαρνανίαν, καλούμενον καὶ Πεῖρον. τοῦ δ' Ἡςιόδου εἰπόντος

ὤικεε δ' Ὠλενίην πέτρην ποταμοῖο παρ' ὄχθας
εὐρεῖος Πείροιο

μεταγράφουςί τινες "Πιέροιο", οὐκ εὖ.

---

11 2–5 Powell 4 Parthaonis filii 5 possis *ἱππόδα[μον* 6 fort. *ὁπλό]τατος* vix *Πύλ[ος* Martis et Demodices filius: *Πυλ[ην-* (Hunt) non patitur versus

12 (73) Oenei uxor Periboea (Bibl.) *Ἱπποςτράτου τοῦ Ἀμαρυγκέως*: auctorem nomen gentile *Ἀμαρυγκείδην* falso de patre Hippostrati accepisse censet Wilamowitz (Ar. u. Ath. ii. 183) *ἀποκτεῖναι* Faber: *ἀποςτεῖλαι* cod.
(Schol. Pind.) post *ὄζος Ἄρηος* lacunam stat. Heyne *Φυκτέος* Heinsius: *Φυκτέως* cod. B: *Φυκτεὺς* cett. Phycteus erat heros eponymus urbis *Φυκτείου*, quae in dialecto *Φύτ(τ)ειον* vocabatur, sicut urbs Cretica *Λύττος* apud Hesiodum *Λύκτος* audit *ἀγλαὸς υἱὸς Ἐπειῶν* cod. B: om. cett.

13 (74) ad Periboeam rettulit Ruhnken (ϝ)*οίκεε* Flach *εὐρῆος* Strabonis codd. bno, cf. v.l. ap. Hom. *Z* 508, *Ξ* 433, *O* 265, *Φ* 1, *Ω* 692 *Πιέροιο* ex Pausan. vii. 22. 1 Meineke: *Πώροιο* Strabonis codd. erat alia scriptio *Πῖρος*, cf. Et. magn. 475. 26, Theognost. An. Ox. ii. 69. 31 Cramer, Arcad. 68. 11

Steph. Byz. p. 707/8 Meineke

Ὤλενος, πόλις . . . Αἰτωλίας . . . τὸ θηλυκὸν Ὠλενία. Ἡσίοδος· "ὤικεε δ' Ὠλενίην πέτρην ποταμοῖο".

14 P. Oxy. 2483 fr. 1 col. i, ed. Lobel

]ἀ̣γακλυτὸ[ς ἱππό]τα Τυδεύς
]ν ταναήκεϊ χαλκῶι
ἀπη]ύ̣ρων Οἰνέα δῖον
]ν μένος ἀντιθέοιο
θαλερὴν]ποιήσατ' ἄκοιτιν
]μακάρεσσι θεοῖσι
]ω̣ δῶρα ἔδωκε
]καὶ γήραος ἧεν
]ε̣
γέν]εθ' υἱός
]οισιν
γείν]ατο παῖδα

15 Iulianus, orat. ad Heracl. Cyn. (vii) 234 D

οὐκ οἶσθα ὅτι καὶ ὁ Σαλμωνεὺς ἔδωκεν ὑπὲρ τούτων τοῖς θεοῖς δίκην, ὅτι ἄνθρωπος ὢν ἐπεχείρει Ζεὺς εἶναι; τὸ δὲ ἐκ τῶν Ἡσιόδου λεγόμενον ὑπὲρ τῶν ὀνομασάντων ἑαυτοὺς τοῖς τῶν θεῶν ὀνόμασιν, Ἥρας τε καὶ Διός, εἰ μήπω καὶ νῦν ἀκήκοας, ἔχω σοι συγγνῶναι.

16 P. Oxy. 2483 fr. 1 col. ii, ed. Lobel

.[
[ἀ]ν̣θρώπων̣[

---

14 Tydeus fratres patris insidiantes interficit et ad Adrastum fugit (Bibl. i. [76] 8. 5; schol. AB Hom. *Ξ* 120, schol. T Hom. *Ξ* 114) 2–4 e.g. sic refingit Merk.:

πατροκασιγνήτους κτεῖνε]ν ταναήκεϊ χαλκῶι,
οἳ τιμὴν βασιληΐδ' ἀπη]ύρων Οἰνέα δῖον·
ἵκετο δ' Ἀδρήστου κρατερὸ]ν μένος ἀντιθέοιο

6–8 Calyces filius Endymion? (N. J. Richardson). cf. fr. 245

15 (159) Alcyone Aeoli filia, uxor Ceycis. ad rem cf. Bibl. i. [52] 5. 4 et schol. A Hom. *I* 562 *Κῆυξ ὁ Φωσφόρου τοῦ ἀστέρος, γήμας Ἀλκυόνην τὴν Αἰόλου, μέγα φρονήσας ἐφ' ἑαυτῶι θεὸς ἐβούλετο νομίζεσθαι· διόπερ ἥ τε γαμετὴ διὰ παντὸς ἐκάλει Δία αὐτὸν κἀκεῖνος Ἥραν τὴν γυναῖκα. Ζεὺς δὲ ἀγανακτήσας μετέβαλεν αὐτοὺς εἰς ὄρνεα χωρὶς ἀλλήλων βιοῦντα· ἐκλήθη δὲ ἡ μὲν ἀλκυόνη, ὁ δὲ κῆυξ.*

16 Ceyx et Alcyone in aves mutati (1–8); Pisidice Aeoli filia; Pisidices et Myrmidonis Antiphus et Actor (9–13) 2 *ἀνθρώπων*: fr. 91 confert West

ναίει καί ῥ' ἄλιοι[
Κῆυξ δ' οὔτεπ̣[
παύεται ἀΐccω̣[ν
ἵεται Ἀλκυόνη[c
ἀλλὰ Διὸc κρυπ[τὸc πέλεται νόοc, οὐδέ τιc ἀνδρῶν
φράccαcθαι δύ[ναται
τὴν δ[' αὖ] Μυρμι[δόνοc κρατερὸν μένοc ἀντιθέοιο
Πειcιδίκην ὤπυ̣[ιε
ἣ δ' ἔτεκ' Ἄντιφ[ον υἷα καὶ Ἄκτορα
ἣ δὲ Ποcειδάω[νοc ἐν ἀγκοίνηcι μιγεῖcα
Αἰολιο̣.[. . .].μ̣[

17 (**a**) P. Michigan inv. 6234 fr. 1, nunc primum edita [Tab. I]

]. . π̣ρ̣ο̣ν̣[
].[
]κ̣α̣λ̣λιπά[ρ]η̣ο̣ν̣
].ϊερον, ῷι̣ π̣οτ[ε] ν̣ύμφη[
χαρίε]c̣c̣α̣ μίγη φ̣ιλό[τη]τ̣ι καὶ ε[ὐνῆι·
]η̣ν̣ π̣ε̣ριτελλο̣μ̣ένων ἐνιαυ[τῶν
]. . ν̣ πολυήρατον εἶδοc ἔχουc[αν.
]ἐ̣κ̣όμ̣ι̣cce πατήρ, ὀΐων τε καὶ αἰγ[ῶν
]. . ν ἔδουcάν τε κ[ρ]έ̣α μι̣.[
τι]c ἰδε̣ῖ̣ν̣ δύ̣ν̣ατο θνητῶν ἀνθρ[ώπων
].αροιc̣. . .ν̣η̣ν̣ κικ̣λήcκεcκον[
Ἄ]κτωρ [θαλ]ερὴν ποιήcατ' ἄκοι[τιν
]εοc γαιηό̣χ̣ου ἐννοcιγαίου·

---

16 4 κηᾶξ Π   5 αἰνῶc δ' αἰεὶ κατὰ θυμόν e.g. Merk.   6–9 et 11–12 West   12 ad Canacen Aeoli filiam rettulit Lobel   13 Αἰολὶc ? West

17 (**a**) Actoris (sive Neptuni) et Moli(o)nes filii Cteatus et Eurytus, de quibus cf. Bibl. ii. [139] 7. 2; Pherecydem 3 F 79b in schol. A ad Λ 709 *οὗτοι παρηλλαγμένην φύcιν τῶν λοιπῶν ἔcχον ἀνθρώπων· διφυεῖc γὰρ ἦcαν, ἔχοντεc ἑκάτεροc δύο κεφαλάc, τέccαραc δὲ χεῖραc, καὶ πόδαc τοὺc ἴcουc, ἓν δὲ cῶμα*; Ibycum, Melici 285   4 e.g. *ἣ οἱ παῖδα Μόλον τέκεν] ἱερόν*   5 vel *ἐρόε]cca*   7 fort. *Μολί]ν̣η̣ν̣*   9 *πίνουcαν γάλα λευ]κὸν* vel sim.; cf. ι 297, Ε 902   fin., fort. *μή[λων*   10 e.g. *τὴν δ' οὔ πώ τι]c*   *ϊδε. .* Π   11].: γ, κ, π, τ   sensus fort. – ∪ ∪· *τούνε]κ' ἄρ' οἰο(πόλον) κίκληcκον [ἅπαντεc*, vel *οἷcιν ἐνὶ με]γάροιc· (ἣ μ)ὴν κίκληcκον [ἅπαντεc*, sed neutrum vestigiis convenit   12 e.g. *καὶ τὴν μέν ῥ'*   13 e.g. *βουλῆι* vel *νόcφιν ἐριcθεν]έοc*

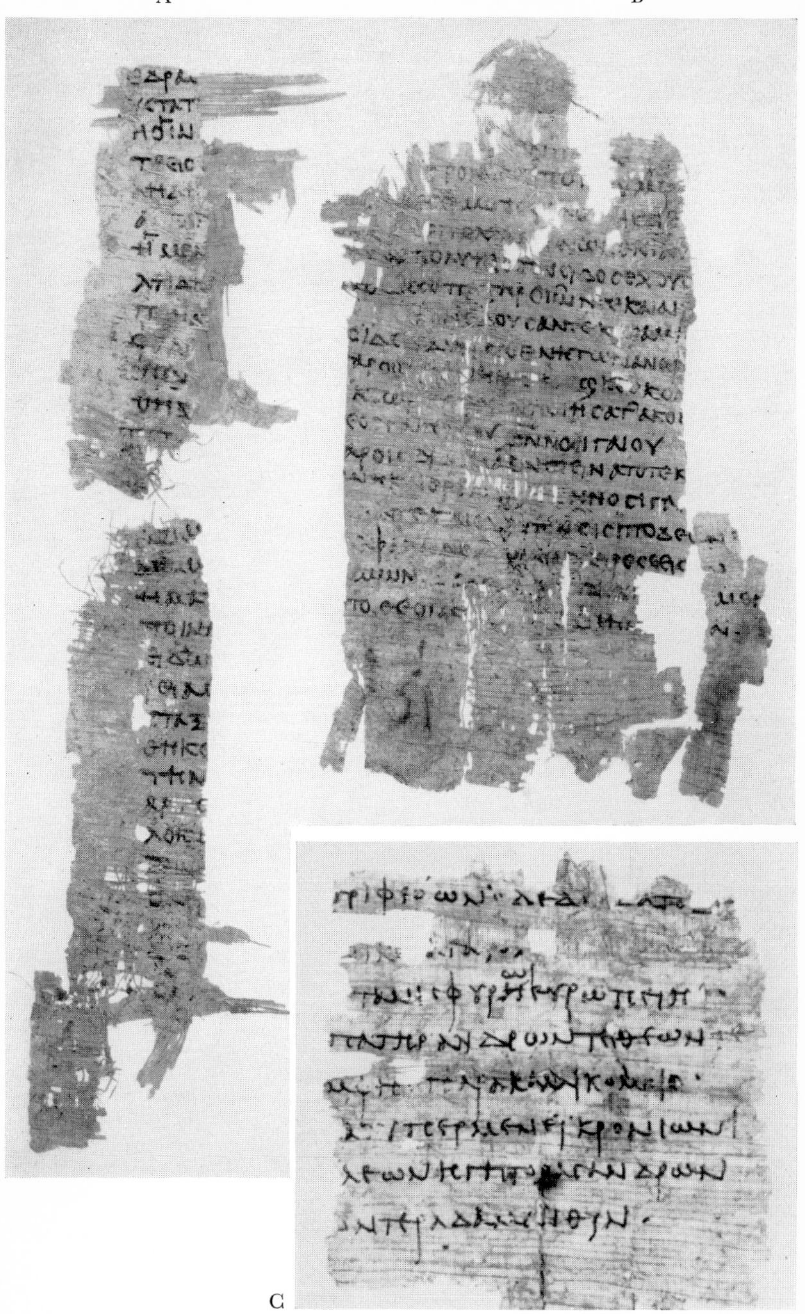

A. P. Mich. 6234 fr. 2 (fr. 23(a)). B. P. Mich. 6234 fr. 1 (fr. 17(a)).
C. P. Reinach 77 (fr. 141).

ἣ δ' ἄρ' ἐνὶ μεγ]άροις διδ̣υμάονε γείνατο τέκ[νω
Ἄκτορι κυσαμ]ένῃ καὶ ἐρικτ̣ύ̣π̣ω̣ι̣ ἐννοσιγαί̣[ωι,
ἀπλήτω, Κτέα]τ̣ό̣ν τε καὶ Εὔ̣ρυτον, οἷσι πόδες [μ]έ̣ν̣.[
ἦν τέτορες, κ]εφ̣α̣λ̣α̣ὶ̣ δ̣ὲ̣ δ̣ύ̣ω̣ ἰ̣δ̣ὲ̣ χεῖρες εεις̣[..]ν̣
ὤ]μων δ̣.φυ̣[..]κ̣α̣π̣ι̣σχι̣[.....]μ̣ε̣ν̣[
]ν̣τ̣ο θεοί α.[....]...ι̣η̣κ[.....]αι

17 (b) Schol. A Hom. *Λ* 750 (i. 408. 31 Dindorf), "Ἀκτορίωνε Μολίονε"

(ἡ διπλῆ) ὅτι ἐντεῦθεν Ἡσίοδος Ἄκτορος κατ' ἐπίκλησιν καὶ Μολιόνης αὐτοὺς γεγενεαλόγηκεν, γόνωι δὲ Ποσειδῶνος. οὐδέποτε δὲ Ὅμηρος ἀπὸ μητρὸς σχηματίζει.

Apoll. Soph. Lex. Hom. p. 113. 21 Bekker

Μολίονε· μαχηταί . . . ἀπὸ γὰρ μητρὸς οὐδένα σημαίνει Ὅμηρος. Ἡσίοδος δὲ ὡς Μολίνης υἱοὺς γεγονότας παραδίδωσι.

18 Schol. A Hom. *Ψ* 638–41 (ii. 266. 33 Dindorf = Porphyr. Quaest. Hom. ad Iliad. pertin. p. 265. 8 Schrader), "Ἀκτορίωνε . . . οἱ δ' ἄρ' ἔσαν δίδυμοι"

Ἀρίσταρχος δὲ "διδύμους" (sc. τοὺς Μολιονίδας) ἀκούει οὐχ οὕτως ὡς ἡμεῖς ἐν τῆι συνηθείαι νοοῦμεν, οἷοι ἦσαν καὶ οἱ Διόσκοροι, ἀλλὰ τοὺς διφυεῖς {δύο ἔχοντας σώματα}, Ἡσιόδωι μάρτυρι χρώμενος {καὶ τοὺς συμπεφυκότας ἀλλήλοις}.

Schol. T Hom. *Λ* 710 (v. 422. 26 Maass)

ὅτι τερατώδεις τινὲς ἦσαν, ὡς Ἡσίοδος, ἄμφω ἐν ἑνὶ σώματι ὄντες.

Eustath. in Hom. p. 1321. 20 sqq. (ad *Ψ* 638)

Ἀκτορίωνες δὲ παῖδες Ἄκτορος Κτέατος καὶ Εὔρυτος, ἀνδρεῖοι καὶ ἡνιοχικοί, ῥηθέντες που καὶ Μολίονες παρ' Ὁμήρωι, παρὰ δὲ τοῖς ὕστερον "Μολιονίδαι". (sequuntur similia atque in Schol. A)

cf. etiam Eustath. p. 882. 26

---

17 (a) 15 cf. Asium fr. 1. 3   16–19 fines]ε̣ν̣.[,]ν̣,]μ̣ε̣ν̣[,]αι in fr. disiuncto feruntur, et sunt fort. ex alia columna   17–18 cf. Theog. 823 οὗ χεῖρες μὲν †ἔασιν ἐπ' ἰσχύι ἔργματ' ἔχουσαι†   17 fort. εἷς[αι, cf. Ibyc. l.c. ἰσοκεφάλους   18 e.g. ἔνερθ' ὤ]μων δὲ φυ[ὴν] καὶ ἐπ' ἰσχί[α κοινήν

17 (b) (12) Μολίνης Apollonii cod., cf. Paus. v. 2. 1–2, viii. 14. 9, Bibl. ii. [139] 7. 2 (v.l.), Schol. T Hom. *Λ* 709 (v. 422 Maass)

18 (13) glossemata falso loco inserta sustulit Merk.; voluit glossator οὐχ οὕτως ὡς ἡμεῖς ἐν τῆι συνηθείαι νοοῦμεν, δύο ἔχοντας σώματα, οἷοι ἦσαν καὶ οἱ Διόσκοροι, ἀλλὰ τοὺς διφυεῖς, τοὺς συμπεφυκότας ἀλλήλοις, Ἡσιόδωι μάρτυρι χρώμενος

19 Schol. Ap. Rhod. *Α* 482 (p. 42. 15 Wendel), "Ἀλωϊάδας"

Ἡσίοδος δὲ Ἀλωέως καὶ Ἰφιμεδείας κατ' ἐπίκλησιν, ταῖς δὲ ἀληθείαις Ποσειδῶνος καὶ Ἰφιμεδείας ἔφη, καὶ Ἄλον πόλιν Αἰτωλίας ὑπὸ τοῦ πατρὸς αὐτῶν ἐκτίσθαι.

20 Suda ε 2221 (ii. 348. 20 Adler)

Ἐπιάλτην· Ὅμηρος (λ 308, *Ε* 385) καὶ Ἡσίοδος· καὶ οἱ Ἀττικοὶ τὸν δαίμονα, διὰ δὲ τοῦ φ τὸν ἄνδρα, Ἐφιάλτην.

21 P. Oxy. 2075 fr. 6, ed. Hunt

]ạμβατọ[
]ολων[
]νοπ[

22 P.S.I. 1384 fr. 1, ed. Bartoletti

].λ̣ι̣.κος̣[
]ειηι
]ν ὁμοίη
.... Ἀ]γήνο[ρ]ος ἰσοθέοι[ο
Δημοδίκη,] τὴν πλεῖστοι ἐπι⌋χθονίων ἀνθρώπ⌊ων
μνήστευον, καὶ πολλὰ⌋ [περ]ικλυτὰ δῶρ' ὀνόμ⌊ηναν
ἴφθιμοι βασιλῆες, ἀπειρέσ⌋ιον [μ]ετὰ εἶδος.
ἀλλά οἱ οὔ ποτε θυμὸν ἐνὶ] στήθεσσιν ἔπε̣ιθο̣[ν
....παραὶ λ]έχεσιν καλέεσθαι

---

19 (9) Canace Aeoli filia Neptuno gignit Triopam et Aloeum; Aloei uxor Iphimedea Neptuno gignit Aloadas, de quibus vide Hom. λ 305–21 καὶ Ἄλον — ἐκτίσθαι schol. Laur.: καὶ κτίσαι δὲ αὐτούς φασιν ἐπ' ὀνόματι τοῦ πατρὸς πόλιν ἐν Θεσσαλίαι Ἄλον schol. Paris.

20 (10) Ἐφιάλτην pars codicum Homericorum et fortasse olim Hesiodeorum

21 (F 8) 1 ἵν' οὐρανὸς] ἀμβατὸ[ς εἴη Merk., cf. λ 316 de Oto et Ephialte 3 possis οἴ]νοπ[α πόντον, cf. Bibl. i. [54] 7. 4

22 (F 1; 33) Agenoris filia Demodice 3 Ὀλυμπιάδεσσι]ν (Bartoletti) vel sim. ομοιηι *Π* 5–7 Porphyrius (p. 189. 23 Schrader) in schol. B Hom. *Ξ* 200 (cf. schol. α 98) ὡς παρ' Ἡσιόδωι (fr. 33 Rz.) ἐν Γυναικῶν Καταλόγωι ἐπὶ τῆς Ἀγήνορος παιδὸς Δημοδόκης· "τὴν πλεῖστοι — εἶδος." 5 Δημοδίκη] Merk., cl. schol. Ap. Rhod. *Α* 146 et Bibl. i. [59] 7. 7: Δημοδόκη] Cobet ex schol. Hom. 6 περ]ικλυτα *Π*: καὶ ἀγλαὰ Porphyrius 7 [μ]ετα *Π* (cf. v.l. in λ 282): κατὰ Porphyrius 8 West (cf. ι 33, ψ 337): ἀλλ' οὔ τις τῆι θυμὸν et ἔπειθε̣[ν Bartoletti 9 'neque ullius viri volebat uxor audire'; παραὶ λ]έχεσιν Maas [10 κουριδίη ἄλοχος...] Merk.

23 (**a**) P. Oxy. 2075 fr. 4 et 9; 2481 fr. 5 col. i; 2482, coniunxit et edidit Lobel; P. Michigan inv. 6234 fr. 2, nunc primum edita [Tab. I]

εδραϲ̣[
ὑϲτατ.[
ἠ' οἷαι κ̣[οῦραι
τρεῖϲ ο̣[ἷαί τε θεαί, περικαλλέα ἔργ' εἰδυῖαι,
Λήδη[τ' Ἀλθαίη τε Ὑπερμήϲτρη τε βοῶπιϲ
Α̣ἰ̣τ̣ω̣λ̣[
ἣ μὲν [Τυνδαρέου θαλερὸν λέχο]ϲ εἰϲαναβᾶϲα
Λήδη ἐ̣[υπλόκαμοϲ ἰκέλη φαέεϲϲ]ι ϲελήνηϲ
γείνατ[ο Τιμάνδρην τε Κλυταιμήϲτρ]ην τε βοῶπ[ιν
Φυλο̣[νόην θ' ἣ εἶδοϲ ἐρήριϲτ' ἀθαν]άτηιϲι.
τ̣ὴ̣ν[ἰο]χέαιρα,
θῆκ[εν δ' ἀθάνατον καὶ ἀγήραον ἤ]ματα πάντ̣[α.
γῆμ̣[ε δ' ἑὸν διὰ κάλλοϲ ἄναξ ἀνδρ]ῶν Ἀγαμέμνων
κού[ρην Τυνδαρέοιο Κλυταιμήϲ]τρην κυανῶπ[ιν·
ἣ τ̣[έκεν Ἰφιμέδην καλλίϲφυ]ρον ἐν μεγάρο[ιϲιν
Ἠλέκτρην θ' ἣ εἶδοϲ ἐρήριϲτ' ἀ[θανά]τηιϲιν.
Ἰφιμέδην μὲν ϲφάξαν ἐυκνή[μ]ιδεϲ Ἀχαιοὶ
βωμῶ[ι ἔπ' Ἀρτέμιδοϲ χρυϲηλακ]ά̣τ[ου] κελαδεινῆϲ,
ἤματ[ι τῶι ὅτε νηυϲὶν ἀνέπλ]εο̣ν̣ Ἴλιον ε̣[ἴϲω
ποινὴ[ν τειϲόμενοι καλλιϲ]φύρου Ἀργειώ̣[νη]ϲ̣,
εἴδω[λον· αὐτὴν δ' ἐλαφηβό]λο̣ϲ ἰοχέαιρα
ῥεῖα μάλ' ἐξεϲά[ωϲε, καὶ ἀμβροϲ]ίην [ἐρ]α̣τ̣ε̣[ινὴν
ϲτάξε κατὰ κρῆ[θεν, ἵνα οἱ χ]ρ̣ὼϲ̣ [ἔ]μπε[δ]ο̣[ϲ] ε̣[ἴη,
θῆκεν δ' ἀθάνατο[ν καὶ ἀγήρ]αον ἤμα[τα πάντα.
τὴν δὴ νῦν καλέο[υϲιν ἐπὶ χ]θονὶ φῦλ' ἀν̣[θρώπων
Ἄρτεμιν εἰνοδί[ην, πρόπολον κλυ]τοῦ ἰ[ο]χ[ε]αίρ[ηϲ.

---

23 (**a**) (F 5; 90) Demodices filius Thestius; Thestii et Eurythemistes filiae Leda Althaea Hypermestra; Ledae progenies pleraque suppl. Lobel 1 ϲ̣[: vel *θ, μ* 3 *οἷαι Π*; cf. fr. 26. 5–6 *κ[οῦραι* West 4 Merk. 5 West 10 cf. Bibl. iii. [126] 10. 6 *Τυνδάρεω δὲ καὶ Λήδαϲ Τιμάνδρα, ἣν Ἔχεμοϲ ἔγημε, καὶ Κλυταιμήϲτρα, ἣν ἔγημεν Ἀγαμέμνων, ἔτι δὲ Φυλονόη, ἣν Ἄρτεμιϲ ἀθάνατον ἐποίηϲε* 11 *τὴν [μὲν* 13 an *τ̣ὴ̣ν̣ [δὲ?* 18 *ἔπ'* Merk. 19 nos 20–21 Merk. 21 vel *ἑκατηβό]λοϲ* 23 *παρα* in *κατα* correctum [.́]μ̣[]πε[.]ο̣[*Π* 25 *φυλα̣αν̣[Π* 26 *πρόπολον* Lloyd-Jones: *βουλῆι* Lobel cf. etiam fr. 23 (b)

λοῖϲθον δ' ἐν μεγά[ροιϲι Κλυτ]αιμ̣ή̣ϲτρη κυα[νῶπιϲ
γείναθ' ὑποδμηθ[εῖϲ' Ἀγαμέμν]ον[ι δῖ]ον Ὀρέ[ϲτην,
ὅϲ ῥα καὶ ἡβήϲαϲ ἀπε̣[τείϲατο π]ατροφο[ν]ῆα,
κτεῖνε δὲ μητέρα [ἣν ὑπερήν]ορα νηλέι [χαλκῶι.
Τιμάνδρην δ' Ἔχε⌊μοϲ θαλερὴν⌋ ποιήϲατ' ἄκ⌊οιτιν,
ὃϲ πάϲηϲ Τεγ[έηϲ ἠδ' Ἀρκαδίηϲ] πολυμήλου
ἀφνειὸϲ ἤναϲ[ϲε, φίλοϲ μακάρεϲϲι θ]ε̣ο[ῖ]ϲ̣ιν·
ἣ οἱ Λαόδοκο̣ν μ[εγαλήτορα ποιμέν]α̣ λαῶν
γ]είνα[θ]' ὑποδμη[θεῖϲα διὰ] χρυϲῆν Ἀφ[ροδίτην
ἐ]μβαϲ[ίλευε]η̣..[.].[
]ν̣[..].[.]χο[
].[. Ὀ]λύμπ̣ι̣[
ἀε]θλοφόρο[ν Πολυδεύκεα
]ν̣[.

23 (**b**) Pausanias i. 43. 1

οἶδα δὲ Ἡϲίοδον ποιήϲαντα ἐν Καταλόγωι Γυναικῶν Ἰφιγένειαν οὐκ ἀποθανεῖν, γνώμηι δὲ Ἀρτέμιδοϲ Ἑκάτην εἶναι.

24 Schol. Pind. Nem. x. 150a (iii. 182. 18–26 Drachmann), de Castore et Polluce

ὁ μὲν Ἡϲίοδοϲ ἀμφοτέρουϲ Διὸϲ εἶναι γενεαλογεῖ· ὁ δὲ Πίνδαροϲ ἑτέροιϲ τῶν ἱϲτορικῶν ἐξακολουθήϲαϲ τὸν μὲν Πολυδεύκην ἐκ Διόϲ,

---

23 (**a**) 27 Κλυτ]αιμ̣ή̣ϲτρη Π ut vid. (dispexit Fraenkel, probavit Lobel) 30 [ἣν ὑπερήν]ορα West: de μητέρ' ἀ[μήτορ' cogit. Merk., de λιπεϲήν]ορα et ὑπέρμ]ορα Lobel 31 cit. schol. Pind. Ol. x. 80 (fr. 90 Rz.) 32 ἠδ': vel τε καὶ 37 fort. ἐ]ν [εὐ]ρ̣[υ]χό[ρωι 38 ad rem cf. Bibl. iii. [126] 10. 7 Διὸϲ δὲ Λήδαι ϲυνελθόντοϲ ὁμοιωθέντοϲ κύκνωι, καὶ κατὰ τὴν αὐτὴν νύκτα Τυνδάρεω, Διὸϲ μὲν ἐγεννήθη Πολυδεύκηϲ καὶ Ἑλένη, Τυνδάρεω δὲ Κάϲτωρ, et fr. 24 de Ledae filiis cf. etiam fr. 176

23 (**b**) (100) cf. 23 (a) 26 et Philodemum, π. εὐϲεβ. p. 24 Gomperz (Hercul. voll. coll. alt. ii. 52a)

5 Ϲτη-
6 ϲίχορο]ϲ δ' ἐν Ὀρεϲτεί-
7 αι κατ]ακολουθήϲαϲ
8 Ἡϲιό]δ̣ω[ι] τὴν Ἀγαμέ-
9 μνονοϲ Ἰ]φιγένειαν εἶ-
10 ναι τὴ]ν Ἑκάτην νῦν
11 ὀνομαζ]ομένην

(5 Stesichorus, Melici 215 Page 8]τω vel]πω delineator)

24 (91, 92)

A

C

B

D

E F

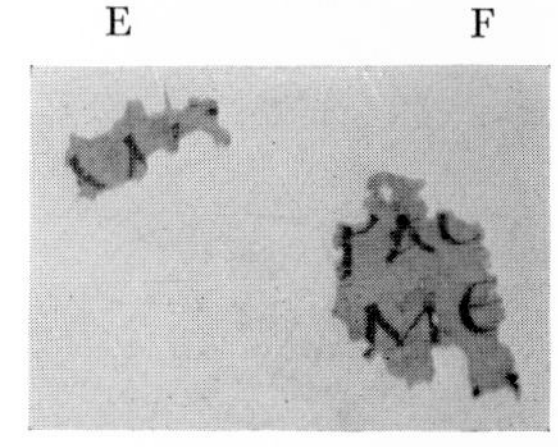

P. Oxy. 2075: A. fr. 2 (fr. 11). B. fr. 1 col. i (fr. 25). C. fr. 3 (fr. 116). D. fr. 5 (fr. 117). E. fr. 7 (fr. 119). F. fr. 8 (fr. 118).

Imago pro ratione ⅔ contracta

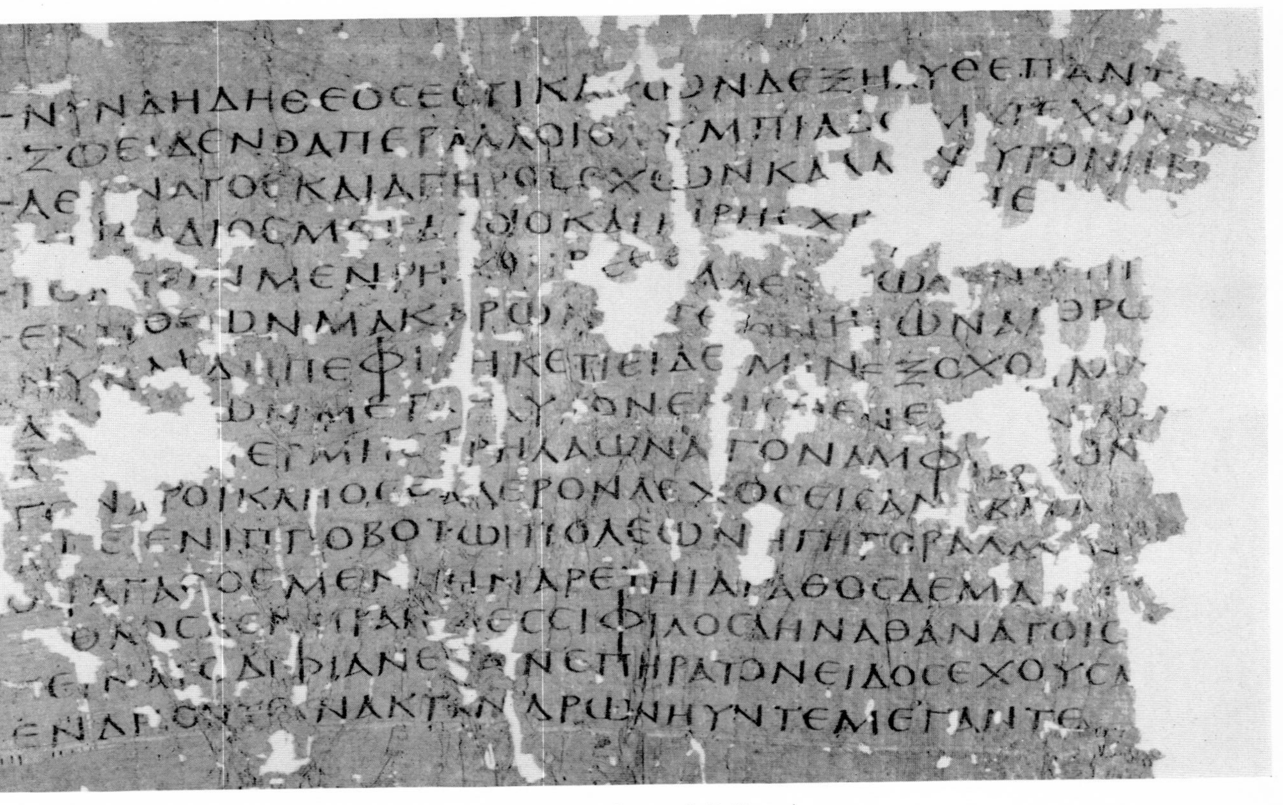

P. Oxy. 2075 fr. 1 col. ii (fr. 25)
Imago pro ratione $\frac{2}{3}$ contracta

τὸν δὲ Κάϲτορα ἐκ Τυνδάρεω εἶναί φηϲιν. . . . λέγεται γὰρ τοῦτο, ὅτι Πολυδεύκηϲ καὶ Ἑλένη ἐκ Διόϲ εἰϲι καὶ Λήδαϲ, Κάϲτωρ δὲ ἐκ Τυνδάρεω. ὁ μέντοι Ἡϲίοδοϲ οὔτε Λήδαϲ οὔτε Νεμέϲεωϲ δίδωϲι τὴν Ἑλένην, ἀλλὰ θυγατρὸϲ Ὠκεανοῦ καὶ Διόϲ.

25 P. Berol. 9777 recto, ed. Schubart–Wilamowitz; P. Oxy. 2075 fr. 1, ed. Hunt; P. Oxy. 2481 fr. 5 col. ii et 2483 fr. 2, ed. Lobel [Tab. II–III].

ὅ̣ϲ̣ μ̣ι̣ν̣[
ἔγχει μάρναϲθ̣α̣[ι
πλή⟨γ⟩ γ' Ἡ̣ρακλῆ[οϲ
αυ̣τ̣. . . . . Ἄρηϊ .[
ξανθοκόμη.[
τοῦ καὶ ἀπ' ὀφθ̣[αλμῶν
γοργ. . . . . α̣[
θηρ̣ο̣[ ]ν̣δ̣[. . .].[
οὔτέ τιϲ ἐν πολ̣έ̣μ̣[ωι φθιϲήνο]ρι δ̣α̣κρ̣υ̣ό̣ε̣[ντι
ἔτλη ἐϲάντα ἰ̣δ̣ὼ̣[ν μεῖναι κρατερ]ὸ̣ν Μ̣ελέαγ[ρον
ἀνδρῶν ἡρώων, ὁπότ̣[' ἰθύοι] ἄ̣ντα μάχεϲ[θαι.
ἀλλ' ὑπ' Ἀπόλλωνοϲ χ̣ε̣ρ̣[ϲὶν]. . . . θ̣.[
μαρνάμενοϲ Κουρ̣[ῆϲι περὶ Πλ]ε̣[υ]ρ̣ῶν[ι] μ̣ακεδνῆι.
τοὺϲ δ' ἄλλουϲ Οἰνῆϊ [τέκ'] Ἀλθαίη κυα[ν]ῶ̣[π]ιϲ,
Φηρέα θ' ἱππόδαμ[ον καὶ ἐυμ]μελίη[ν Ἀγέ]λ̣αον
Τοξέα τε Κλύμενό[ν τε ἄνακ]τ' ἀτάλαντ̣[ον] Ἄρηϊ
Γόργην τ' ἠύκομον κ̣[αὶ ἐπί]φ[ρ]ονα Δηϊάνειραν,
ἣ τέχ' ὑποδμηθεῖ[ϲα βίηι Ἡρ]ακλη[ε]ίηι
Ὕλλον καὶ Γλῆνον κα̣ὶ̣ [Κτή]ϲ̣ιππον καὶ Ὀνείτην·
τοὺϲ τέκε καὶ δείν' ἔ̣ρξ̣[', ἐπεὶ ἀάϲατ]ο̣ μ̣έγα θυμῶι,

ὁ μέντοι . . . καὶ Διόϲ: aliter frr. 176 (Helena soror Timandrae et Clytaemestrae), 199, 204 (filia Tyndarei). ita scripserit West: *ὁ μέντοι τὰ Κύπρια ποιήϲαϲ* (fr. vii Allen) *οὔτε Λήδαϲ οὔτε Τυνδάρεω δίδωϲι τὴν Ἑλένην, ἀλλὰ Νεμέϲεωϲ θυγατρὸϲ Ὠκεανοῦ καὶ Διόϲ.*

25 (135; F 4) Thestii filiae Althaea et Hypermestra earumque progenies 4 *αὐτῶι ἶϲον Ἄρηϊ* Franz 6 *ἀπ' ὀφθ[αλμῶν* Robert: *ἀποφθ[ιμένοιο* Wilamowitz 9 Lobel 10–11 West 12 *χερ[ϲὶν βέλεϲίν τ' ἐδαμάϲθη* Wilamowitz et Rzach, cf. Pausan. x. 31. 3 *αἱ δὲ Ἠοῖαι . . . Ἀπόλλωνα . . . φαϲὶν . . . ἀμῦναι Κουρῆϲιν ἐπὶ τοὺϲ Αἰτωλοὺϲ καὶ ἀποθανεῖν Μελέαγρον ὑπ' Ἀπόλλωνοϲ* 13–16 Lobel 17–19 Wilamowitz 20 *ἔρξ[' ἐπεὶ ἀάϲατ]ο* vel *ἔρξ[εν· ἀάϲϲατο γὰ]ρ* Lobel supra *ἀάϲατ]ο* legitur *]η·*, quod fortasse in *[ἀαϲαμέν]η* supplendum est (Lobel)

ὁππότε φάρμακον .[ἐπιχρί]ϲαϲα χιτῶνα
δῶκε Λίχηι κήρυ[κι] φ[έρειν· ὃ δὲ δῶ]κεν ἄνακτι
Ἀμφιτρυωνιά[δ]ηι Ἡ[ρακλῆϊ πτολιπό]ρθωι.
δ[εξ]αμένωι δέ ο[ἱ αἶψα τέλοϲ θανάτοι]ο παρέϲτη·
καὶ] θάνε καί ῥ' Ἀΐδ[αο πολύϲτονον ἵκε]το δῶμα.
— νῦν δ' ἤδη θεόϲ ἐϲτι, κακῶν δ' ἐξήλυθε πάντων,
— ζώει δ' ἔνθά περ ἄλλοι Ὀλύμπια δώματ' ἔχοντεϲ
— ἀθάνατοϲ καὶ ἄγηροϲ, ἔχων καλλ[ίϲ]φυρον Ἥβην,
— παῖδα Διὸϲ μεγάλοιο καὶ Ἥρηϲ χρυϲοπεδίλου·
— τὸν πρὶν μέν ῥ' ἤχθηρε θεὰ λευκώλενοϲ Ἥρη
— ἔκ τε θεῶν μακάρων ἔκ τε θνητῶν ἀνθρώ[πων,
— νῦν δ' ἤδη πεφίληκε, τίει δέ μιν ἔξοχον ἄλλ[ων
— ἀθανάτων μετά γ' αὐτὸν ἐριϲθενέα Κρ[ο]νίωνα.
δ[ῖα δ'] Ὑπερμήϲτρη λαῶν ἀγὸν Ἀμφιάρηον
γε[ί]νατ' Ὀϊκλῆοϲ θαλερὸν λέχοϲ εἰϲαναβᾶϲα
Ἄ[ρ]γει ἐν ἱπποβότωι πολέων ἡγήτορα λαῶν·
ὅϲ ῥ' ἀγαθὸϲ μὲν ἔην ἀγορῆι, ἀγαθὸϲ δὲ μάχεϲθαι,
ἐ[ϲ]θλὸϲ δ' ἐν πραπίδεϲϲι, φίλοϲ δ' ἦν ἀθανάτοιϲι·
γείνατο δ' Ἰφιάνειραν ἐπήρατον εἶδοϲ ἔχουϲα[ν
Ἔνδηόν τε ἄνακτ' ἀνδρῶν ἠΰν τε μέγαν τε

26 P. Oxy. 2481 fr. 5 col. iii, ed. Lobel; P. Berol. 9777 verso, ed. Schubart–Wilamowitz

.....]λλε[.] πρὸ γάμοιο δ̣άμη[
..... .].. Ἀμφίμαχοϲ κρατερ̣[

---

25 21 ο[ὖλον Hunt χρί]ϲαϲα Lobel, ἐπιχρί]ϲαϲα West: ἐνιϲτά]ξαϲα Hunt χιτῶνα P. Oxy. 2481 : χιτῶνι P. Oxy. 2075 22 Lobel: φ[έρειν τ' ἐκέλευ]ϲεν West 23 Lobel 24 οἱ et θανάτοιο Lobel αἶψα τέλοϲ West: αἶϲα κακὴ Merk. 25 καὶ West Ἀΐδαο Lobel πολύϲτονον Merk. ἵκε]το West 26–33 obeli praefixi in P. Oxy. 2075, cf. fr. 129. 47–50 28–33 cf. fr. 229. 8–13 34 δ[ῖα δ' Ὑ]π. P. Oxy. 2075: [ἣ δ'] ἄρ' Ὑπ. P. Oxy. 2481 37 ρ (sic) P. Oxy. 2075 ἀγορῆι P. Oxy. 2481 : ἀρετῆι P. Oxy. 2075

26 (72, 135, 110; F 3A) Hypermestrae progenies concluditur (1–4); Parthaonis filiae (5–37) 1–3 ita intelligit West: Amphimachi frater] μὲ[ν] πρὸ γάμοιο δάμη [..., αὐτὰρ] ὅ γ' Ἀμφίμαχοϲ κρατερ[ὸϲ καλὴν ...... ἠγάγετ' ἐκ] Φειῆϲ (e.g.) 1 δάμη[Π 2 Amphimachus incertus, fort. nepos Actoris (*N* 185) cui nupserat Polyboea (Eustath. in Hom. p. 321. 3) filia Hypermestrae et Oiclei (Diod. iv. 68) (Lloyd-Jones), vel nepos Amphiarai, ut Amphilochus, Amphoterus, Amphalcas

..... .].ειηις Cπάρτην ἐϲ̣ [κα]λλ[ιγύναικα·
ἥ̣ [ο]ἱ̣ ἐ̣[γεί]ν̣ατο παῖδα μεγαcθενέ̣[........].ι̣ο̣[]....
ἠ̣' ο̣ἵ̣α̣ι̣ [κο]ῦραι Πορθάονος ἐξεγέν[οντο
τρε̣[ῖc, ο]ἷ̣αί τε θεαί, περικαλλέα [ἔργ' εἰδυῖα]ι̣·
τ̣[ά]c ποτε [Λ]αο[θό]η κρείουc' Ὑπερηῒc ἀ[μύ]μων
γεί]ν̣ατο Παρθᾶνοϲ̣ [θ]α[λ]ερὸν λέχ[οc] ε[ἰc]αναβᾶϲ̣α,
Εὐρ]υθεμίcτην τε Cτρατ̣[ο]νίκην [τ]ε̣ C̣τ̣[ε]ρ̣ό̣π̣ην̣ τε.
ται̣]ὶ δο̣.[.] Νυμφάων καλλιπ[λο]κάμ[ω]ν̣ cυν̣ο̣π̣ηδο̣ὶ
.[.]..[...]... Μο[υ]cέων τε̣ [κα]τ̣' ο[ὔρεα] β̣η[c]ϲ̣ήεντ̣α
.[......].[.] ἔcχο[ν Π]α̣ρ̣ν̣ηccο̣ῦ̣ τ' ἄκρ̣α̣ κάρηνα
....].[..]μ̣ε̣[ν]α̣ι̣ χρυcο[c]τεφά̣ν̣ο̣υ Ἀ̣φ̣ροδίτηc
....].[] εχ...[]..[]...[]φ.[]..[ ]..α̣μοντ̣ε̣ϲ̣
νυ[... ....]..[.] πολλὰ κ[].[ ]μ̣ῶ̣ν̣αc ἵκοντο
παρ̣[.....].̂[...]τι μάκρ' ο̣[ὔρεα οἰ]κ̣είουcαι,
δώματ[α λείπο]υcαι π̣[ατρὸc καὶ μητ]έ̣ρα κεδνήν.
αἵ ῥα τότ̣' ε̣[ἴ]δει ἀγαλ[λόμεναι καὶ ἀϊδ]ρείηιcιν
ἀμφὶ περὶ κ̣ρ̣.̀....[ἀργ]υροδίνεω
ἠέριαι cτε̣ῖ̣βο̣[ν ἐέρ]ϲ̣η̣ν
ἄνθεα μαι[ό]μεν[αι κεφαλῆιc εὐώ]δε̣α κόcμον·
τάων μ̣[..].[.]με.[ ]. Φοῖβοc Ἀπόλλων,
βῆ δὲ φέ[ρ]ων ἀνάε̣[δ]ν̣[ον ἐύζωνον]Cτ[ρ]α̣[τ]ον̣ί̣κ̣ην·
δ̣ῶ̣κε δὲ π̣[αι]δ̣ὶ [φί]λ̣ωι θαλ̣[ερ]ὴ̣ν̣ [κ]ε̣κλῆ̣cθα̣ι̣ ἄκο̣ιτιν
ἀ]ντι̣θέῳ̣ι Μελ̣[αν]ῆ̣ϊ̣, [τὸν οὔρ]ε̣[cι] πότνια̣ ν̣ύμφη
Ο]ἰτη[ΐ]c Προ̣[ν]ό̣[η]ω̣ματ[..]ο̣υ..[

3].ειῄc Π: Ἀρ]γ̣είηιc e.g. Lobel 4 οἱ ἐ- Merk. 7 [.]αο[.'.]η Π, e.g. suppl. Lobel Ὑπερηῒc: cf. Steph. Byz. Ὑπερηcία, πόλιc τῆc Ἀχαίαc . . . κακῶc δὲ Θέων Ὑπέρειαν αὐτὴν καλεῖ . . . ὠνομάcθη δὲ ἀπὸ Ὑπέρητοc τοῦ Λυκάονοc υἱοῦ. τὸ ἐθνικὸν τῆc Ὑπερηcίαc Ὑπερηcιεύc, καὶ θηλυκὸν Ὑπερηcὶc (sic) παρ' Ἡcιόδωι (fr. 72 Rz.) 8 παρθαόνοc Π 10 ο̣ὖ̣[ν] Lobel 11 κατ' οὔρεα βηccήεντα West ad rem cf. Thyiadas Delphicas 12 α̣[ἵ θ' Ἑλικῶν'] West έcχο[..]α̣ρ̣ν̣η̣cο̣υ̣ Π 13 ἔργ' ἀπαναινόμεναι Merk. 15 πολλὰ:].έ̣γ̣α (an με]γ̣ά̣λ̣α?) sscr. Π λει]μῶναc (Lobel) vel κευθ]μῶναc Νυ[μφάων δ]ρ̣ί̣[α] πολλὰ κα̣[ὶ ἐc λει]μ. e.g. West 16 παρ[θένοι West, Παρ[νηcοῦ? Lobel cetera suppl. West 18 ἀϊδ]ρείηιcιν Merk. 19 κρουνοῖc? Lobel, κρήνην West de Sperchio cogit. Lobel 20 West cτῖβ.[Π, de casu vocis cτίβη cogit. Lobel ποccὶν τεθάλυιαν e.g. Merk. 22 fort. -[ό]μεν̣[οc 23 ἐύζωνον West 25 τὸν οὔρεcι West 26 Προνόη e.g. West δ]ώματ[West

τῶι δ' ὑπ⌊οκυσαμένη καλλίζωνος Ϲτρατονίκη
Εὔρυτον ⌊ἐν μεγάροισιν ἐγείνατο φίλτατον υἱόν.
τοῦ δ' υἱεῖς ⌊ἐγένοντο Δηΐων ⟨τε⟩ Κλυτίος τε
Τ⌊οξ⌋εύς ⌊τ' ἀντίθεος ἠδ' Ἴφιτος ὄζος Ἄρηος.
τ⌊οὺς δ⌋ὲ μέθ' ⌊ὁπλοτάτην τέκετο ξανθὴν Ἰόλειαν,
τ[ῆς ἕ]νεκ' Οἰχ[αλ]ί̣η̣[ν
Ἀμφι]τρυωνιάδης̣[
τ]ὴ̣ν̣ [δ'] αὐτέων παρὰ πα̣[τρ
Θέ̣ς[τ]ιος ἱππόδ[α]μος δ[
ἠγάγεθ' ἵππ[ο]ι̣ς̣ίν τε [καὶ ἅρμασι κολλητοῖσι
μ̣υρία ἕ̣[δ]να [πο]ρ̣ώ[ν

Schol. Soph. Trach. 272 (p. 296. 2–10 Papageorgios)

διαφωνεῖται δὲ ὁ τῶν Εὐρυτιδῶν ἀριθμός. Ἡσίοδος μὲν γὰρ τέσσαράς φησιν ἐξ Εὐρύτου καὶ Ἀντιόχης παῖδας, οὕτως·

27 ἣ δ' ὑποκυσαμένη καλλίζωνος Ϲτρατονίκη
Εὔρυτον ἐν μεγάροισιν ἐγείνατο φίλτατον υἱόν.
τοῦ δ' υἱεῖς ἐγένοντο Δηΐων ⟨τε⟩ Κλυτίος τε
Τοξεύς τ' ἀντίθεος ἠδ' Ἴφιτος ὄζος Ἄρηος·
τοὺς δὲ μέθ' ὁπλοτάτην τέκετο ξανθὴν Ἰόλειαν
31a Ἀντιόχη κρείουσα †παλαιὸν γένος† Ναυβολίδαο.

Κρεώφυλος (fr. 3 Kinkel) δὲ δύο, Ἀριστοκράτης (591 F 6) δὲ τρεῖς, Τοξέα Κλυτίον Δηΐονα.

---

26 27–31 cf. schol. Soph. Trach. 272, infra 27 ἣ δ' ὑποκυς. schol. Soph. (cod. L: οὐδ' R) post 31 alium versum praebet schol. Soph., vide infra 32 [εὐτείχεα ἐξαλάπαξεν e.g. Merk. 34 αὐτ⟨οῦ⟩ vel αὖ τέω⟨ς⟩ παρὰ πα[τρὶ κιχὼν ἔτι Εὐρυθεμίστην e.g. West: α⟨ἰ⟩τέων παρὰ πα[τρὸς Lloyd-Jones 37 καλλιπλόκαμον διὰ κούρην Merk., cl. fr. 180. 7
(Schol. Soph.) Ἀντιόπης Bentley, fort. recte, cf. schol. Ap. Rhod. *A* 87 et Hygin. fab. 14. 8 29 *ΙΔΗΉΩΝ* in Δηΐων correctum in codice: Διδαίων Rzach secundum cratera Corinthium (Louvre E 635): Μολίων Hermann ex Diod. iv. 37 τε add. Triclinius 30 ἠδ' cod.: καὶ Lobel 31a Ἀντιόπη Bentley παλαιὸν γένος: παλαιοῦ Hermann, Πύλωνος ex Hygino Bentley; 'hoc apertum videtur, verba παλαιὸν γένος esse grammatici interpretantis explicationem verbo Ναυβολίδαο et ei, quod ante hoc excidit, adscriptam', Marckscheffel. in Iliade (*B* 518) et apud Apollonium (*A* 208) Iphitus filius Nauboli, in Odyssea (*φ* 14) et in Catalogo Euryti; unde conicere possis ultimum versum Hesiodeum non esse, fortasse ex Creophylo ad schol. Soph. adscriptum

27 Schol. Ap. Rhod. Δ 892 (p. 298. 7 Wendel), "καλὴν Ἀνθεμόεσσαν" ἠκολούθησεν Ἡσιόδωι οὕτως ὀνομάζοντι τὴν νῆσον τῶν Σειρήνων·

νῆσον ἐς Ἀνθεμόεσσαν, ἵνά σφισι δῶκε Κρονίων.

ὀνόματα δὲ αὐτῶν Θελξιόπη (ἢ Θελξινόη), Μόλπη, Ἀγλαόφωνος.

28 Schol. QV Hom. μ 168 (ii. 543. 16 Dindorf), "αὐτίκ' ἔπειτ' ἄνεμος μὲν ἐπαύσατο, ἠδὲ γαλήνη | ἔπλετο νηνεμίη"

ἐντεῦθεν Ἡσίοδος καὶ τοὺς ἀνέμους θέλγειν αὐτὰς ἔφη.

similiter Eustath. in Hom. p. 1710. 39

29 P. Oxy. 2484 fr. 1, ed. Lobel

]ερι τῶνδε[
]γυναῖκες[
]ν ἵκοντο
κ]ạτέλεξαν[
]ṿ ἐνισπεῖ[ν
]ẹ γὰρ αἰνῶ[ς

deest versus unus

].αι·
γυ]ṿαικ[

30 P. Oxy. 2481 fr. 1; 2484 fr. 2; 2485 fr. 1 col. i; composuit et ed. Lobel

]..[].γ̣.[]ν[....]ωπ̣[]...
].[...].ταμη[...]η̣δο̣..
ο]ṳ̓ρ̣α̣ṿοῦ ἀ[στερ]όεντος

---

27 (68) Parthaonis filia Sterope; Steropes et Acheloi filiae Sirenes Ἀνθεμόεσσαν: ἀνθεμόεσσαν Voss cl. Hom. μ 159 δῶκε Κρονίων: ut illic viverent, ventos cantu delenirent, etc. ad rem cf. schol. V Hom. μ 39 Ἀχελώιου καὶ Στερόπης τῆς Πορθάονος αἱ Σειρῆνες . . . ἑλόμεναι δὲ παρθενίαν ἐμισήθησαν ὑπὸ Ἀφροδίτης, καὶ σχοῦσαι (ἔχουσαι cod., corr. West) πτερὰ ἀπέπτησαν εἰς τὸ Τυρρηνικὸν κλίμα, καὶ νῆσον κατέσχον Ἀνθεμοῦσσαν ὀνομαζομένην. ὀνόματα δὲ αὐτῶν Ἀγλαοφήμη, Θελξιέπεια, Πεισινόη καὶ Λίγεια. cf. etiam sch. Q ibid., ubi Παρθᾶνος (-ας cod.) pro Πορθάονος legitur

28 (69) Sirenes. cf. etiam schol. BQ Hom. μ 169 "κοίμησε δὲ κύματα δαίμων" . . . τινὲς δέ, ὅτι καὶ τοὺς ἀνέμους ἵστασαν γοητεύουσαι τῆι φωνῆι.

29 1 vel τῶν δὲ 6 possis τεῖρ]ε

30 Salmoneus Aeoli filius eiusque filia Tyro 3]υραν lectio incerta

ὠ]π̣λ̣ί̣ζετο μ[ών]υχας ἵππου[ς
]χαλκέους [τε λ]έβητας
]θοον ἅρμα [καὶ] ἵππους
]χάλκεοί τε λ[έβ]ητες
πατὴ]ρ ἀνδρῶν τε [θε]ῶν τε
]ὑπὸ ζυγῶι ἅρματ' ἔχοντας
σέ]λ̣α̣ς πυρὸς αἰθ[ο]μένοιο
ἐ]πὶ χθονὶ φῦλ' ἀνθρώπων
]ν. ὁ δ' ἀγᾶτ[ο πατ]ὴρ ἀνδρῶν τε θεῶν τ[ε,
σκληρὸν δ'] ἐ̣βρόντ[ησεν ἀπ'] οὐρανοῦ ἀστερόεντος
]ον δή· ἐτ[ί]ν̣αξε δὲ γαῖαν ἅπασαν.
βῆ δὲ κατ' Ο]ὐλύμποιο [χο]λούμενος, αἶψα δ' ἵκανεν
λαοὺς Σαλμ]ωνῆος ἀτ[ασ]θάλου, οἳ τάχ' ἔμελλο̣ν
πείσεσθ' ἔρ]γ' ἀΐδηλα δι' ὑβ̣[ρ]ι̣στὴν βασιλῆα·
τοὺς δ' ἔβα]λεν βροντῆι [τε κ]αὶ αἰθαλόεντι κεραυνῶι.
ὣς λαοὺς ἀπε]τίνεθ' ὑπερβ[ασίην] βασιλῆος.
....(.)].ς παῖδάς τε γ[υν]α̣ῖκά τ̣ε̣ ο̣ἰκῆάς τε,
..... πό]λιν καὶ δώμα[τ' ..]ίρρυτα θ̣ῆκεν ἄϊστως,
τὸν δὲ λα]βὼν ἔρριψ' ἐς Τ[ά]ρταρον ἠερόεντα,
ὡς μή τις] βροτὸς ἄλλος [ἐ]ρ̣ί̣ζο̣ι̣ Ζηνὶ ἄνακτι.
τοῦ δ' ἄρα] παῖς ἐλέλειπτο φίλη μακάρεσσι θεοῖσι
Τυρὼ ἐυπ]λόκαμος ἰκέλη χ[ρ]υσῆι Ἀφρο[δ]ίτ[ηι,
οὕνεκα νε]ικείεσκε κα̣ὶ̣ ἤ̣ρ̣[ισε] Σαλμωνῆϊ
συνεχές, οὐ]δ' εἴασκε θεοῖς [βροτὸν ἰσ]οφαρίζειν·

---

5 cf. Bibl. i. [89] 9. 7 *βύρσας μὲν ἐξηραμμένας ἐξ ἅρματος μετὰ λεβήτων χαλκῶν σύρων ἔλεγε βροντᾶν* 6]*όον* P. Oxy. 2481, unde *βοη]θόον* Lobel dubitanter; *θοὸν* frequentius et aptius 8 Salmoneus tonat veluti hominum deumque pater 10]*λα* lectio incerta. cf. Bibl. *βάλλων δὲ εἰς οὐρανὸν αἰθομένας λαμπάδας ἔλεγεν ἀστράπτειν* 11 cf. Bibl. *ἔλεγε γὰρ ἑαυτὸν εἶναι Δία, καὶ τὰς ἐκείνου θυσίας ἀφελόμενος ἑαυτῶι προσέτασσε θύειν*, et Verg. Aen. vi. 585–9 12 *ἱλάσκει]ν* e.g. Merk. schol. in marg. sup. papyri Oxy. 2484 (quae hic incipit) (1)]*ε̣πι̣*[(2)]*ε̣ιδεσα*[(*Σα[λμων-*?) (3)].*ι Τυρὼ καὶ* .[14 *καὶ μάλα δηρ]ὸν* e.g. Merk. 16 *λαοὺς* West, *οἶκον* Lobel *οι* P. Oxy. 2481, *ὁ[ι]* P. Oxy. 2485: *ο⟨ἳ⟩* Lobel *ἔμελλεν* vel *ἔμελλον* *Π* 17 *πείσεσθ'* Merk., *τείσειν* West *υβ̣[ρ]ι̣σπην* *Π*, corr. Lobel 18 *τοὺς δ'* et 19 Merk., qui mavult *ἀπετίνυθ'* 20 *κτεῖνε δ' ὁμ]ῶς* Merk. *γυναῖκας* *Π*, corr. Lobel 21 *τὴν δὲ* Merk. *ἐπ]ίρρυτα* vel *ἀλ]ίρρυτα* Lobel 22 West 25 *ικελ]ηι χ[ρ]υσῆι αφρο[δ]ι[τηι]* P. Oxy. 2485: *ικελη φα]ε[εσ]σι σεληνης* P. Oxy. 2481 26 *ἤρ[ισε]* West 27 *συνεχές* West *ισ]οφαριζειν* P. Oxy. 2481: *αν]τιφεριζειν* P. Oxy. 2485

τούνεκά] μιν ἐcάωcε πατὴρ ἀνδρῶν τε θεῶν τε.
. . . . . ἐ]c Κρηθῆοc ἀμύμονοc ἤ[γ]αγεν οἶκον
. . . . . ἀc]παcίωc ὑπεδ[έ]ξατο καί ῥ' ἀτίταλλεν.
αὐτὰρ ἐπεί] ῥ' ἥβηc πολυηράτου ἐc τέλοc ἦλθεν
. . . . . τῆ]c γ' ἐράεcκε Ποcειδάων ἐνοcίχθων
. . . .] φιλότητι θεὸc βροτῶι, οὕνεκ' ἄρ' εἶδοc
παcάων προὔχεcκε γυναι]κῶν θηλυτεράων.
ἡ δ' ἐπ' Ἐνιπῆοc πωλέcκετο] καλὰ ῥέεθρα
]. ν
]. ται
]ε κούρη
]. c
]. α̣πα. τῆc̣
]αc̣[]ε. . []
]υ̣ν[]

31 P. Tebt. 271, ed. Grenfell–Hunt

. . . .]. [.]. . Π̣ο̣c̣ε̣ιδάων λ̣[
τέξειc δ' ἀγλαὰ τέκ]να, ἐπεὶ οὐκ ἀποφώ[λιοι εὐναὶ
ἀθανάτων· cὺ δὲ τ]οὺc κομέειν ἀτιτα[λλέμεναί τε.
. . . .]. ἵν' ἀγλαὰ τέκνα τ[εκ-
. . . .]. τανεμεccητοι τε[
ὣc εἰπὼν ὁ μὲν αὖτιc] ἀ̣γαc̣τόν̣ωι εμ[
. . . .]η̣ ἔβη οἶκόνδε [νέεcθαι
]. . ο̣ν̣. [

33 *μιcγέμεναι*] Merk., *μίχθη δ' ἐν*] Lobel 34 e.g. Merk. 35 cf. Hom. λ 240 36 sqq. cf. Bibl. *Τυρὼ . . . ἔρωτα ἴcχει Ἐνιπέωc τοῦ ποταμοῦ, καὶ cυνεχῶc ἐπὶ τὰ τούτου ῥεῖθρα φοιτῶcα τούτοιc ἐπωδύρετο. Ποcειδῶν δὲ εἰκαcθεὶc Ἐνιπεῖ cυγκατεκλίθη αὐτῆι.* 36 fort.]*ην* 37]*ηται* aut]*νται* 39 fort.]*οc* 42 cf. fr. 31. 2 *εὐναί* et 116. 1]*ευνη*[in marg. dextro pap. Oxy. 2481, col. ii, oppositum verbo *Cαλμωνῆϊ* (supra v. 26) est signum $\bar{H}$, quo versus 700 libri primi Catalogi in columna proxima stetisse declaratur

31 (C) Tyro a Neptuno compressa valere iubetur. cf. λ 235–59 1 *αὐτὰρ ἐγώ τοί εἰμι*] *Ποcειδάων δ̣*[*αμαcίχθων* Körte: *cοὶ φιλό*]*τ̣*[*η*]*τ̣ι̣ Ποcειδάωνα̣* [*μιγῆναι* Pfeiffer: *χαῖρε γύναι φιλό*]*τ̣*[*η*]*τ̣ι̣· Ποcειδάων δ̣*[*έ τοί εἰμι* West 2–3 Grenfell–Hunt ex λ 249–50: δ' add. Rzach *τέξειc*: *τέξεαι, τέξηι* vv. ll. antiquae in Homero 4–5 *νῦν δ' ἔρχευ πρὸc δῶμα*]*θ̣'* et *τ*[*έκηαι* Maas: *ἀλλ' ἔχε cιγῆι μῦθο*]*ν̣, ἵν' ἀγλαὰ τέκνα τ*[*εκοῦcα* | *χαίρηιc, μή τοι ἔπε*]*ιτα νεμεccητοὶ τε*[*λέθωcιν* West: *ἀνεμέccητοί τε* Crusius 6 *ὣc — αὖτιc*] Page: *ὣc εἰπὼν ἐνεδύcετ'*] *ἀγαcτόνωι ἔμ*[*παλι πόντωι* Pfeiffer: *ἔμ*[*πεcε* Maas 7 *Cαλμωνέοc δ' ἄρα κούρ*]*η* Traversa: *ἀ*]*π̣έβη οἶκόνδε* [*νέεcθαι* Crusius

32 Schol. Bern. in Verg. Georg. iv. 361, ed. Hagen, Fleckeisens Jahrb. Suppl. 4 (1861/7), 975, '*at illum | curvata in montis faciem circumstetit unda.*'

hunc versum ex Hesiodi gynecon ⟨*catalogo*⟩ *transtulit.*

33 (**a**) P. Oxy. 2481 fr. 2; 2485 fr. 1 col. ii; 2486; ed. Lobel

]ẹ[. .]βρ̣.[]. .[ ]θυ[
Νηλέα κα]ὶ̣ Πελίην πολέcιν λαοῖcị[ν ἄνακταc·
καὶ τοὺc] μὲν διέναccε πατὴρ ἀν[δρῶν τε θεῶν τε,
νόcφιν δ'] ἀλλήλων ναῖον πτολίεθρ̣ạ .[
ἤτοι ὁ μ]ὲν Πύλον εἶχε καὶ ἔκτιcε γῆ̣ṿ [ἐρατεινὴν
Νηλεύc,] καί ῥα θύγατρ' Ἀμφίονοc 'Ιαcίδα[ο
Χλῶριν ἐ]ΰζωνον θαλερὴν ποιήcατ' ἄκ[οιτιν.
ἣ δέ οἱ ἐν μ]εγάροιcιν ἐγείνατο φαίδιμα τέκ[να,
Εὐαγόρην τ]ε καὶ Ἀντιμένην καὶ Ἀλάcτορα [δῖον
Ταῦρόν τ' Ἀc]τέριόν τε Πυλάονά τε μεγάθυμ[ον
Δηΐμαχόν τε] καὶ Εὐρύβιον κλειτόν τ' 'Επίλαον
Νέcτορά τε Χ]ρομίον τε Περικλύμενόν τ' ἀγέρω⌊χον,
ὄλβιον, ὧι⌋ πόρε δῶρα Ποcειδάων ἐνοcίχθων
παντο⌋ῖ', ἄλλ⌊ο⌋τε μὲν γὰρ ἐν ὀρνίθεccι φάνεcκεν
αἰετόc,⌋ ἄλλοτε δ' αὖ γινέcκετο, θαῦμα ἰδέcθαι,
μύρμ⌋ηξ, ἄλλοτε δ' αὖτε μελιccέων ἀγλαὰ φῦλα,
ἄλλο⌋τε δεινὸc ὄφιc καὶ ἀμείλιχοc· εἶχε δὲ δῶρα
παντ⌋οῖ' οὐκ ὀνομαcτά, τά μιν καὶ ἔπειτα δόλωcε
β⌊ο⌋υλ⌊ῆι⌋ Ἀθηναίηc· πολέαc δ' ἀπόλεccε καὶ ἄλλουc

---

32 (130) *catalogo* add. C. G. Mueller   ad Tyrus fabulam rettulerunt Malten, Kyrene (1911) 31 sq. et Pfeiffer, Philol. 92, 1937, 13 = Ausgewählte Schriften (1960) 36 sq. cf. Homerum in historia de amoribus Tyrus et Neptuni λ 243 sq. *πορφύρεον δ' ἄρα κῦμα περιcτάθη οὔρεϊ ἶcον | κυρτωθέν*, quem versum poeta Homericus fortasse e catalogo Hesiodeo sumpsit

33 (**a**) (14) Tyrus et Neptuni filii Neleus et Pelias; Nelei filii, inter quos Periclymenus; Hercules Pylum oppugnat   1 *ὑ]βρι[c]τὴ[ν* et *ὀβριμό]θυ[μον* e.g. West, cl. Theog. 996   3, 5, 6 West   4 vel *τῆλε δ' ἀπ'* (Lobel) vel sim.   6 *ιcιαδαο Π*, postea correctum ut videtur: cf. Hom. λ 283   11 cf. fr. 193. 15   12 cf. Hom. λ 286   12 *Περικλύμενον*–19 *Ἀθηναίηc* schol. Ap. Rhod. *Α* 156, cf. schol. Hom. λ 286, Eustath. p. 1685. 62   13 cf. fr. 43 (c)   15 *αὖ γινέcκετο*: *αὖτε πελέcκετο* schol. Ap. Rhod.   18 *ὀνοταcτά* P. Oxy. 2486 ante corr.   19 *ἄλλουc*: *αὐτόc* Merk.; versum excidisse putat West, e.g. ⟨*πολλοὺc μὲν γὰρ . . . 'Επειούc*⟩

μαρνάμενος Νηλῆος ἀγακλειτοῦ περὶ τεῖχος
ο[ὗ] πατρός, πολέας δὲ μελαίνηι κηρὶ πέλασσε
κ]ṭείνων. ἀλλ' ὅτε δή οἱ ἀγάσσατο Παλλὰς Ἀθήνη,
πα]ῦσεν ἀριστεύοντα· βίην δ' Ἡρακληείην
εἶ]λ' ἄχος ἄτλητον κραδίην, ὤλλυντο δὲ λαοί.
ἤ]τοι ὁ μὲν ζυγοῦ ἄντα βίης Ἡρακληείης
ὀ]μφαλῶι ἑζόμενος μεγάλων ἐπεμαίετο ἔργω[ν,
φ]ῆ θ' Ἡρακλῆος στήσειν μένος ἱπποδάμοιο·
νήπιος, οὐδ' ἔδδεισε Διὸς ταλασίφρονα παῖδα,
αὐτὸν καὶ κλυτὰ τόξα, τά οἱ πόρε Φοῖβος Ἀπόλλων.
ἀλλὰ] ṭọτ' ἀντίος ἦλθε βίης Ἡρακληείης
ʹ̣].ιας, τῶι δὲ γλαυκῶπις Ἀθήνη
Ἀμφιτρυωνι]ạδ̣ηι θῆκ' εὔσχεθὲς ἐν παλάμηισ[ι
τόξον, καί οἱ φρ]ạσσε Περικλύμενον θεοει̣δ̣[έα
]κεν κρατερὸν μένος α . . .[
]μενος τάνυσεν χείρε[σσι φίλῃσι
τόξον, καὶ τα]χὺν ἰὸν ἐπὶ στρεπτῆσ[νευρῆς

33 (**b**) Schol. Ap. Rhod. *Α* 156–60a (p. 21. 3–6 Wendel), de Periclymeno

Ἡσίοδος δὲ μεταβληθέντα εἴς τινα τῶν συνήθων μορφῶν ἐπικαθεσθῆναι τῶι ὀμφαλῶι τοῦ ζυγοῦ τῶν Ἡρακλέους ἵππων, βουλόμενον εἰς μάχην καταστῆναι τῶι ἥρωι, τὸν δὲ Ἡρακλέα καιρίως αὐτὸν κατατοξεῦσαι τῆς Ἀθηνᾶς ὑποδειξάσης.

Schol. AD Hom. *Β* 333–5 (i. 102. 17 Dindorf), de Periclymeno

καὶ δὴ γενόμενον αὐτὸν μέλισσαν καὶ στάντα ἐπὶ τοῦ Ἡρακλέους ἅρματος Ἀθηνᾶ †εἰκάσασα Ἡρακλεῖ ἐποίησεν ἀναιρεθῆναι . . . ἱστορεῖ Ἡσίοδος ἐν Καταλόγοις.

---

20 *ἀγακλειτοῦ* West: *ἀγακλειτὸν Π* 23 δ' om. P. Oxy. 2486 24 *ὤλλυ[ντο* P. Oxy. 2485: *ὄλλυντο* P. Oxy. 2486 26 *μεγάλωι . . . ἔργω[ι* P. Oxy. 2486 ante corr. 27 *στήσειν*: de *σχήσειν* cogitavit Lobel 31].: δ, λ, α; *μ]υίας* cum vestigiis non quadrat 33 *καί οἱ φρ]άσσε* Merk. 34 *ἐν δ' ἄρα οἱ θῆ]κεν* e.g. West *Ἀτρυ[τώνη* cum vestigiis non quadrat 35 *τῶι δ' ἄρ' ἐπισχό]μενος* vel *τῆι ὅ γε πειθό]μενος* West *φίλῃσι τόξον καὶ* West 36 *στρεπτῆι σ[χέθε νευρῆι* West

33 (**b**) (14) (Schol. Hom.) *γενόμενον . . . μέλισσαν* vix Hesiodeum *εἰκάσασα*: *δείξασα* Barnes; possis *φράσασα* *Ἡρακλεῖ*: *Ἀθηνᾶ* A

34 Steph. Byz. p. 205. 5–10 Meineke

Γερηνία, πόλις Μεσσηνίας, ἔνθα, φασί, Νέστωρ ὁ Πύλιος ἐτράφη ἢ φυγὰς ἤχθη. Ἡσίοδος ἐν πρώτωι Καταλόγων· "κτεῖνε — Γερηνοῖς" (fr. 35. 6–8), *ἀπὸ εὐθείας τῆς "Γέρηνος"· καὶ αὖθις*

Νέστωρ δ' οἶος ἄλυξεν ἐν ἀνθεμόεντι Γερήνωι.

cf. Eustath. in Hom. p. 231. 29

35 P. Oxy. 2481 fr. 3, ed. Lobel

].[βί]η Ἡρ[ακλη]είη.
ὄφρα μὲν οὖν ἔζ]ωε Περικλύ[μ]ενος θε[ο]ειδής,
οὐκ ἐδύναντο Πύ]λον πραθέειν μάλα περ μεμαῶτες·
ἀλλ' ὅτε δὴ θανάτο]ι̣ο Π[ε]ρικλύμενον λάβε μοῖρα,
ἐξαλάπαξε Πύλοιο πόλιν Δι]ὸς ἄ[λ]κιμο[ς] υἱός,
κτεῖνε δὲ Νηλῆος ταλα˩σίφρονος υἱέας ἐσθλούς,
ἕνδεκα, δωδέκατος δὲ Γερ˩ήνιος ἱππότα Νέστωρ
ξεῖνος ἐὼν ἐτύχησε παρ' ἱ˩πποδάμοισι Γερηνοῖς·
οὕτω δ' ἐξέφυγεν θάνατο]ν καὶ κῆ[ρ]α μέλαιναν.
τοῦ δ' ἦν Ἀντίλοχός τε κα]ὶ̣ αἰχμητὴς Θρασυμήδη̣ς̣
Περσεύς τε Στρατίος τε καὶ Ἄρητος]κ̣[α]ὶ̣ Ἐχέφρων
Πεισιδίκη θ' ἣ εἶδος ἐρήριστ' ἀθανάτηι]σ̣ιν·
τοὺς δὲ μέθ' ὁπλοτάτην τέκετο ξανθὴν] Πολυκάσ[την
Νέστορος ἐν φιλότητι Ἀναξιβίη ῥοδό]π̣ηχυ̣ς̣
]ρ̣τ[

36 P. Oxy. 2481 fr. 4, ed. Lobel

τ̣ο̣ῦ̣[...].[
Περσεύς τ̣ε̣ [Στρατίος τε καὶ Ἄρητος καὶ Ἐχέφρων
Πεισιδίκη θ' ἣ εἶδος [ἐρήριστ' ἀθανάτηισιν·
...[ ].[.]..[..].[
Ν̣έ̣σ̣τ̣[ορ

---

34 (16)

35 (15) Hercules Pylum urbem expugnat; Nestoris filii 5 e.g. Merk. 6–8 cit. Steph. Byz. s.v. *Γερηνία* (fr. 15 Rz.), v. supr. fr. 34, cf. eund. s.v. *Τάβαι*, schol. A Hom. *B* 336, Eustath. in Hom. p. 231. 29, schol. Hom. *γ* 68 9 *οὕτω* et 10 *ἦν* West, reliqua Lobel 10–14 cf. fr. 36 13–14 West

36 Nestoris filii; cf. fr. 35. duo fragmenta ab eadem manu scripta coniungi posse negat Lobel. fortasse iteratus est locus per errorem, nam punctis notati sunt versus 2 et 3, fortasse etiam 4 3 *Πασιδίκη* in *Πεισιδίκη* correctum 4 *τηλ*[(cf. fr. 221) vix legi potest

37 P.S.I. 1301, ed. Vitelli–Norsa

.[. . . .]ν̣ο̣υ̣, οὗ κλέος εϲ[
ἀργαλέα[ϲ]· μοῦνοϲ δ' ὑπ̣[εδέξατο μάντιϲ ἀμύμων.
καὶ τὸ̣ μὲ[ν] ἐξε[τ]έλεϲϲε, β̣[
δεϲμὸν ἀεικὲϲ ἔχων̣ [
μνᾶτο γὰρ αὐτοκαϲιγν[ήτωι, ἥρωι Βίαντι,
ἤνυέ θ[᾽] ἱ̣μερόεντα γάμ̣[ον
βοῦϲ ἕλικαϲ, κ̣αὶ ἄεθλον ἀμ[ύμονα δέξατο κούρην.
Πηρὼ δ' [ἠ]ΰ̣κομοϲ Ταλα[ὸν
γείνατο παῖδα Βίαντ̣ο̣[ϲ
οἳ δὲ καὶ εἰϲ Ἄργοϲ Προί̣[το]ν̣ πά̣[ρα δῖον ἵκοντο,
ἔνθά ϲφιν μετέδ̣ωκ̣[ε
ἴ̣φθ[ι]μ̣οϲ Προῖτο̣ϲ̣ κλῆ̣ρον .[
ἱπποδάμωι τε [Βί]α̣ντι̣ [Μελάμποδί θ'
μαντοϲύνηιϲ ἰήϲατ', ἐπεὶ ϲ̣φ[
ἠλοϲύνην ἐνέηκε χολωϲα̣[μεν-
αὕτη μὲν γενεὴ Νηλῆο̣ϲ̣ [
αὐτὰρ ὅ γ' αὐτοῦ μ̣[ίμνεν ἐν εὐρυχόρωι Ἰαωλκῶι
ϲκῆπτρον ἔχων [Πελίηϲ
τὰϲ τ̣έκ̣.[
Ἄλκηϲτιν μεν̣[

---

37 (D) Pero Nelei filiam Bias ducit adiuvante fratre Melampode (1–9). Proeti filiae a Melampode sanatae (10–15). pergit poeta ad Nelei fratrem Peliam (16–23) ante v. 1 boum Iphicli mentio erat. hae agendae erant, si quis Pero in matrimonium poscebat (λ 287 sq., cf. ο 226 sq.) 1 de Iphiclo ut vid. *κ̣[οίρα]ν̣ο̣ϲ̣* Pfeiffer *ἐϲ[θλὸν* Pfeiffer: *ἐϲ[τὶ* Gestri: fort. *ἔϲ[κε(ν)* 2 cf. λ 291 3 e.g. *β̣[ίηι δ' ἔρυτ' εἰϲ ἐνιαυτὸν* 4 *ἀεικέ'* Vitelli–Norsa *[Νηληΐδοϲ εἵνεκα κούρηϲ* Page 5 *βαϲιλῆι Βίαντι* praefert Pfeiffer 6 *ηνυϲε* leg. editores, vix recte e.g. *[ον. τὰϲ δ' ἤλαϲεν ἔμπηϲ* 7 Pfeiffer 8 e.g. *[ὸν μέγαν* (Pfeiffer) *ἐν μεγάροιϲι* (Vitelli–Norsa) 9 *[ϲ ἐν ἀγκοίνηιϲι δαμεῖϲα* (Maas) vel sim. 10 leg. et suppl. West 11 *[ε μέγ' ἔξοχον ἀμφοτέροιϲιν* Bartoletti 12 *δ̣[ῶκεν δὲ θύγατραϲ* Bartoletti, cf. Bibl. ii. [29] 2. 2, schol. Theocr. 3. 43 13 suppl. Bartoletti, deinde *οὕνεκα κούραϲ* Merk. 14 *ἐπεί ϲ[φιϲι* Bartoletti, deinde *πότνια Ἥρη* Merk. 15 *ἠλοϲύνην Π* *χολωϲ[αμένη περὶ τιμῆϲ* Merk.: *χολωϲ[άμενοϲ Διόνυϲοϲ* Bartoletti; cf. frr. 130–3 16 *Νηλῆο̣ϲ̣* vel *Νηλή[ι]οϲ̣* West: *Νηληόθ̣[εν* Bartoletti 17 *μ̣[ίμνεν* Pfeiffer, *ἐν εὐρυχόρωι Ἰαολκῶι* Friedländer. de forma *Ἰ(α)ωλκόϲ* vide Glotta 1963. 278 sqq. 18 *[Πελίηϲ* Pfeiffer: deinde e.g. *βαϲιλεύϲ, παρὰ δ' εἵατο κοῦραι* West 19 *[Ἀναξιβίη θυγάτηρ κρατεροῖο Βίαντοϲ* Pfeiffer 20 *[πρεϲβυτάτην καὶ εἶδοϲ ἀρίϲτην* Pfeiffer

ἠύκομόν τε Μ[έδουcαν
Παcιδίκην .η[
..]....τ̣έκε.[

38 Schol. Hom. μ 69 (ii. 533. 25 Dindorf)

Τυρὼ ἡ Cαλμωνέως ἔχουcα δύο παῖδαc ἐκ Ποcειδῶνοc, Νηλέα τε καὶ Πελίαν, ἔγημε Κρηθέα· καὶ ἴcχει παῖδαc ἐξ αὐτοῦ τρεῖc, Αἴcονα καὶ Φέρητα καὶ Ἀμυθάονα. Αἴcονοc δὲ καὶ Πολυμήλαc καθ' Ἡcίοδον γίνεται Ἰάcων, κατὰ δὲ Φερεκύδην (3 F 104c) *ἐξ Ἀλκιμέδηc.*

39 Steph. Byz. p. 54. 16 Meineke

Αἰcών, πόλιc Θεccαλίαc, ἀπὸ Αἴcωνοc τοῦ Ἰάcονοc πατρόc, οὗ τὸ ὄνομα διὰ τοῦ ω̄ κλίνεται, ὡc Ἡcίοδοc. τὸ δὲ "Αἰcονίδηc" ἀπὸ τοῦ "Αἴcονά τ' ἠδὲ Φέρητα" (Hom. λ 259).

40 Schol. Pind. Nem. iii. 92 (iii. 55. 24–56. 2 Drachmann)

ὅτι δὲ ἐτράφη παρὰ τῶι Χείρωνι ὁ Ἰάcων, Ἡcίοδόc φηcιν·

Αἴcων, ὃc τέκεθ' υἱὸν Ἰήcονα ποιμένα λαῶν,
ὃν Χείρων ἔθρεψ' ἐνὶ Πηλίωι ὑλήεντι

41 Ps. Herodianus, Philet. 242 (p. 66 Dain)

τὰ δὲ ἐκ τόπου (sc. *ἐπιρρήματα*) *ἰcοδυναμεῖ τῆι "ἐξ" προθέcει μετὰ γενικῆc πτώcεωc, οἷον "Θήβηθεν" ἐκ Θηβῶν, "Ἀθήνηθεν παραγίνομαι" ἀντὶ τοῦ "ἐξ Ἀθηνῶν". ὅθεν οἱ λέγοντεc "ἐξ οἴκοθεν παραγίνομαι" ἁμαρτάνουcι· δὶc γὰρ τὴν "ἐξ" πρόθεcιν παραλαμβάνουcιν. cημειωτέον οὖν τὸ Ὁμηρικὸν "ἐξ οὐρανόθεν"* (Θ 19), *καὶ τὸ παρὰ τῶι Ἡcιόδωι·*

ἐγὼ δ' ἐξ ἀγρόθεν ἥκω

---

37 21 Pfeiffer 22 *Πειcιδίκην* Vitelli–Norsa, cl. Bibl. i. [95] 9. 10

38 (18) Cretheus Aeoli filius; eius et Tyrus filii Aeson, Pheres, Amythaon; Aesonis filius Iason de Crethei filiis cf. Hom. λ 259 *Αἴcονά τ' ἠδὲ Φέρητ' Ἀμυθάονά θ' ἱππιοχάρμην* Polymela Autolyci filia, Alcimeda Phylaci *Πολυμήδηc* Lehmann cl. Bibl. i. [107] 9. 16

39 ita scripsit Meineke: . . . *κλίνεται. τὸ δὲ Αἰcονίδηc, ὡc Ἡcίοδοc* (Theog. 993, 999), *ἀπὸ τοῦ* . . ., unde Rzach fragmentum non recepit

40 (19) Aesonis filius Iason

41 ad Chironis praecepta rettulit J. Schwartz (p. 242), ad Iasonis historiam West; dicit enim Iason apud Pind. Pyth. iv. 102 *ἀντρόθε γὰρ νέομαι.* porro *ἀντρόθεν* in Hesiodo conicere possis

42 Schol. Pind. Pyth. iv. 182 (ii. 123/4 Drachmann), "*ἀντρόθε γὰρ νέομαι πὰρ Χαρικλοῦς καὶ Φιλύρας, ἵνα Κενταύρου με κοῦραι θρέψαν ἁγναί*"

Χαρικλὼ γυνὴ Χείρωνος . . . ὁ δὲ Ἡσίοδος Ναΐδα φησὶ τὸν Χείρωνα γῆμαι.

43 (**a**) P. Cairensis Instituti Francogallici (P.I.F.A.O.) 322 fr. B, C, F, A, ed. J. Schwartz, Pseudo-Hesiodeia (1960), 265 sqq.; P. Oxy. 2495 fr. 21, 25, 30, ed. Lobel; P. Berol. 7497, ed. Schubart–Wilamowitz; P. Oxy. 421, ed. Grenfell–Hunt

ἐ]ϋστέφανος Πολυμήλη.
ἢ' οἵη θυγάτηρ Ἐρυσίχθονος ἀντι]θ̣έοιο
]ο̣υ̣ Τριοπίδαο
Μήστρη ἐϋπλόκαμος, Χαρίτων ἀ]μαρύγματ' ἔχουσα·
τὸν δ' Αἴθων' ἐκάλεσσαν ἐπ]ώ̣ν[υ]μ̣[ο]ν εἵνεκα λιμοῦ
αἴθωνος κρατεροῦ φῦλα] θνητῶν ἀνθρώπων
αἴθω]να δ̣ὲ λιμὸν ἅπαντες
θ]νητο[ῖ]ς ἀνθρώποις
πυκι]νὰ [φ]ρ̣εσὶ μήδε' ἰ̣δ̣[υι-
]θεα̣..[.]ν.γε περν[
γυ]ν̣αικῶν
(desunt versus duo)
].[
]..[....]ε̣το τε[
]γειν[... κ]ούρη[
]σ̣ι κλ̣.[....].οισ[.....]σι

---

42 (124) cf. P. Oxy. 2509. 3 *Χείρων νηΐδ' ἔχων νύμφην θυμαρέ' ἄκ[οιτιν*

43 (**a**) (7b; 245b; B) Mestrae Ehoea 1 fortasse Polymela Iasonis mater, cf. fr. 38 2–69 Mestra Erysicthonis filia 2 et 4 e.g. West 3 *μεγαθύμ]ου* Merk. 4 verba *Χαρίτων ἀμαρύγματ' ἔχουσα* Hesiodi Catalogo tribuit Et. gen. s.v. *ἀμαρύσσω*, et saepius occurrunt 5 sq. e.g. Merk.; cf. fr. 43 (b) *τῶι δ' Αἴθων ὄνομ' ἦεν ἐπ]ώνυμον εἵνεκα λιμοῦ [ἔκ τε θεῶν μακάρων ἔκ τε] θν. ἀν.* West *λιμὸν αἴθωνα κρατερόν* verba Hesiodi esse ci. West e Callim. hymn. vi. 66 et epigr. ap. Aeschin. Ctes. 184 8 *θαῦμα]* West 10 *ο γε* vel *εγε Π* *περν[άς* (Schwartz) vel *ἐπέρν[η*, cf. fr. 43 (b) 11 vel *γ]υναικῶν*, si fragmentum minutum adiungendum 15 *δολίην] ἐ̣π̣[εμαί]ετο τέ[χνην* e.g. Merk. 16 *κουρη[[ν]][Π* 17 *]νοις* [vel *]μοις[*

ἀπά]τ̣ησε π̣ολύφρονά [πε]ρ μάλ' ἐόντ[α
κού]ρην ἑλικώπιδα κ[αλλ]ιπάρηον
]τ' ἄλοχον θυμαρέ' ἄ[γε]ϲ̣θαι
]γαρο[.... ὑπέϲ]χετ[ο] μυρία ἕδνα
ἑ]κ̣ατὸν[...........].η̣μ̣ερα δω[
].ων[..]βοῶν ἀ̣[γέλα]ϲ ἐριμύκω[ν
]ὀ̇ΐων .[.....]ϲ̣α̣ αἰγῶν[
εδέ]ξατο[.....]ε θ̣υ̣μῶι
(deest versus unus, vel versus viginti sex)
].δαυ[
].ϲαϲ κρ[
].ϲ̣επετ.[
].η τε γε[.].ιτο καὶ ἐκ[
]ην· ἣ δὲ λυθ[εῖ]ϲα φίλου μ[ετὰ δώματα πατρὸϲ
ὤιχετ'] ἀπαΐξαϲα, γυνὴ δ' ἄφαρ α[ὖτιϲ ἔγεντο
πατρὸϲ ἐ]νὶ μεγάροιϲι· μετῆλθ̣[ε δὲ
]δη παρὰ μητρὶ ἐπο̣[ ]ηϛ
ἀ]μφ[ὶϲ] δ' ἤθελ' ἄγειν κούρην̣[......]υ̣[
αἶ]ψα [δ' ἄ]ρ̣' ἀ[λλ]ήλοιϲ[ι]ν ἔριϲ καὶ ν[εῖκοϲ] ἐτ[ύχθη
Ϲιϲύφωι ἠδ' Αἴθωνι τανιϲφύρο[υ εἵ]νεκα [κούρηϲ,
ο]ὐδ̣' ἄρα τιϲ δικάϲαι [δύ]νατο βροτόϲ· ἀλλ' αραπ̣[
...... ἐπ]έτρεψαν καὶ ἐπήινεϲαν· ἣ δ' ἄρα τοῖ̣[ϲιν
ἀ]τρεκέωϲ διέθηκ[ε] δίκην δ.[
"ε]ὖτέ τιϲ ἀντ' ὤνοιο̣ χατίζηι χ̣[ρῆ]μ̣' ἀνελ[έϲθαι,

---

18 sq. *Ϲίϲυφον ἐξαπά]τηϲε* et *μνωόμενον]* e.g. Merk. 20 fort. *ἀρέϲθαι* 21 *οἷϲιν ἐνὶ με]γάρο[ιϲ* Schwartz: *δώροιϲιν λι]παρο[ῖϲ καὶ ὑπέϲ]χετο* Merk. 22 *ἐ]φ̣ί̣μ̣ερα δῶ[ρα* vel (animalia) *ἥ̣μ̣ερα* West *δώ[ϲειν* Schwartz 23 West 24 fort. *εἰροπόκων]*, cf. fr. 44 post *οιων* hasta vert. *ἠ̣[δ' αἰπ]ό̣λ̣ι̣' αἰγῶν* West 25 fort. *ὑπεδέ]ξατο*, cf. fr. 44 supra o vestigia litterae: .[[*χαῖρε δ]ὲ θυμῶι* Schwartz 27–32 v. ad fr. 45 27 fort.]*α* 28 *ϲα`ϲ´κρ Π* 30 fort.]*φ* fort. *γένοιτο* 31 *μ[ετὰ δώματα πατρόϲ* Schwartz 32 init. West *α[ὖθιϲ ἔγεντο* Lobel 33 *μεγ-* P.I.F.A.O.: *μμεγ-* P. Oxy. *μετῆλθ[ε δὲ Ϲίϲυφοϲ ἥρωϲ* West 34]*ηϛ* P.I.F.A.O. ante vs. 58 in marg. sinistro (perquam dubium) *εὗρε δὲ] δὴ παρὰ μητρὶ ἐπο[ιχομένην μέγαν ἱϲτόν* West 35–46 frustula coniunximus, probante Lobel 35 *ἀ]μφ[ὶϲ]* Lobel: *ἄ]μφ[ω]* West [*καὶ ἕδνα κομίϲϲαι* West: [*ἢ τῖμον ἑλέϲθαι* Merk. 36 *ν[εῖκοϲ]* Schwartz *ἐτ[ύχθη* nos 37 Lobel 38 *ἄρ' Ἀ[θήνηι* West: aliter *Π*, fort. *ἄρα τ̣[οῖϲιν* falso ex v. sequ. 39 *νεῖκοϲ* West *ἐπ]έτρεψαν* Lobel 40 *δίκην δ' ἰ̣[θεῖαν ἔειπεν* West 41 West *χα`τ´[[ρ]]ιζηι Π* *χ[* aut *υ[*]*μ[[ανελ[* *Π*, suprascr. *α̣[[ν̣]]γ̣ενε̣ϲθ[αι*

ἀ]μφὶ μάλα χρῆν ὦṿ[ον ....]. τῖμοṿ [
οὐ γ]ὰρ δὴ μεταμειπ[τόν, ἐπὴν τὰ] πρῶτ' [ἀποδώηι."
...]αι̣[.]φη ταύτηι δεδ̣[.... .....]ητα[
...].ϵ̣.[..] οὐρήων α.[
..]ϵ̣ μεθ' ἡμιόνους τ[
....].[..]μωνα[
.....]cενδ[.]..τ̣ο̣[
....]τοι μα[κ]άρωṿ[
...]εν ελαccωνουν[
ἀ]νδρῶν δὲ προὔχεcκε νοήματά τε πραπ[ίδας τε,
ἀ]λλ' οὔ πως ᾔδει Ζηνὸc νόον αἰγιόχοιο,
ὡc οὔ οἱ δοῖεν Γλαύκωι γένος Οὐρανίωνεc
ἐκ Μήcτρηc καὶ cπέρμα μετ' ἀνθρώποιcι λιπέc[θαι.
καὶ τὴν μέν ῥ' ἐδάμαccε Ποcειδάων ἐνοcίχθ[ων
τῆλ' ἀπὸ πατρὸc ἑοῖο φέρων ἐπὶ οἴνοπα πόν[τον
ἐṿ Κόωι ἀ[μ]φιρύτηι καίπερ πολύιδριν ἐοῦcα[ν·
ἔνθα̣ τ̣ε̣κ̣' Εὐρύπυλον πολέων ἡγήτορα λαῶ[ν
Κω...α γείνατο παῖδα βίην ὑπέροπλον ἔ̣[χοντα.
τοῦ δ' υἱεῖc Χάλκων τε καὶ Ἀνταγόρηc ἐγένο[ντο.
τῶι δὲ καὶ ἐξ ἀρχῆc ὀλίγηc Διὸc ἄλκιμοc υἱὸc
ἔπραθεν ἱμερόεντα πόλιν, κε[ρ]άϊξε δὲ κώμας
εὐθὺ[c ἐπ]ε̣ὶ̣ Τροίηθεν ἀνέ̣[πλε]ε̣ νη̣υc[ὶ] θ̣[οῆιcι
..[... ...]λ̣α̣ιων ἕνε̣[χ' ἵπ]πων Λαομέδοντοc·
ἐν Φλέγρηι δ]ὲ Γίγαντας ὑπερφιάλους κατέπεφ[νε.
Μήcτρη δὲ προ]λιποῦcα Κόων ποτὶ πατρίδα γαῖαν
νηῒ θοῆι ἐπέρ]ηc' ἱερέων ποτὶ γουνὸν Ἀθηνέων

---

42 ὦν[ον Merk. ('si quis rem quam vendidit recipere vult, de emptione agunto, pretium denuo statuunto') 43 West 44 ὣc] ἄρ' [ἔ]φη, ταύτηι δὲ δ[ίκηι εἴρ]ητα[ι ὀπίccω West 45].ϵ̣.[vel].θ̣.[Π αc̣[vel αϵ̣[Π 46 possis ἠδ]ὲ — τ[αλαεργοὺc 48 το supra lineam 49 οὕτω] West: ὃc δή] τοι μακάρων, [οἳ 'Ολύμπια δώματ' ἔχουcιν, εἶχ]εν ἐλάccω νοῦν e.g. Merk. 50 potes ἐλάccων οὕν[εκ', ἔλαcc' ὧν οὐ ν[, ἕλ' ἅcc' ὤνου ν[58–59 τέκ' iuxta γείνατο vix sanum 59 aliunde insertum esse ci. Lobel 61 τῶι P. Oxy.: τῶν P.I.F.A.O.; ad rem Plut. Quaest. Gr. 58 p. 304 contulit Lobel 63 fin. Schwartz 64 ἀελ]λαίων Schwartz: exspect. ἣν ἀλάπαξεν ἰὼν vel sim. 65 init. Merk. (cf. Bibl. ii [138] 7. 1): ὑβριcτὰc] West 66 West 67 e.g. Merk.; πέρ]ηc' Stiewe: βουλῆι Ἀθηναί]ηc West

ἐ]πεὶ τέκε παῖδα Ποcειδάωνι ἄνακτι.
αἰν]όμορον πατέρα ὃν πορcαίνεcκεν.
]υ θυγάτηρ Πανδιονίδαο
ἧ]ν ἔργα διδάξατο Παλλὰc Ἀθήνη
]εουcα, νόεcκε γὰρ ἶcα θεῇcι
τῆc καὶ ἀπὸ χρ]οϊῆc ἠδ' εἵματοc ἀργυφέοιο
]θεου χαρίεν τ' ἀπὸ εἶδοc ἄητο·
τῆc μὲν Cίcυφο]c Αἰολίδηc πειρήcατο βουλέων
βοῦc ἐλάcα[c· ἀλλ' οὔ τι Διὸ]c νόον αἰγιόχοιο
ἔγνω· ὁ μ[ὲν δώροιc διζ]ήμενοc ἦλθε γυνα[ῖκα
βουλῆι Ἀθ[ηναίηc· τῶι δὲ] νεφεληγερέτα Ζεὺ[c
ἀθανάτωι ἀ[νένευcε] καρήατι μή ποτ' ὀπ..[
ἔccεcθαι .[........]ητου Cιcυφίδαο.
ἡ δὲ Ποcε[ιδάωνοc ἐν] ἀγκοίνηιcι μιγεῖ[cα
Γλαύκωι ἐν[...........]ἀμύμονα Βελλε[ροφόντην,
ἔξοχον ἀνθ[ρώπων ἀρ]ετῆι ἐπ' ἀπείρονα γ[αῖαν.
τῶι δὲ καὶ η[..... πα]τὴρ πόρε Πήγαcο[ν ἵππον
ὠκύτατον [..............]μινεπτε[
πάντηι ἀν[..............]ε.τα...[
cὺν τῶι πῦρ [πνείουcαν ⏑ – ⏑ ⏑ – ⏑ Χίμαιραν.

70–91 utrum nova Eurynomes Ehoea incipiat an Mestrae historia continuetur, incertum; de Eurynome cf. Hyg. fab. 157 (Neptuni filii) *Bellerophon ex Eurynome Nisi filia*; de Mestra schol. T Hom. *Z* 191 (Bellerophon) Ποcειδῶνοc δὲ ἦν καὶ Μήcτραc τῆc Ἐρυcίχθονοc 70 ἢ οἵη Νίcο]υ Schwartz (Νίcο]υ iam Blass) quis sit Pandionides, incertum. duo fuere Pandiones, alter Ericthonii alter Cecropis filius; illius filii Erectheus (= Erysicthon?) et Butes, huius Aegeus Pallas Nisus Lycus 71 Εὐρυνόμη, τὴ]ν West ἔργα διδ- P. Oxy.: ἔργ' ἐδιδ- P.I.F.A.O. 72]ουcα P.I.F.A.O.:]εεcκε 'ουcα' P. Oxy. Νίcωι ἐυφρον]έουcα West: προφρονέωc φιλ]έουcα Stiewe θεηcι P.I.F.A.O.: θεοιcι P. Oxy. 73]οϊηc P. Oxy. suppl. West (cf. Call. hymn. v. 28 χροϊάν) 74 λάμφ' οἷόν τε] θεοῦ West, cf. Scut. 8, h. Cer. 278, h. Ven. 174 τ P.I.F.A.O.: δ' P. Oxy. 75 West 76 Evelyn-White, qui primus P. Berol. cum P. Oxy. coniunxit 77 μ[ὲν Crönert, δώροιc Evelyn-White, διζ]ήμενοc Blass γυνα[ῖκα Grenfell–Hunt 78 Ἀθ[ηναίηc Wilamowitz, τῶι δὲ Merk. 79 Schwartz: ἀ[νένευε] Grenfell–Hunt ὀπίc[cω West: ὀπάc[cαι Grenfell–Hunt: ὀπάτ[ρουc Evelyn-White 80 π[vel γ[Π: π[αῖδαc Evelyn-White: Γ[λαύκου γενεὴ]ν West 81 Rzach 82 ἐν[ὶ μεγάροιc τέκ'] Rzach 83 ἀνθ[ρώπων Wilamowitz, ἀρ]ετῆι et γ[αῖαν Merk. 84 ἡ[βώοντι Merk.: ἡ[βήcαντι Stiewe 85 πτερ[όεντι Schwartz 86 ἀν[αcτρωφᾶν Wilamowitz]εηταιαλ[Grenfell–Hunt: -]εντα Stiewe 87–89 e.g. Wilamowitz 87 ἀπηλοίηcε West

γῆμε δὲ πα̣[ῖδα φίλην μεγαλήτορος Ἰοβάταο
αἰδοίου βαϲ[ιλῆοϲ
κοίρανοϲ α[
ἣ τέ[κε

43 (**b**) Schol. Lycophr. 1393 (ii. 384/5 Scheer)

Ἐρυϲίχθων τιϲ υἱὸϲ Τριόπα ἐξέτεμε τὸ ἄλϲοϲ τῆϲ Δήμητροϲ· ἣ δὲ ὀργιϲθεῖϲα ἐποίηϲεν αὐτῶι ἐκφυῆναι λιμὸν μέγαν, ὥϲτε μηδέποτε λήγειν τῆϲ πείνηϲ. εἶχε δὲ οὗτοϲ θυγατέρα Μήϲτραν φαρμακίδα, ἥτιϲ εἰϲ πᾶν εἶδοϲ ζῴου μετεβάλλετο, καὶ ταύτην εἶχε μέθοδον τῆϲ λιμοῦ ὁ πατήρ· ἐπίπραϲκε γὰρ αὐτὴν καθ' ἑκάϲτην ἡμέραν καὶ ἐκ τούτων ἐτρέφετο· ἣ δὲ πάλιν ἀμείβουϲα τὸ εἶδοϲ φεύγουϲα πρὸϲ τὸν πατέρα ἤρχετο. ὁ δὲ Ἐρυϲίχθων Αἴθων ἐκαλεῖτο, ὥϲ φηϲιν Ἡϲίοδοϲ, διὰ τὸν λιμόν.

43 (**c**) Philodemus, περὶ εὐϲεβείαϲ p. 49 Gomperz; Herculanensium voluminum collectio altera (1863) ii. 128

4 πολυ[ε]ι̣δ̣[ίαν
5 π]αντελῶϲ τα[ύτην Πο-
6 ϲ]ειδῶν λέγετ̣[αι
7 τ̣ῶν ἀνθρώπ[ων τι-
8 ϲ̣ὶ̣ν περιθεῖν[αι τήν
9 τ̣ε̣ αὐτὴν δ̣[οῦ]ναι[ι
10 Περικλυμέ[νωι] κ[αὶ
11 Μ]ήϲτραι· τούτων [δὲ
12 τὴν μὲν ἱϲτορε̣[ῖ γ' Ἠοί-
13 αι]ϲ Ἡϲίοδοϲ δια̣[-
14 π]ρ̣αϲθῆναι χάρ[ιν τοῦ
15 δι]ατρέφεϲθ' Α[ἴθω-
να]

43 (b) (fals. 5b)

43 (c) (112b) papyrus pessum data, restitutio incerta; dedimus supplementa Philippsoni (Hermes 55, 1920, 260) 4 πολυ[.]ι̣α[delineator 8 ονπερι 9 αυτηνα[.]να[12 ιϲτορα[13 ηϲοδοϲδιχ 14 .]ηαϲθηναι: δια[π]ραϲθῆ-ναι Merk.: δίχ[α π]λαϲθῆναι Philippson: δια[ϲπ]αϲθῆναι Schober; totum locum sic refinxit Wilamowitz (Hermes 33, 1898, 522 = Kl. Schr. iv. 33; Hellenist. Dicht. ii. 42) . . . πολ[λοὺϲ] α[ὐτῶν π]αντελῶϲ· ⟨κ⟩α[ὶ ὁ Ποϲ]ειδῶν λέγετ[αί τιϲι τ]ῶν ἀνθρώπ[ων φύϲ]ιν περιθεῖν[αι] το[ι]αύτην, [καθάπερ] Περικλυμέ[νωι] κ[αὶ Μ]ήϲτραι· τούτων τὴν μὲν ἱϲτόρη[κ]ε Ἡϲίοδοϲ διχ. .καϲθῆναι χάρ[ιν τοῦ] διατρέφε-ϲθα[ι τὸν πατέρα]

44 P. Oxy. 2495 fr. 13 et 31, ed. Lobel

]ε̣ιπο̣[
]νωντ̣[
εἰρο]πόκωγ̣ [ὀΐων
].c υπ[
]ε̣ουc̣[
]τ̣ων[
].[

45 P.I.F.A.O. 322 fr. D, ed. J. Schwartz

]ρωc
π]εφυλάχθαι
]νόωι εἶχε[
]. ἑωυτῆc
δώμα]τα πατρόc
]..[.].[

46 P.I.F.A.O. 322 fr. E

]ν̣πω̣[..]ν.[
]ο̣υc χαίτη.[
]α θεῇιcι δ̣[
].cηθελ̣ε̣[
]οφ[
].[

---

44 papyros coniunxit Merk., probavit Lobel; fortasse etiam cum fr. 43 (a) 22 sqq. componendum 1 fort. ω[2 τ[ε βοῶν? 4 supra υ vestigia, fort. ῠ: ϋ vetat Lobel

45 cum fr. 43 (a) 27 sqq. ita fere componi posse monet West:

τὴ]ν δ' αὐ[τίκα κύδιμος ἥ]ρωc
δεcμῶι δή]cac κρ[ατερῶι π]εφυλάχθαι,
ὥc ῥά οἱ Αἰολίδ]ηc ἐπέτ[ελλ'· οὐδ' ἐν] νόωι εἶχε[ν,
ὥc ῥ' ἑτέρ]η τε γέ[ν]οιτο καὶ ἐκ[δύcειε]ν ἑωυτῆc
μορφ]ήν· ἣ δὲ λυθ[εῖ]cα φίλου μ[ετὰ δώμα]τα πατρὸc
ὤιχετ'] ἀπαΐξαcα, γυνὴ δ' ἄφαρ α[ὖτιc ἔγεν]το.

46 3 εἰκυῖ]α vel ἴc]α e.g. Merk. 4]ω̣c ἤθ̣ελ̣ε̣[Schwartz

47 P.I.F.A.O. 322 fr. G; P. Oxy. 2495 fr. 34

]μ̣ουcετ̣[
].cκεθ'[
]..[
].[

48 P.I.F.A.O. 322 fr. H

]cεν[

49 Schol. Pind. Ol. x. 83 (i. 332. 16–333. 2 Drachmann), "câμ' Ἁλιρροθίου" vel "Câμοc Ἁλιρροθίου"

Ἁλιρρόθιοc Μαντινεύc . . . τινὲc γράφουcι "Câμοc Ἁλιρροθίου", οὗ μέμνηται Ἡcίοδοc·

ἤτοι ὁ μὲν Cῆμον καὶ Ἀλάζυγον υἱέαc ἐcθλούc.

ἦν δὲ ὁ Cῆμοc τοῦ Ἁλιρροθίου τοῦ Περιήρουc καὶ Ἀλκυόνηc.

50 Pausanias ii. 26. 7

ὁ δὲ τρίτοc τῶν λόγων ἥκιcτα (ἐμοὶ δοκεῖν) ἀληθήc ἐcτιν, Ἀρcινόηc ποιήcαc εἶναι τῆc Λευκίππου παῖδα Ἀcκληπιόν. Ἀπολλοφάνει γὰρ τῶι Ἀρκάδι ἐλθόντι ἐc Δελφοὺc καὶ ἐρομένωι τὸν θεὸν εἰ γένοιτο ἐξ Ἀρcινόηc Ἀcκληπιὸc καὶ Μεccηνίοιc πολίτηc εἴη, ἔχρηcεν ἡ Πυθία· "Ὦ μέγα χάρμα βροτοῖc βλαcτὼν Ἀcκληπιὲ πᾶcιν, | ὃν Φλεγυηῒc ἔτικτεν ἐμοὶ φιλότητι μιγεῖcα | ἱμερόεccα Κορωνὶc ἐνὶ κραναῆι Ἐπιδαύρωι." οὗτοc ὁ χρηcμὸc δηλοῖ μάλιcτα οὐκ ὄντα Ἀcκληπιὸν Ἀρcινόηc, ἀλλὰ Ἡcίοδον ἢ τῶν τινα ἐμπεποιηκότων ἐc τὰ Ἡcιόδου τὰ ἔπη cυνθέντα ἐc τὴν Μεccηνίων χάριν.

Cf. Schol. Pind. Pyth. iii. 14 (ii. 64. 11–20 Drachmann)

τὸν Ἀcκληπιὸν οἱ μὲν Ἀρcινόηc, οἱ δὲ Κορωνίδοc φαcὶν εἶναι·

---

47 papyros coniunxit Merk. 2]ε̣cκεθ̣[? Schwartz

49 (86) Perieres Aeoli filius; eius filii Halirrothius et Leucippus; Halirrothii filii *Câμοc Ἁλ.* Boeckh: *Cῆροc Ἁλ.* codd. *Cῆμον καὶ* Boeckh: *Cῆροc καὶ* codd.: *Cῆρον καὶ* vulg. *Ἀλάζυγον* cod. E: *Ἀλάζογον* codd. BQ: *Ἀλαγονόν* Sittl cl. Pausan. iii. 21. 7; 26. 11 fr. 96. 4]ζ̣υ̣γαυι̣ε̣[confert West *ὁ Cῆροc* codd.

50 (87) Arsinoe mater Aesculapii

Ἀϲκληπιάδηϲ (12 F 32) δέ φηϲι τὴν Ἀρϲινόην Λευκίππου εἶναι τοῦ Περιήρουϲ, ἧϲ καὶ Ἀπόλλωνοϲ Ἀϲκληπιὸϲ καὶ θυγάτηρ Ἐριῶπιϲ·

ἣ δ' ἔτεκ' ἐν μεγάροιϲ Ἀϲκληπιὸν ὄρχαμον ἀνδρῶν
Φοίβωι ὑποδμηθεῖϲα ἐυπλόκαμόν τ' Ἐριῶπιν.

καὶ †Ἀρϲινόηϲ ὁμοίωϲ·

Ἀρϲινόη δὲ μιγεῖϲα Διὸϲ καὶ Λητοῦϲ υἱῶι
τίκτ' Ἀϲκληπιὸν υἱὸν ἀμύμονά τε κρατερόν τε.

51 Athenagoras, supplicatio pro Christianis 29

περὶ δὲ Ἀϲκληπιοῦ Ἡϲίοδοϲ μέν·

πατὴρ ἀνδρῶν τε θεῶν τε
χώϲατ', ἀπ' Οὐλύμπου δὲ βαλὼν ψολόεντι κεραυνῶι
ἔκτανε Λητοΐδην, Φοίβωι ϲὺν θυμὸν ὀρίνων.

Philodemus, π. εὐϲεβείαϲ p. 17 Gomperz; Hercul. voll. coll. altera ii. 45

5 τὸν Ἀϲκλ[ηπιὸν δ' ὑ-
6 πὸ Διὸϲ κα̣[τακτα-
7 θῆναι γέγρ[αφεν Ἡ-
8 ϲίοδοϲ καὶ̣ [Πείϲαν-
9 δροϲ καὶ Φε̣[ρεκύδηϲ
10 ὁ Ἀθηναῖοϲ [καὶ Πανύ-
11 α̣ϲϲιϲ καὶ Ἄν̣[δρων
12 καὶ Ἀκουϲ[ίλαοϲ

52 Schol. Hes. Theog. 142 (p. 225 Flach), de Cyclopibus, "οἳ δ' ἤτοι τὰ μὲν ἄλλα θεοῖϲ ἐναλίγκιοι ἦϲαν"

Κράτηϲ ἀντὶ τούτου ἄλλον ϲτίχον παρατίθεται "οἳ δ' ἐξ ἀθανάτων θνητοὶ τράφεν αὐδήεντεϲ". πῶϲ γὰρ τοὺϲ αὐτοὺϲ θεοῖϲ ἐναλιγκίουϲ

50 post καὶ θυγάτηρ Ἐριῶπιϲ suppl. Boeckh ⟨καὶ Ἡϲίοδοϲ⟩; Marckscheffel p. 124 ⟨καὶ περὶ μὲν οὖν τῆϲ Κορωνίδοϲ ὁ Ἡϲίοδοϲ οὕτω φηϲίν⟩, vel ⟨Ἡϲίοδοϲ δὲ καὶ Κορωνίδοϲ αὐτόν φηϲιν ἐν τοῖϲδε τοῖϲ ἔπεϲι⟩; Jacoby ⟨τῆϲ δὲ Ἐριώπιδοϲ μέμνηται ὁ***⟩; cf. etiam Wilamowitz, Isyllos pp. 78 sq., qui alterum utrum fragmentum Catalogo adscribendum esse censet   Ἀρϲινόηϲ: Ἄϲιοϲ Kalkmann: Ἡϲίοδοϲ West: ⟨περὶ⟩ Ἀρϲινόηϲ Werfer, Marckscheffel   Λητοῦϲ καὶ Διὸϲ pars codicum

51 (125) πατὴρ δ' Marckscheffel   τε θεῶν τε χώϲατ' Dechair: δ' ὅτ' ἐχώϲατ' cod.   Λητοΐδην Aesculapium   Φοίβωι Wilamowitz: φίλον cod. Λητοΐδηι δὲ φίλον — ὄρινεν Isler
(Philodemus) 6 κα[τακτα]θῆναι Körte   8 [Πείϲαν]δροϲ Schober: κἀ[ναξί-μαν]δροϲ Wilamowitz (Glaube der Hellenen i. 408. o)   Pherecydes 3 F 35c   11 [Πανύ]αϲϲιϲ Gomperz; δοϲιϲ delineator   Panyassis fr. 19 Kinkel, Andro 10 F 17, Acusilaus 2 F 18

52 (88) Apollo ira incensus Cyclopas ministros fulminis interficit

λέγει καὶ ἐν τῶι τῶν Λευκιππίδων καταλόγωι ὑπὸ Ἀπόλλωνος ἀνῃρῆςθαι ποιεῖ;

53 Schol. AD Hom. *Δ* 195 (i. 179. 12–14 Dindorf)

*Μαχάων δὲ οὗτος υἱὸς Ἀςκληπιοῦ καὶ*** {Ἀρςινόης ἢ Κορωνίδος}, κατὰ δέ τινας Ἠπιόνης τῆς Μέροπος, κατὰ δὲ Ἡςίοδον Ξάνθης.*

54 (**a**) P. Oxy. 2495 fr. 1 (a), ed. Lobel

οὗ π[ατρός
Βρόṇ[την
Ζεὺς [..]οιβρọṇṭ[
τόν ῥα [χ]ολω[ς]άṃ[ενος
ῥίψειν ἤμελ[λεν
Τ]ạ́ρταρον ἐς [
σκ]ḷηρ[ὸν] δ' ἐβ[ρόντηςε καὶ ὄβριμον, ἀμφὶ δὲ γαῖα
κ̣[ι]νήθ̣[η
πάντες δ̣[' ἔδδειςαν
ạ̓θάṿạṭ[οι
ἔνθά κεṿ Ἀ̣[πόλλωνα κατέκτανε μητίετα Ζεύς,
εἰ μὴ ἄρ'[

54 (**b**) Philodemus, *π. εὐςεβείας* p. 34 Gomperz; Hercul. voll. coll. altera ii. 63

[Ἄν]δρων δ' ἐ[ν τοῖς] Ϲυγγενικοῖς (10 F 3) *Ἀ[δμή]τωι λέγει τὸν Ἀ[πόλ]λω θητεῦςαι Δ[ιὸς] ἐπιτάξαντος· [Ἡ]ςίοδος δὲ καὶ Ἀκο[υ]ςίλαος*

---

53 (89) *Ἀρςινόης ἢ Κορωνίδος* sustulit Wilamowitz (Isyllos p. 49 n. 12); possis etiam *Ἀςκληπιοῦ τοῦ Ἀρςινόης ἢ Κορωνίδος, ⟨μητρὸς δέ,⟩ κατὰ μὲν τινὰς Ἠπιόνης κτλ.*

54 (**a**) Apollo Cyclopas interficit, Iuppiter Apollinem punitur; cf. Bibl. iii. [122] 10. 4 *Ζεὺς δὲ . . . ἐκεραύνωςεν αὐτόν* (sc. *Ἀςκληπιόν*). *καὶ διὰ τοῦτο ὀργιςθεὶς Ἀπόλλων κτείνει Κύκλωπας τοὺς τὸν κεραυνὸν Διὶ καταςκευάςαντας. Ζεὺς δὲ ἐμέλληςε ῥίπτειν αὐτὸν εἰς Τάρταρον, δεηθείςης δὲ Λητοῦς ἐκέλευςεν αὐτὸν ἐνιαυτὸν ἀνδρὶ θητεῦςαι*

1 *οὗ Π* *π[ατρός* West 2 *Βρόν[την τε Ϲτερόπην τε καὶ Ἄργην ὀβριμόθυμον* e.g. Lobel 4–12 v. ad fr. 57 4 *τ`ω´[[ον]] Π*; possis *τὸν* vel *τῶι* vel *τώ* e.g. *Ζεὺς ἄφθιτα μήδεα εἰδὼς* 7 *σκληρὸν δ' ἐβρ.* Lobel, finem e.g. West, cf. Theog. 839, Qu. Smyrn. 2. 640 9 *παντες* aut *παντεο Π* 11 e.g. West 12 *αρ' Π*

54 (**b**) (126) *εγκταξαντος[.]ςιςδος* delineator

(2 F 19) μέλλειν [μὲν] εἰϲ τὸν Τάρταρον [ὑ]πὸ τοῦ Διὸϲ ἐ[μβλη]θῆναι, τῆϲ δ[ὲ Λητοῦϲ] ἱκετευϲά[ϲηϲ ἀν]δρὶ θητε̣ῦ̣[ϲαι.]

54 (c) Schol. Eur. Alcest. 1 (i. 216 Schwartz), "ὦ δώματ' Ἀδμήτει', ἐν οἷϲ ἔτλην ἐγὼ | θῆϲϲαν τράπεζαν αἰνέϲαι θεόϲ περ ὤν. | Ζεὺϲ γὰρ κατακτὰϲ παῖδα τὸν ἐμὸν αἴτιοϲ | Ἀϲκληπιόν, ϲτέρνοιϲιν ἐμβαλὼν φλόγα· | οὗ δὴ χολωθεὶϲ τέκτοναϲ Δίου πυρὸϲ | κτείνω Κύκλωπαϲ· καί με θητεύειν πατὴρ | θνητῶι παρ' ἀνδρὶ τῶνδ' ἄποιν' ἠνάγκαϲεν. | ἐλθὼν δὲ γαῖαν τήνδ' ἐβουφόρβουν ξένωι, | καὶ τόνδ' ἔϲωιζον οἶκον ἐϲ τόδ' ἡμέραϲ"

ἡ διὰ ϲτόματοϲ καὶ δημώδηϲ ἱϲτορία περὶ τῆϲ Ἀπόλλωνοϲ θητείαϲ παρ' Ἀδμήτωι αὕτη ἐϲτίν, ἧι κέχρηται νῦν Εὐριπίδηϲ· οὕτωϲ δέ φηϲι καὶ Ἡϲίοδοϲ καὶ Ἀϲκληπιάδηϲ (12 F 9) ἐν Τραγωιδουμένοιϲ. Φερεκύδηϲ δὲ (3 F 35) κτλ.

55 P. Oxy. 2495 fr. 1 (b), ed. Lobel

μη[
ερξ[
Κυ[κλωπ
αυ̣τ̣[
. . [

56 P. Oxy. 2495 fr. 2

Λητω̣[
Ζευ[

57 P. Oxy. 2495 fr. 16 col. i, ed. Lobel

]ν̣α[
] . ου
]λ̣αϲϲ[

---

54 (b) δ[ὲ Λητοῦϲ] Kordt, Λ[ητοῦϲ δ'] Gomperz   ικετεουϲα[Π

54 (c) (127)

55 eiusdem columnae ac fr. 54 (a)   1–2 μὴ . . . ἔρξηιϲ Lobel   3 West   5 αϲ[, λο[, sim.

56 Leto Iovi pro Apolline supplicare videtur   1 ω[: nisi ο[

57 fort. ex Aesculapii historia, cf. ad fr. 58. 1–6   fragmentum cum fr. 54 (a) 4 sqq. componendum esse ci. West, adsentientibus Lobel et Merk., e.g.

τόν ῥα [χ]ολω[ϲ]άμ[ενοϲ]να[
ῥίψειν ἤμελ[λεν ἀπ' Ὀλύμ]π̣ου
Τ]άρταρον ἔϲ, [γῆϲ νέρθε καὶ ἀτρυγέτοιο θα]λάϲϲ[ηϲ

]ạια
]ρ̣α·
]c..[ ]
]
]ευc
]
].[

. . . . .

]c·

58 P. Oxy. 2495 fr. 16 col. ii, ed. Lobel

.]ρ̣γω̣[.]δ̣.[
ἵ]κετο̣ δα[
κ]είνωι δη[
ἐ]κ θυμοῦ φ[ιλε-
Ἀc]κληπιοῦ[.].[
ἐ]ṿ μεγάροιc'[].[
[—] ἠ'' οἵην ἵππο̣[ιcι καὶ ἅρμαcι κολλητοῖcι
Φ]ω̣κοc ἐυμμ[ελίηc Ἀcτερόδειαν
ἐκ] Φυλάκηc κ[ούρην μεγαθύμου Δηϊονῆοc·
ἣ̣ τέκετο Κρῖ[cον καὶ ὑπέρθυμον Πανοπῆα
νυκτὶ μ[ι]ῆ[ι].[
τὼ καὶ πρὶν ἰδέ[ειν λ]αμπ̣[ρὸν φάοc ἠελίοιο

---

cκ]ληρ[ὸν] δ' ἐβ[ρόντηcε καὶ ὄβριμον, ἀμφὶ δὲ γ]αῖα
5 κ[ι]νήθ[η.

. . . .

8 ἔνθά κεν Ἀ[πόλλωνα κατέκτανε μητίετα Ζ]εύc.

6]c..[m. rec.

58 concluditur Aesculapii historia et simul Perieris Aeolidae progenies (1–6). progenies Phoci et Asterodiae (7–25) 1–4 fort. de Apollinis servitute: 1 ἔ]ργ-, 2 ἵ]κετο δ' Ἀ[δμήτοιο πόλιν, 3 κ]είνωι δὴ [θήτευcε τελεcφόρον εἰc ἐνιαυτόν, 4 φ[ιλέων, cf. Eur. Alc. 9 sq. 5–6 fort. de Machaone (fr. 53) 6 μεγαροιc' Π; fort. c'ε̣.[8 δόμον ἠγάγετ' Ἀcτερόδειαν Merk.; Phocus Aeaci filius, Theog. 1004 9 West; Asterodiae pater Deion Aeoli filius 10 κρει[Π: Κρῖ[cον . . . Πανοπῆα Lobel, καὶ ὑπέρθυμον e.g. Merk. 12 \`καὶ´ Π cf. Tzetzam in Lycophr. 930 p. 300. 24–27 Scheer ὁ Πανοπεὺc ὁ ἐν τῆι γαcτρὶ τῆc μητρὸc αὐτοῦ πρὸc τὸν ἀδελφὸν αὐτοῦ Κρῖccον ἀντιπληκτίcαc χερcὶ πρὸ τοῦ γεννηθῆναι καὶ ἰδεῖν τὸν ἥλιον, et in Lycophr. 939 p. 303. 18–22 ὁ Πανοπεὺc ὁ ἐντὸc

μαρνάσθην [ἔτι] μητρ̣[ὸς ἐόντ' ἐν γαστέρι κοίληι.
τοῖσι δὲ γεινομ̣[ένοισιν
κήδεά τ' οὐλομ̣έν̣[ας τ' ἔριδας
αὐτὰρ ἐπεί ῥ' ἐγένο̣ν̣το̣[
Κρίσωι μέν ῥ' . . οπ . ι̣ . [ ]ε̣[
.]ουροι μουνη[ ]ν[
ὤπασαν ἀθάν̣[ατοι]σδ[
οἶκον εμο[.] . [.] . τ[
γεῖναθ' ἐνὶ μ[
. . '] . σου̣λητ[
. . .]π̣ο . κ . . [
. . .]ονν̣[
. . .]υποτ[

59 P. Oxy. 2490 (= 2483 fr. 3), ed. Lobel

] . ηος
ἢ' οἵη Διδύμους ἱεροὺς ναίουσα κολωνοὺς
Δωτίωι ἐν πεδίωι πολυβότρυος ἄντ' Ἀ μύροιο
νίψατο Βοιβιάδος λίμνης πόδα παρθένος ἀδμής
] . [. .]ς
ἄρ]ουρα
ἄ]λ̣σος
δώματ]α καλά

τῆς μητρικῆς δελφύος καὶ μήτρας συμβαλὼν μάχην τῶι ἀδελφῶι αὐτοῦ Κρίσσωι· οὗτοι γὰρ Φώκου καὶ Ἀστεροδίας ὄντες υἱοὶ ἐν τῆι μητρικῆι γαστρὶ διεμαχέσαντο (contulit Lobel) 13 γαστέρι κοίληι e.g. West: νηδύι Lobel: δελφύι κεδνῆς Merk. 14 γινομ[Π: γεινομ[ένοισιν ἐπέκλωσαν κακὰ Μοῖραι, West 15 e.g. Merk. 17 μεν⟦ρ⟧' (ρ.⟦.⟧. supra) 18 κ]οῦροι Lobel μουν[. .]ν (η supra) 20 ἐμο[υνώσαν]τ[ο longius spatio 21 γείνατ' ἐνὶ μ[εγάροις(ι) Lobel 23]πο̣υ̣κα̣ς̣[vel sim.

59 (122) Coronidis Ehoea, quam restituere conatus est Wilamowitz, Isyllos 57–77; cf. Lesky, Alkestis (Sitz.-Ber. Wien. Ak. 203. 2) p. 43–54 2–4 bis laudat Strabo, ix. 5. 22 p. 442 τοῦτο (sc. τὸ Δώτιον πεδίον) δ' ἐστὶ πλησίον τῆς ἄρτι λεχθείσης Περραιβίας καὶ τῆς Ὄσσης καὶ ἔτι τῆς Βοιβηΐδος λίμνης, ἐν μέσηι μέν πως τῆι Θετταλίαι, λόφοις δὲ διδύμοις (ἰδίοις codd., corr. Kirchhoff) περικλειόμενον· περὶ οὗ Ἡσίοδος οὕτως εἴρηκεν· "ἢ' οἵη — ἀδμής" et xiv. 1. 40 p. 647 δοκοῦσι δ' εἶναι Μάγνητες Δελφῶν ἀπόγονοι τῶν ἐποικησάντων τὰ Δίδυμα ὄρη ἐν Θετταλίαι, περὶ ὧν φησιν Ἡσίοδος· "ἢ' οἵη — ἀδμής" 3 laudatur etiam a Steph. Byz. s.v. Ἄμυρος αὐταμύροιο Stephani codd. 6 et 8 West

desunt versus quinque

]ϲ
]Ἑ̣ρμῆϲ
]ϲ
ἄ]κ̣οιτιν
]ου
]ν̣ ἔχουϲα
].α
]εντι

60 Schol. Pind. Pyth. iii. 52 (b) (ii. 70/71 Drachmann)

ἱϲτορεῖται γάρ, ὅτι τὴν Ἴϲχυοϲ μεῖξιν ἐδήλωϲεν αὐτῶι (sc. *τῶι Ἀπόλλωνι*) *ὁ κόραξ, παρὸ καὶ δυϲχεράναντα ἐπὶ τῆι ἀγγελίαι ἀντὶ λευκοῦ μέλανα αὐτὸν ποιῆϲαι . . . τὸν δὲ περὶ τὸν κόρακα μῦθόν φηϲι* (sc. *Ἀρτέμων* 569 F 5) *καὶ Ἡϲίοδον μνημονεύοντα λέγειν οὕτωϲ·*

τῆμοϲ ἄρ' ἄγγελοϲ ἦλθε κόραξ ἱερῆϲ ἀπὸ δαιτὸϲ
Πυθὼ ἐϲ ἠγαθέην καί ῥ' ἔφραϲεν ἔργ' ἀΐδηλα
Φοίβωι ἀκερϲεκόμηι, ὅτι Ἴϲχυϲ γῆμε Κόρωνιν
Εἰλατίδηϲ, Φλεγύαο διογνήτοιο θύγατρα

Schol. Pind. Pyth. iii. 14 (ii. 65 Drachmann)

ἐν δὲ τοῖϲ εἰϲ Ἡϲίοδον ἀναφερομένοιϲ ἔπεϲι φέρεται ταῦτα περὶ τῆϲ Κορωνίδοϲ· "τῆι μὲν ἄρ' ἦλθε κόραξ, φράϲϲεν δ' ἄρα ἔργ' ἀΐδηλα Φοίβωι ἀκερϲεκόμηι, ὅτ' ἄρ' Ἴϲχυϲ — θύγατρα."

61 Schol. Pind. Pyth. iii. 38 (c) (ii. 68. 10 Drachmann), "*ὅϲτιϲ αἰϲχύνων ἐπιχώρια παπταίνει τὰ πόρϲω*"

ἐπιχώρια νῦν λέγει τὰ παρόντα· ἔστι δὲ ὅμοιον τῶι

νήπιοϲ, ὃϲ τὰ ἑτοῖμα λιπὼν ἀνέτοιμα διώκει

cf. schol. Theocr. xi. 75 (p. 248. 15 Wendel) *Ἡϲίοδοϲ· "νήπιοϲ — διώκει"*; Plutarchum, De garrulitate 7 (p. 505 D); Orionis Anthol. gnom. i. 25 (Ioannis Stobaei Florilegium, recogn. A. Meineke, vol. iv, Lipsiae 1857, p. 252. 10)

20]ηα,]να, sim.

60 (123) vs. 1 *τῇ μὲν* vel *τῶι μὲν* codd. pauci vs. 3 *ἀκειρεκόμηι* cod. unus

61 (219) schol. Pindaricum spectat ad locum in narratione de Coronide, unde suspicatus est v. Blumenthal (Hermes 49, 1914, 319 sq.) fragmentum Hesiodeum in Coronidis Ehoeam inserendum esse. Chironis praeceptis adscripsit Hopfner *ὅϲ τιϲ* Gaisford: *ὅϲ τ' ἂν . . . διώκηι* Paulson: *ὅϲ κεν . . . διώκηι* Peppmüller

62 Eustathius in Hom. (*B* 695) p. 323. 42

εἷϲ τῶν Αἰολιδῶν, Φύλακοϲ, κτίϲαϲ πόλιν Φυλάκην ὠνόμαϲεν, οὗ Ἴφικλοϲ, οὗ Φύλακοϲ, οὗ Ποίαϲ καὶ Ἴφικλοϲ, ὧν Ποίαντοϲ μὲν καὶ Μεθώνηϲ Φιλοκτήτηϲ, Ἰφίκλου δὲ καὶ Ἀϲτυόχηϲ Πρωτεϲίλαοϲ καὶ Ποδάρκηϲ. ἐνταῦθα δὲ ζητητέον, ποῖοϲ ἦν ὁ ποδωκέϲτατοϲ κατὰ τὴν ἱϲτορίαν Ἴφικλοϲ, περὶ οὗ δηλῶν Ἡϲίοδοϲ ὅτι ταχυτῆτι διήνεγκεν οὐκ ὤκνηϲεν ἐπ᾽ αὐτοῦ ταύτην εἰπεῖν τὴν ὑπερβολήν·

ἄκρον ἐπ᾽ ἀνθερίκων καρπὸν θέεν οὐδὲ κατέκλα,
ἀλλ᾽ ἐπὶ πυραμίνων ἀθέρων δρομάαϲκε πόδεϲϲιν
καὶ οὐ ϲινέϲκετο καρπόν

Schol. BT Hom. *Υ* 227, "*ἄκρον ἐπ᾽ ἀνθερίκων καρπὸν θέον οὐδὲ κατέκλων*"

ἀνθερίκων ὑπερβολικῶϲ εἶπεν· ἔϲτι δὲ ἀνθέρικοϲ, ὥϲ τινεϲ, ὁ τοῦ ἀϲφοδέλου καυλόϲ. οἱ δὲ τοὺϲ ἀθέραϲ τοῦ ϲίτου φαϲίν, ὡϲ καὶ Ἡϲίοδοϲ ἐκλαβὼν ἐπὶ Ἰφίκλου φηϲίν·

ὅϲ ῥ᾽ ἐπὶ πυραμίνουϲ ἀθέραϲ φοίταϲκε πόδεϲϲιν

inde Eustath. p. 1206. 7

Schol. Ap. Rhod. *Α* 45 (p. 11. 1 Wendel)

τὸν δὲ Ἴφικλον Ἡϲίοδοϲ ἐπὶ πυρίνουϲ ἀθέραϲ τρέχειν φηϲίν.

Schol. Hom. λ 326 et P.S.I. 1173. 78–81

Κλυμένη Μινύου τοῦ Ποϲειδῶνοϲ καὶ Εὐρυανάϲϲηϲ τῆϲ Ὑπέρφαντοϲ γαμηθεῖϲα Φυλάκωι τῶι Δηίονοϲ Ἴφικλον τίκτει ποδώκη παῖδα. τοῦτον λέγεται διὰ τὴν τῶν ποδῶν ἀρετὴν ϲυναμιλλᾶϲθαι τοῖϲ ἀνέμοιϲ ἐπί τε τῶν ἀϲταχύων διέρχεϲθαι καὶ διὰ τοῦ τάχουϲ τὴν κουφότητα μὴ περικλᾶν τοὺϲ ἀθέραϲ. ἔνιοι δὲ αὐτὴν {τὴν Κλυμένην} προγαμηθῆναί φαϲιν Ἡλίωι, ἐξ ἧϲ Φαέθων ἐγένετο παῖϲ. ἡ δὲ ἱϲτορία παρ᾽ Ἡϲιόδωι.

inde Eustath. p. 1689. 2 (cf. fr. 387)

63 Schol. Ap. Rhod. *Α* 45 (p. 10. 17 Wendel)

οὔτε Ὅμηροϲ οὔτε Ἡϲίοδοϲ οὔτε Φερεκύδηϲ (3 F 110) *λέγουϲι τὸν Ἴφικλον ϲυμπεπλευκέναι τοῖϲ Ἀργοναύταιϲ.*

---

62 (117) Iphiclus filius Phylaci, nepos Deionis Aeolidae vs. 1 ut ex Hom. *Υ* 227 invectum del. Wilamowitz, Sappho und Simonides (1913) p. 56 not. *καρπῶν* Eustath. vs. 2 cf. variam lectionem in schol. Hom. vs. 3 *καὶ οὐ*: *κοὐ* Rossbach; finem versus esse censuit Heinsius
(schol. Hom. Il.) verba *ἐκλαβὼν ἐπὶ Ἰφίκλου φηϲίν· ὅϲ ῥ᾽* om. schol. B
(schol. Ap. Rh.) *πυρίνουϲ ἀθέραϲ* cod. L: *πυρίνων ἀθέρων* cod. P
(schol. Hom. Od.) *Δηίονοϲ*: *Δηιονέωϲ* Eustath.

(50) *ϲυμπεπλευκέναι* schol. P: *ϲὺν* schol. L

64 P. Oxy. 2500, ed. Lobel

].ηcα̣πο̣γ[
]κιδα καλλιγ[ύναικα
ἐ]π̣ίκληcιν κ[αλε
]οc ἄν[α]κτο[c
]νυκτιμο̣γ[
]ρι γείνατο[
]μ.[..].ο̣[
]νι̣.[]..κ[
τα]χύν· ὃ[c] πε̣ρι..[
].ο̣υ̣.τοπ..γ̣.[
]..[]..κ[]..υ̣[]...[
]...τ...[]α̣[
]ν̣ τε̣ ῥ̣ο̣δ̣ό̣π̣η̣[χυν
]δ̣ῖ̣α̣ Φι̣λ̣ων̣[ίc
ἣ τέκεν Αὐτόλυκόν τε Φιλάμμο⌊νά τε κλυ⌊τὸν αὐδήν,
τὸν μὲν ὑποδμηθεῖcα ἑκηβόλωι Ἀ]π̣όλ[λ]ω̣νι,
τὸν δ' αὖθ' Ἑρμάωνι μιγεῖc' ἐρατῆι] φιλ[ό]τητι̣
Αὐτόλυκον τίκτεν Κυλληνίωι Ἀρ]γεϊ[φ]ό̣ντ̣[ηι
]ι̣μ̣α̣cα[
]ν[.]αριcτ[
]ο̣ῦcά τε̣ μη[
]ε̣νδεξιοcο[

65 Stephanus Byz. p. 256/8 Meineke

Δώτιον, πόλιc Θεccαλίαc . . . ἐκλήθη δὲ Δώτιον ἀπὸ Δώτου τοῦ Πελαcγοῦ παιδόc, ὡc Ἡρωδιανὸc ἐν η' (i. 214. 19 Lentz) "*Δῶτοc ὁ*

---

64 (111) Deionis filia Philonis 1 ⟦υ⟧\`α'πο *Π* 2 *Φω]κίδα* vel *Χαλ]κίδα* Lobel (cf. fr. 277) *καλλιγ̣[ύναικα*: aut *καλλιπ̣[άρηον* 5 vix *Νύκτιμον* 6 *-ο]ρι* West 9 de Iphiclo cogit. Lobel; possis *περὶ π[άντων* (*ἀνθρώπων ἐκέκαcτο* vel sim.) 13 *Φίλωνί]ν*? 15 laudat Herodianus (Theodosius) *Περὶ κλίcεωc τῶν εἰc ω̅ν̅ βαρυτόνων* (Excerpta ex libris Herodiani technici p. 21. 3 Hilgard [Lipsiae 1887]); *κλιτὸν ἀῦδειν* cod. 16–18 West; cf. Pherecydem (3 F 120) in schol. MV Hom. *τ* 432 21 *]οῦcά Π* 22 *ἐνδέξιοc* vel *-εν δεξιὸc ὄ[ρνιc*?

65 (246) Philammonis filius Thamyris. mater Melpomene secundum Apollodorum (244 F 162), ex cuius libro de catalogo navium doctrina deducta videtur (cf. Hom. *B* 594). 'fabulam de Thamyra Homerus ad Dorium,

Πελαςγοῦ, ἀφ' οὗ τὸ Δώτιον πεδίον". ἐκ περιττοῦ τοίνυν Ὦρος ἐν τοῖς ἐθνικοῖς τάδε γράφει· "καὶ τὰ περὶ Θάμυριν ἐν Δωρίωι παριςτοροῦντος τοῦ ποιητοῦ (*B* 594), *πάλιν Ἡςίοδος*

Δωτίωι ἐν πεδίωι

φάςκει αὐτὸν τετυφλῶςθαι". ςυντάςςει γὰρ τοῦτο τοῖς διχογραφουμένοις πρωτοτύποις τῶν ἐθνικῶν.

66 P. Oxy. 2494B fr. (a) et (b); 2495 fr. 26, ed. Lobel

]. δ̣[ ]χ̣αρίεντας ἐπαύ[λους
Α̣ὐτολυκ[ ]καὶ — καρτο̣[
πο̣λλάκι δ[ ]. . . . α̣νεγειρε[.]. [
Ἑρμείηι τ[Κυλλη]ν̣ίωι Ἀργεϊφόντη[ι
τῶι νύκτ[ες ςκοτο]μήνιοι ὕων [
ςπαρναί τε χ[λαῖναι]ες τε χιτῶνες [
βουκ]όλοι ἀγροιῶ̣[ται
]. . . . . [

67 (**a**) P. Oxy. 2494B fr. (c), ed. Lobel

]. δυ̣ν. [
]μ̣υ̣ψις̣. [
]. α̣[ ]. . . . [
]ωρ̣. (.)νε̣[
ὅττί κε χερςὶ λάβ]εςκεν̣ ἀε̣[ίδελα πάντα τίθεςκεν
]η̣ς̣ λ̣ε̣υ̣κη[

67 (**b**) Etymol. magn. p. 21. 19 s.v. *ἀείδελον*

ἀείδελον . . . ἐπὶ δὲ τοῦ ἀοράτου ἐχρήςατο τῆι λέξει Ἡςίοδος περὶ τοῦ Αὐτολύκου. φηςὶ γάρ

ὅττί κε χερςὶ λάβεςκεν ἀείδελα πάντα τίθεςκεν.

Hesiodus autem ad Dotium revocaverat. hinc Orus Dotium et Dorium nihil nisi diversas eiusdem nominis formas esse collegerat . . . *παριςτορεῖν* autem dicitur de re obiter et *ἐν παρόδωι* narrata' Meineke *Δωτίωι ἐν πεδίωι* etiam fr. 59. 3

66 2]*και* — [[$\overset{κ}{τ}$]]*αρ*[[$\overset{τ}{κ}$]]*ο̣*[*Π* 3 *η̣ο*[[*ι*]]\`*λ*'*λακι Π*, corr. Lobel 4 *ερμειηιτ*\`*τ*'[*Π* *Κυλλη*]*νίωι* vel *ἐριου*]*νίωι* Lobel 5 *τω*[[*ν*]]\`*ι*' *Π* *τῶι νύκτ*[*ες τε φίλαι ςκοτο*]*μήνιοι ὕων* [*τε Ζεύς* West, cf. *ξ* 457 8 fort.]*ρ̣. κ̣α̣τ̣*[

67 (**a**) (112) 1 fort.]*οδυνη*[*Π* 3]*γα* vel]*τα* vel]*πα* 4 *δ*]*ῶρον ἔ*[*δωκε*? Lobel: *δεινότατος φ*]*ωρῶν* West 5 cf. fr. 67 (b)]*εςκεν*\`*α*'*ε*[*Π* 6 *ἵππον ἀπὸ χροι*]*ῆς λευκὴ*[*ν θῆκ' αἶψα μέλαιναν* e.g. West

67 (**b**) (112) variae lectiones apud Tzetzam peiores

καὶ γὰρ ὁ αὐτός, κλέπτης ὤν, ἔκλεπτε τοὺς ἵππους καὶ ἀλλοιοφανεῖς αὐτοὺς ἀπετέλει· ἐνήλλασσε δὲ τὰς χροιὰς αὐτῶν.

cf. Etymol. Symeonis α 164 (ed. Sell, Coloniae 1967), unde pendet Zonaras in Crameri Anecdotis Par. iv. 95. 22

Tzetzes in Lycophr. 344 (p. 134. 1–5 Scheer)

οὗτος ὁ Αὐτόλυκος κλεπτοσύνῃ πάντας ὑπερέβαλε. κλέπτων γὰρ πάντων ἵππους τε καὶ βόας καὶ ποίμνια τὰς σφραγῖδας αὐτῶν μετεποίει καὶ ἐλάνθανε τοὺς δεσπότας αὐτῶν, ὥς φησι καὶ Ἡσίοδος·

πάντα γὰρ ὅσσα λάβεσκεν ἀίδηλα πάντα τίθεσκε

68 Ps. Eratosthenes, Catast. 19 (p. 124 Robert; p. 23. 6 Olivieri)

Κριός. οὗτος ὁ Φρίξον διακομίσας καὶ Ἕλλην· ἄφθιτος δὲ ὢν ἐδόθη αὐτοῖς ὑπὸ Νεφέλης τῆς μητρός· εἶχε δὲ χρυσῆν δοράν, ὡς Ἡσίοδος καὶ Φερεκύδης (3 F 99) *εἰρήκασιν.*

cf. etiam Eratosthenis catast. fragm. Vaticana (ed. Rehm, Ansbach 1899) p. 5; Aratum Latinum p. 221 a 13 Maass; schol. German. Arat. p. 79. 18 Breysig; Hygini astron. ii. 20 (p. 59. 23 Bunte)

69* Galenus, De placitis Hippocratis et Platonis i. 266. 7 (ed. I. Müller, Lipsiae 1874)

τὰ μὲν γὰρ τοιαῦτα τῶν ἐπῶν ἅπαντα ἐχρῆν ὑπ' αὐτοῦ (sc. *Χρυσίππου*) *παραλελεῖφθαι, διὰ ὧν δὲ νοῦν καὶ φρένας καὶ διάνοιαν καὶ λογισμὸν εἶπέ τις ποιητὴς ἐν καρδίαι περιέχεσθαι, συνάγειν ἔδει, καθάπερ ἔχει καὶ τὰ τοιαῦτα·*

καὶ τότε δὴ στηθέων Ἀθάμα φρένας ἐξέλετο Ζεύς

70 P.S.I. 1383, ed. Bartoletti; P. Yale 1273, ed. Merkelbach

]ὑπερ.[
μ]εγάροισι λιπ̣[

---

68 (51) Athamas Aeoli filius e Nephela genuit Phrixum et Hellen ἐδόθη Fellus: ἐδέθη codd.

69 (247) Hesiodo adscripsit Rzach. Athamas Phrixum immolat ut videtur

70 (37, 38, E) Athamas eiusque progenies 2–5 ad Ino tertiam Athamantis uxorem refert Merk. et e.g. supplet

Ἀθάμαντα ἐνὶ μ]εγάροισι λιπ[οῦσα
ἐν πόντωι ναίει, μάλα δ' εὔ]αδεν ἀθανάτ[οισι·
τιμὴν γάρ οἱ ἔδωκε πατὴ]ρ ἀνδρῶν τε θ[εῶν τε
Λευκοθέην τ' ἐκάλεσ]ς', ἵνα οἱ κλέος ἄφθιτ[ον εἴη

εὔ]ạδεν ἀθανάτ̣[οιϲι
πατὴ]ρ̣ ἀνδρῶν τε θ[εῶν τε
]. ἵνα οἱ κλέοϲ ἄφθιτ[ον εἴη
]ι̣ πολυϲτάφυλον πο[λυγηθέα
]ι· τοῦ μὲν κλέοϲ οὔ π̣[οτ' ὀλεῖται.
]παρείατο πορϲαίνουϲ̣[αι
Λεύκωνοϲ κοῦρ]αι Ἀθαμαντιάδαο ἄ̣ν̣[ακτοϲ
Πειϲιδίκη τε καὶ] Εὐίππη δίη θ' Ὑπερ[
]ν Ἀθηναίηϲ ἀγελε[ίηϲ
π]ε̣δίλοιϲ ἐμβεβα[υι
ἐπι]ε̣ιμέναι εἴαρο[ϲ ὥρηι
]ηνηϲ νηο.[
]ν̣ ηβηϲα̣. φίλον υἱόν
]ητω[ι] βαϲιλῆϊ
]ἀ̣ργυρ[οδ]ίνην
ὅϲ τε Λιλαίηθεν προΐει καλλίρ⌋ροο⌊ν⌋ ὕδωρ
]μ̣ιν περὶ πέτρη[ν
]θαρϲαλέοϲ περ·
ὅϲ ⟨τε⟩ παρὲκ Πανοπῆα διὰ γ⌋ληχῶνα τέρειναν
]ν̣ὰ̣[.]ί̣ων
καί τε δι' Ἐρχομενοῦ εἰλιγμένοϲ εἶϲι δράκω⌋ν ὥϲ

---

huc fort. referendum fr. adesp. *Λευκοῦ πεδίου* ap. Hesych. s.v., cf. Nonn. Dion. 10. 76, schol. Hom. ε 334, Et. gen. v. *Λευκοθέα.* est Callimachi fr. (inc.) 774 Pfeiffer

6 fort. de Ino nutrice Bacchi 7 *ἐν ϲπῆϊ γλαφυρῶ]ι* Merk. 8 *ἀλλ' Ἀθάμαντι μανέντι* e.g. Merk. 9 sq. Bartoletti (*Λεύκωνοϲ* Terzaghi); Leuco filius Athamantis e priore uxore Themisto 10 *Ὑπερ[ίππη* vel *Ὑπερ[είη* Bartoletti 11 *βουλῆιϲι]ν* Bartoletti 14 *Ἀθ]ήνηϲ* Bartoletti *νηὸ̣ν̣* vel *νηοπ̣[όλ-* West 15 *]α̣ι̣ηβηϲα[* Bartoletti: *πρὶ]ν ἡβῆϲαι* Lobel 16 *διογν]ήτωι* West Evippe peperit Eteoclum, cuius pater humanus Andreus erat Orchomeni filius, pater divinus Cephisus fluvius 18 schol. AB (et Eustath.) ad Hom. *B* 522 *ὁ δὲ Κηφιϲὸϲ ποταμόϲ ἐϲτι τῆϲ Φωκίδοϲ, ἔχων τὰϲ πηγὰϲ ἐκ Λιλαίαϲ, ὥϲ φηϲιν Ἡϲίοδοϲ* (fr. 37 Rz.) "*ὅϲ τε — ὕδωρ*" *Λιλαίηθεν* Eustath.: *Λιλαίηιϲι* schol. A 21 et 23 Strabo ix. 3. 16 p. 424 de Cephiso *καὶ Ἡϲίοδοϲ* (fr. 38 Rz.) *δ' ἐπὶ πλέον περὶ τοῦ ποταμοῦ λέγει καὶ τῆϲ ῥύϲεωϲ, ὡϲ δι' ὅληϲ ῥέοι τῆϲ Φωκίδοϲ ϲκολιῶϲ καὶ δρακοντοειδῶϲ·* "*παρὲκ — δράκων ὥϲ*" *Πανοπῆα* Meineke: *Πανοπη* vel *Πανοπίδα* Strabonis codd. *γ]λ̣ηχ̣ῶνα Π*: *γλήχωνα* Lobel: *Γλήχωνα* Strabonis editores *τέριναν Π*: *τ' ἐρυμνήν* Strabonis codd. 22 Cephisus Chaeroneam praeterfluit, ut videtur].́ων *Π* 23 laudat etiam schol. Arat. 45 *τε* schol. Arat.: *δὲ* Strabo *Ἐρχομενοῦ*: *Ὀρχ-* habes fr. 257. 4 *εἰλιγμένοϲ* Strabo: *ἠπειγμένοϲ* schol. Arat. cf. fr. 71

]ịν
]κ̣ηcειν[
....].αρεπι̣[..... ....]ι̣μ.τε θύρηφι[ν
ἀθανάτων τ]ε θεῶν νέμ[εcιν θνη]τῶν τ' ἀνθρώπων
....]Λ̣εύκωνος κου[ρ..... ...]ν ἐ̣ξ̣ε̣π̣έ̣ρηcα[ν
..... .]μ̣εν Κοπρεὺ̣ς̣ [..... ..φί]λ̣ο̣ς̣ υ̣ἱ̣ός·
..... . υἱ]ωνὸς μεγαλήτορο[c 'Ορχ]ομενοῖο
c]ὺ̣ν ἵπποιcι καὶ ἅρμαcι [..]....ο̣ιcιν
ἣ δέ οἱ ἐν με]γάροιc θεοείκελα γείνατο τέκνα
Ἀργυννόν θ'] ἥρωα καὶ Ἵπποκλον μεγάθυμον·
....]ην Ἀνδρεΐδηc 'Ετέοκλοc ὅπυιεν
..... 'Ορχομ]ε̣νοῖο πάϊc Μινυηϊάδαο·
ἐκ τῆc δ]μων γένετο κρατ̣ερός τε μ̣έγας τε
]νεων κατενάccατο γαῖαν ἐραννή[ν
]όπην Χαρίτων ἀμαρύγματ' ἔχο[υcαν
].ιδαο Κομή[το]υ̣ τὸν περὶ πάντ[ων
].ϲ̣ε καταθ[νητ]ῶν ἀνθρώπω[ν
].λονπ[....]ν̣ον υ̣ἱ̣ὸ̣ν̣ ἔτ̣ι̣κ̣τ̣[εν
].ην.[
]τ̣υι.[

71 Schol. Pind. Ol. xiv inscr. (i. 389/390 Drachmann)

(a) . . . Κηφιcὸc δὲ ποταμὸc ἐν 'Ορχομενῶι, ἔνθα καὶ αἱ Χάριτεc τιμῶνται.

(c) ταύταιc δὲ 'Ετέοκλοc ὁ Κηφιcοῦ τοῦ ποταμοῦ πρῶτοc ἔθυcεν, ὥc φηcιν 'Ηcίοδοc. διὰ δὲ τοῦ 'Ορχομενοῦ ὁ Κηφιcὸc ῥεῖ.

26]γὰρ μήτε θύρηφι[ν 27 Merk. 29 Πειcιδίκην γῆ]μεν Bartoletti φί]λοc Schwartz 31 cύν ⟨θ'⟩ West, cf. Λ 198 non fuit [κο]λλητοῖcιν; ε̣ὐ̣τ̣ρ̣ο̣χ̣έ̣ουcιν leg. Welles, εὐ]ξέc[τ]οιcιν Bartoletti 32 Maas 33 Bartoletti, cl. Steph. Byz. s.v. Ἀργύννιον 34 – ⏑⏑́ην θ',] ἦν West 35 υἱέοc West 36 Εὐαί]μων et 38 Χαλκι]όπην West 38 γῆμε δὲ —] et 39 κούρην —] e.g. Bartoletti 39]τ̣ιδαο Κομή[το]υ Maas 40 Ἀπόλλων τίμ]ηcε vel ἐφίλ]ηcε Merk. 41]τ̣λον 42 τὴν δ' 'Υπερ..].ην Schwartz 43 vel]π̣υια̣[

71 (39) (schol. Pind.) verba ὥc φηcιν 'Ηcίοδοc post ῥεῖ transp. G. Hermann, Opusc. vi. 264, cf. fr. 70. 23

cf. etiam Pausaniam ix. 34. 9

Ἀνδρεὺϲ Εὐίππην θυγατέρα Λεύκωνοϲ λαμβάνει παρὰ Ἀθάμαντοϲ γυναῖκα, καὶ υἱὸϲ Ἐτεοκλῆϲ αὐτῶι γίνεται, Κηφιϲοῦ δὲ τοῦ ποταμοῦ κατὰ τῶν πολιτῶν τὴν φήμην, ὥϲτε καὶ τῶν ποιηϲάντων τινὲϲ "Κηφιϲιάδην" τὸν Ἐτεοκλέα ἐκάλεϲαν ἐν τοῖϲ ἔπεϲιν.

72 Ps. Apollod., Bibl. iii. [109] 9. 2 (p. 138. 6 Wagner)

Ἡϲίοδοϲ δὲ καί τινεϲ ἕτεροι τὴν Ἀταλάντην οὐκ Ἰάϲου ἀλλὰ Ϲχοινέωϲ εἶπον, Εὐριπίδηϲ δὲ Μαινάλου (Phoen. 1162), *καὶ τὸν γήμαντα αὐτὴν οὐ Μελανίωνα ἀλλὰ Ἱππομένην.*

Philodemus, *π. εὐϲεβείαϲ* p. 60 Gomperz; Philippson, Hermes 55, 1920, 258 sq.; Hercul. voll. coll. altera ii. 147

4 τού]των δ᾽ ἧπτ[αι
5 καὶ] τῆϲ τούτοιϲ
6 οὐδὲ κ]αθηκούϲηϲ
7 τύχηϲ π]ᾶν τὸ παρ-
8 θένων] καὶ τοῦ Διὸϲ
9 γένοϲ] εἰ καὶ Ἀτα-
10 λάντη] ἡ Ϲχο[ι]νέωϲ
11 ὥϲπερ] Ἡϲίοδοϲ λέ-
12 γεται π]οιῆϲαι πα-
13 ρωνύ]μ⟨ι⟩ον ἢ δού-
14 λη Ἀρτ]έμιδόϲ ἐϲ-
τιν]

73 P. Lond. 486c, post Mahaffy ed. Milne; P. Oxy. 2488b, ed. Lobel

]ιτοιο ἄνακτοϲ
]ϲι ποδώκηϲ δῖ᾽ Ἀταλάν[τη
Χαρί]των ἀμαρύγματ᾽ ἔχο[υϲα

---

71 (Paus.) locum ad Hesiodum rettulerunt Sittl et Wilamowitz, Pindaros 22. 3

72 (20) Athamantis et Themistus filius Schoeneus; eius filia Atalanta. Philodemi locus desperatus, papyrus pessum data; dedimus supplementa Philippsoni. delineator in Hercul. voll. linguae Graecae ignarus haecce descripsit: 4]των λ ηπτ, 5]τηϲτουτηε, 10]ηϲχονθωϲ, 13]μονυδου, 14]εμιϲτεϲ

73 (Q; 21) Schoenei filia Atalanta 1 ἀγακλε]ιτοῖο Evelyn-White:]ι τοῖο Mahaffy 1–2 e.g. (West)

ἢ᾽ οἵη Ϲχοινῆοϲ ἀγακλε]ιτοῖο ἄνακτοϲ
παῖϲ εἰκυῖα θεῆι]ϲι, ποδώκηϲ δῖ᾽ Ἀταλάν[τη.

2 ποδώκηϲ δῖ᾽ Ἀταλάντη ex Hesiodo cit. sch. A Hom. *B* 764; cf. fr. 76. 5 et 20 3 Hopfner

πρὸc ἀνθρώπων ἀ]παναίνετο φῦλον ὁμιλ[εῖν
ἀνδρῶν ἐλπομένη φεύγ]ẹιν γάμον ἀλφηcτάωṿ[.
]ṭανịc̣φύ̣[ρ]ọụ εἵνεκα κού[ρηc
].ạµ̣[ ]ṿον εννε[
].[.]ρ̣δ̣[

74 Schol. AD Hom. Ψ 683 (ii. 268. 21 Dindorf)

πρῶτον δὲ ἔθοc ἦν τοῖc παλαιοῖc περιζώματα φέρειν ἐν τοῖc αἰδοίοιc καὶ οὕτωc ἀγωνίζεcθαι. κατὰ δὲ τὴν δεκάτην καὶ τετάρτην Ὀλυμπιάδα (724/1) *Ὀρcίππου τοῦ Λακεδαιμονίου λυθὲν ἀγωνιζομένου τὸ περίζωμα αἴτιον αὐτῶι ἥττηc ἐγένετο· ἐξ οὗ νόμοc ἐτέθη γυμνοὺc τρέχειν.*

Schol. T ad loc. (vi. 435 Maass)

κατὰ τὴν δεκάτην καὶ τετάρτην Ὀλυμπιάδα, ἐφ' Ἱππομένουc Ἀθήνηcιν ἄρχοντοc, Ὀλυμπίαcι cτάδιον θεόντων ἐν περιζώμαcι cυνέβη ἕνα αὐτῶν Ὄρcιππον ἐμποδιcθέντα ὑπὸ τοῦ περιζώματοc πεcεῖν καὶ τελευτῆcαι· ὅθεν ἐθεcπίcθη γυμνοὺc ἀγωνίζεcθαι . . . νεώτεροc οὖν Ἡcίοδοc γυμνὸν εἰcάγων Ἱππομένη ἀγωνιζόμενον Ἀταλάντηι.

cf. Eustath. in Hom. p. 1324. 18, et ad rem Thuc. i. 6. 5, Paus. i. 44. 1

75 P.S.I. 130 col. i, ed. Vitelli

]ọπαζε[
]
]ạcιππ[
]c̣cị
]ἔνθα·
....τ]ανίcφυρ[ο]c̣ ὤ̣ρṿυτο κούρη

---

4 Snell; initio *ἀλλὰ* Snell, *ἤ τε* Merk. 5 *ἐλπομένη* West, cetera Rzach 6 Milne; 'multi proci venerunt' 7].ạµ̣[. . .]. . .[(fort.]χ̣ạṿ[vel]ịọṿ[vel]ṿẹṿ[) P. Lond.,]ịονεννε[(]ị vel]ṿ) P. Oxy. quomodo haec cum illis componenda sint, incertum est; possis].ạị ọ[ὐδ' ἴc]χ̣ạṿον *ἐννε[cίηιcι* ('neque eam parentes cohibere poterant monendo')

74 (22) (schol. A) *ιδ̄* Eustath., schol. T.: *ῑ καὶ β̄* schol. A *Ὀρcίππου* Eustath.: *Ὀρίππου* schol. A *ἥττηc* D: *νίκηc* A (cf. Paus.) (schol. T) *Ἔρcιππον* schol. T *Ἀταλάντηι* Eustath.: *ταλάντωι* schol. T

75 (R 1–25; 21b) 1 *κῦδοc] ὀπαζε[* (Vitelli) vel *εὐρύ]οπα Ζε[ύc* 3 *ὠκέ]αc ἵππ[ουc* (Vitelli) vel *δαμ]αcιππ[* 5 *ἔνθα καὶ] ἔνθα* vel *μέν τ' ἔνθα . . . δέ τ'] ἔνθα* Vitelli

....]α· πολὺς δ' ἀμφίσταθ' ὅμιλος
....θ]άμβος δ' ἔχε πάντας ὁρῶντα[ς
....πν]οιὴ Ζεφύροιο χιτῶνα
....πε]ρὶ στήθεσς' ἁπαλοῖσι
.... πολ]λ̣ὸς δ' ἐπεγείρετο λαός
.... Σχ]οινεὺς δ' ἐγέγωνε βοήσας·
"κέκλυτέ μευ πάντες, ἠμ]ὲ̣ν νέοι ἠδὲ γέροντες,
ὄφρ' εἴπω τά με θυμὸς] ἐνὶ στήθεσσι κελεύει.
....] ἐμὴν ἑλικώπιδα κούρην
....]οι εἰρημένος ἔστω·
.... Ζεὺς δ' ἄμ]μ' ἐπιμάρτυρος ἔστω·
....].ήσεται· εἰ δέ κεν οὗτος
νικήσηι καί οἱ δώηι Ζεὺς] κ̣ῦδος ἀρέσθαι
ἄλλοί τ' ἀθάνατοι, οἳ Ὀλύμ]πια δώματ' ἔχουσι,
....φί]λ̣ην ἐς πατρίδα γαῖαν·
....ὠκυ]πόδων σθένος ἵππων
....κε]ιμήλια· καί νύ κε θυμῶι
....]α̣ ἀνιηρὸν ἄεθλον.
εἰ δέ κε μὴ δώησι πατ]ὴ̣ρ ἀνδρῶν τε θεῶν τε

76 P.S.I. 130 col. ii, ed. Vitelli

.].[.]..... .α̣ρ̣[
δεξιτερῆι δ' α̣ρ̣...ει̣[

---

75 7 κάλλεϊ ὧι στίλβουσ]α Rzach 7–10 e.g. (West)

πολὺς δ' ἀμφίσταθ' ὅμιλος
ἀνδρῶν μνηστήρων· θ]άμβος δ' ἔχε πάντας ὁρῶντα[ς,
ὡς ἄρα τῆς κούρης πν]οιὴ Ζεφύροιο χιτῶνα
ὀρνυμένης ἐδόνησε πε]ρὶ στήθεσς' ἁπαλοῖσι.

11 ἐπαγείρετο Vitelli 15–17 e.g. (West)

οὗτος ἀνὴρ μνηστεύει] ἐμὴν ἑλικώπιδα κούρην·
τῶι δὲ στήσω ἀγῶν', ὁ δέ] οἱ εἰρημένος ἔστω
ὡς ἂν ἐγὼ εἴπω, Ζεὺς δ' ἄμ]μ' ἐπιμάρτυρος ἔστω.

17 Ζεὺς δ' ἄμ]μ' Vitelli 18 fort. δρόμου (Merk.) πει]ρ̣ήσεται (Rzach) 19 Merk. 20 West 21 e.g. κούρην ἄξει ἔπειτα West φί]λ̣ην:]ἑ̣ὴν Merk. 22 e.g. οὔτι βόας γε πορών, οὐδ' ὠκυ] West 23 ἀγλαά τ' ἐκ μεγάρων Merk. 24 e.g. γηθήσαιμι ἰδὼν τελέσαντ]α̣ West 25 Merk.

76 (R 26–48; 21b) 1 possis σ]κ̣[α]ι̣ῆ(ι) μ̣ὲ̣ν Hippomenes scilicet duo mala celat sinistra (non sinu, nam nudus currit, fr. 74), unum dextra profert 2 δ' ἄρα χειρὶ Traversa

κ]αί μιν ἐπαΐϲϲωṿ επ[
ἦχ' ὑποχωρήϲαϲ· οὐ̣ γὰρ̣ ἴ̣ϲ̣[ον ἀμφοτέροιϲιν
ἆθλον ἔκειθ'· ἣ μὲν̣ ῥα π[οδώκηϲ δῖ' Ἀταλάντη
ἵετ' ἀναινομένη δ̣ῶρα̣ [χρυϲῆϲ Ἀφροδίτηϲ,
τῶι δὲ̣ περὶ ψυχῆϲ πέλε̣[το δρόμοϲ, ἠὲ ἁλῶναι
ἠ̣ὲ φυ̣γεῖν· τῶι καί ῥα δολο̣[φρονέων προϲέειπεν·
"ὦ̣ θύγατερ Ϲχοινῆοϲ, ἀμ[είλιχον ἦτορ ἔχουϲα,
δ]έ̣ξο τάδ' ἀγλα̣[ὰ] δ̣ῶρ̣α̣ θε̣[ᾶϲ χρυϲῆϲ Ἀφροδίτηϲ
. . . . .]π̣ό̣.μ̣[. . .]ω̣εθο̣[
. . . .]ρ̣ων πα̣[
. . . .]ν κάββαλ̣[ε
. . . .]ε̣ι̣ϲ χρυ̣[ϲ
.[. . . . .].[.]κ̣ηπ̣α̣[
τυφ.[. . . . .].[.]χ̣αμα̣[
αὐτὰρ ὃ̣ [. . . . .πό]δ̣ε̣ϲϲι μ̣[
ἣ δ' αἶψ' ὥϲθ' Ἅρπυια μετ[αχρονίοιϲι πόδεϲϲιν
ἔμμαρψ'· αὐτὰ̣[ρ ὃ] χειρὶ τὸ δεύτερον ἧ[κε χαμᾶζε·

. . . .

καὶ δὴ ἔχεν δύο μῆλα ποδώκηϲ δῖ' Ἀτ[αλάντη·
ἐγγὺϲ δ' ἦν τέλεοϲ· ὃ δὲ τὸ τρίτον ἧκε χ̣[αμᾶζε·
ϲὺν τῶι δ' ἐξέφυγεν θάνατον καὶ κῆ[ρα μ̣έλαιναν,
ἕϲτη δ' ἀμπνείων καὶ [. .]. .[. .]. .ϲ̣ομ̣.[

77* Steph. Byz. p. 135 Meineke

Ἀϲπληδών, πόλιϲ Φωκίδοϲ . . . Ὀρχομενοῦ δὲ υἱεῖϲ

Ἀϲπληδὼν Κλύμενόϲ τε καὶ Ἀμφίδοκοϲ θεοειδήϲ

inde Eustath. in Hom. p. 272. 18

---

3 e.g. ἐπ[όρεξ'· ἣ δ' εἰϲενόηϲεν, West 4 ἴϲον West, ἶϲ' Vitelli 7 ἠὲ ἁλῶναι Wyss 13 possis ὣϲ ἄρ' ὅ γ' εἰπὼ]ν κάββαλ[' ἀπὸ ἕο μῆλον ἀναιδέϲ 14 θεᾶϲ χρυϲέηϲ Ἀφροδίτηϲ Franz 16 τυφ.[: aut τυψ.[17 [ῥίμφα πό]δεϲϲι Vitelli μ̣[(δ supra) *Π*, fort. μ[ετὰ falso ex v. 18 scriptum et in δ[ιὰ correctum in fine versus ἔφευγεν West 18 West 19 et 21 πέδονδε Rzach post 19 signum omissionis *Π* marg. ut vid., lacunam statuit Merk. 21 ἐνγυϲ[[αρ]]δην *Π*

77 (277) Hesiodo dederunt Buttmann et Hermann. cf. etiam Apollodorum 244 F 169 (p. 1094. 3 Jacoby) et 244 F 172

78 Etymol. magn. p. 60. 37 (= Herodianus ii. 387. 17 Lentz) de formis *Ἐλάρα* et *Ἀλέρα*

ὅτι δὲ τὸ πρῶτόν ἐcτιν ἀληθές, πίcτιc τούτου ἐκ τοῦ παρ' Ἡcιόδωι μετὰ προcθήκηc τοῦ ῑ λέγεcθαι τὸ πατρωνυμικόν. Εἰλαρίδην γάρ φηcι ⟨τὸν⟩ Τιτυόν. καθ' ὑπέρθεcιν ἄρα τὸ Ἀλέρα γέγονεν. οὕτωc Ἡρωδιανόc.

79* P. Oxy. 2481 fr. 6

]. μιανδ[
]. αθουcạṿ. [

80* P. Oxy. 2481 fr. 7

]. ḳχρειαcτηνạ[
]ẹc̣ṃạχ̣ẹινενc̣εα[
]. [.]ḳρ̣[.]. [

81* P. Oxy. 2481 fr. 8

]ị̈ηρ̣[
]χόλοṿ[
]χρ̣[
]εβạ[

82* P. Oxy. 2481 fr. 9

]. γṿ[
]ṿνεέτην[
̣̄]ν⟦τ⟧ευ. [
]ạνẹ. π̣̈α[
̣ʹ]ωνον[
]. [

78 (36) Orchomeni filia Elara; Elarae et Iovis filius Tityus *Εἰλαράδην* Boeckh Lentzium secuti varias lectiones non notamus

79 2]π̣ licet cf. Theog. 276–8?

80 1 fort. *Ḳẹγ̣χρειάc*; cf. fr. 226 2 vel]*ẹc̣. . . ṿc̣ινενθ̣εα*[

81 1 de *βίηι Ἡρακληείηι* cogit. Lobel

82 2 de *(ἐ)θ]υνεέτην* cogit. Lobel, de *ἀμ]υνεέτην* (pro *ἀμυνέτην*) et de Molionidis West; hinc possis 5 *Ἀκτορί]ων' ὄν[ομ' ἦcαν ἐπώνυμον* 3 ̣̄]: fort. scriba *cὺν εὐ-* (vel sim.) falso intellexit pro *cὺν ἐϋ-*

83* P. Oxy. 2481 fr. 10

].[].[
].θ̣η[
]ο̣ιϲυα̣[. . .]ι̣[
]. .[]ρ̣ϲ̣.κε̣π̣οιδ̣[
]αλλα πένεϲθα[ι
.]νοϲ ἀνθ̣ρώπο[ιϲι
]γευπρω̣τ̣ε̣[. .].[
]ν̣.φοιϲυ̣[ ]ι̣[
]π̣ήν[ ]νοϲυ̣[
]ω̣τ[ ]μ̣εν·[
]εϲ̣[ ]. . .[ ].απειλ̣[
]υ̣[. .].[.]έξατο[. . .]φα̣[
].[. . .].λ̣ιπ̣α̣ροιδ̣εν.α̣ϲκ[
].ρ̣ετ̣ηγε̣ καὶ αυ̣[
]τοιο̣υ̣ϲτ' εν[
]. . . .ερηιϲι δαμ[
]ε̣κ̣α̣ι̣ δούραϲ' εκ̣[
]ι̣. . .υ.δε γῆν δα̣τ̣[
]ε̣[. . . . .]δ. .υ̣χ̣[
]ε̣.ϲοιδ[
].ε̣[

84* P. Oxy. 2481 fr. 11

]η[
]οι[
].[.]α[.]ε[
]δαρετ[
].δεπιπ̣[

---

83 5 ἄλλα Lobel, cf. fr. 204. 80 6 West *τετιμέ*]νοϲ Merk. 9 -ο]νοϲ υ[ἱόϲ? 12]έξατο *Π*: possis παρελ]έξατο vel ἐδ]έξατο [καὶ] φά[το μῦθον 14 γ̣ε̣: vix τ̣ε̣ 15 supra τ' m. rec. α (]τοιουϲατ'εν) vel δ (]τοιουϲδ'εν) 16 ερη\`ι´ϲι *Π* (ι add. m. rec.) Op. 152 καὶ τοὶ μὲν χείρεϲϲιν ὕπο ϲφετέρηιϲι δαμέντεϲ confert Lobel; cf. etiam fr. 88. 5 17 ]ε̣κ̣α̣\`ι̣´[[τ]]\`δ´ουραϲ' *Π* 18 την *Π*, γ sscr. m. rec. 19 si ρ̣χ̣{χ̣}[, cf. fr. 90. 2–3 20 ο\`ι´δ[

84 fort. 3 ἠ[γ]ά[γ]ε[τ', 4 ἣ] δ' ἄρ' ἔτ[ικτεν παῖδα, 5 τ]ῆ(ι) δ' ἐπι 5 π[aut γ[

].πο.υπ[
]ο̣υδ’[

85 P. Oxy. 2481 fr. 12

]αμ[
]α̣λ̣τ[
]υμ[
]α̣χ̣[.]ν̣β̣[. . .]. . .[
ποι]ή̣cατ’ ἄκ[οι]τιν
καλ]λιπάρηον̣
ἄνα]κτοc·
]ω̣ν ἀνθρ[ώ]π̣[ων
ν]ωμάcκο[ντο
]. ἀταλῆιc̣[ι
].[

86 P. Oxy. 2485 fr. 3

. . .].[
. . .]ρν̣[
. . .]ν̣οηc̣ γαρ .[
ἀμ]φ’ αὐτῆι ἤριζ̣[ον
ἔνθ]ά κε λοιγὸc[ἔην
καί νύ] κεν αλ̣λ̣[

87 Phlegon, Mirab. v p. 74 Keller (Rer. nat. script., 1877); F. Gr. Hist. 257 F 36 (p. 1178. 21–25 Jacoby)

(ἱcτορεῖ δὲ καὶ Ἡcίοδοc [cf. infra fr. 275] καὶ Δικαίαρχοc καὶ Κλέαρχοc καὶ Καλλίμαχοc καὶ ἄλλοι τινὲc περὶ Τειρεcίου τάδε . . .) οἱ αὐτοὶ ἱcτοροῦcιν κατὰ τὴν Λαπιθῶν χώραν γενέcθαι Ἐλάτωι τῶι

---

84 6 (πο). : littera correcta, fort. θ pro τ; πολυ ci. Lobel

85 2 vel]λ̣α̣τ[3 fort. θ]υμ[8 aut]λ̣ο̣ν ἀνθρ[ώ]π[οιcι 9 West (vel δωμ- vel μωμ-) :]ωμάcκο[Π

86 2 ν̣[: vel η̣[3 Ἰφι]νόηc vel nomen simile 4–6 West 5 ἐνθ]ά Π [. . . καὶ ἀμήχανα ἔργα γένοντο (Θ 130 = Λ 310) Stephania West 6 αλ̣λ̣[: vel αν̣δ̣[

87 (200)

βαcιλεῖ θυγατέρα ὀνομαζομένην Καινίδα. ταύτηι δὲ Ποcειδῶνα μιγέντα ἐπαγγείλαcθαι ποιήcειν αὐτῆι ὃ ἂν ἐθέληι, τὴν δὲ ἀξιῶcαι μεταλλάξαι αὐτὴν εἰc ἄνδρα ποιῆcαί τε ἄτρωτον. τοῦ δὲ Ποcειδῶνοc κατὰ τὸ ἀξιωθὲν ποιήcαντοc μετονομαcθῆναι Καινέα.

88 P. Oxy. 2495 fr. 3

]. ε.[
]. ουcεπ̣[
]. . ων χρομ̣[
– ⏑ ⏑]Κέ[ν]ταυροι τεκ[
]μ̣εν πληγῇcιν[
(-)ει]ργ[ν]ύ̣μ̣ενοι cφ[
]π̣ολλοι δ[
]η̣c̣α̣[

89* P. Oxy. 2495 fr. 4

]ε̣cα̣[(. . . .)] [
]α̣νευθεν·
]οc αἴηc·
]c̣
τ]έ̣κνα[

90* P. Oxy. 2495 fr. 5

].[.]. .[
]ρχομενη[
]ι δ' ἄρα πάν[τεc
γαῖ]α̣ μέλα[ι]ν[α
]φ' απε[
]γορτ̣[

---

88 Caenei fabulam agnovit Lloyd-Jones. cf. Acusil. 2 F 22   1]. : α, δ, κ, λ, μ, χ   .[: γ, η, ι, κ, ν, π, ρ   2]. : α, δ, κ, λ, μ, χ   π̣[: τ, υ   3 vel χροα̣.[; χρομ[αδ-? West   4 τε κ[αὶ?   5 μὲν, ἔδα]μεν, etc. cf. ad fr. 83. 16   6 aut (-)εε]ργ-   ]ύμενοι Π   8 vel]μ̣ε̣δ̣[

89 2 ἄνευθεν aut ἀπάνευθεν   3 fort. πατρίδ]οc   5 West

90 2 ἀ]ρχ-, ἐ]ρχ-, cπε]ρχ-   3 West   ο]ἵ vel τῶ]ι vel τῆ]ι   cf. ad fr. 83. 19   4 West (μελαιν-? Rea)   6]γ̣ : vel]τ̣

91 P. Oxy. 2495 fr. 6

ἐκ] γαίη[ϲ
εἰ]ϲ ἅλ' ἀπο[
τ]ὴν δὴ νῦ[ν καλέουϲι
ἀν]θ̣ρω[π

92* P. Oxy. 2495 fr. 7

]ορ̣[
]α̣τηρ με[

93* P. Oxy. 2495 fr. 8

]ηοϲ.[
]ι̣ϲ̣α̣κ[

94* P. Oxy. 2495 fr. 9

α̣ι̣[
ηο̣[
Ἴφιτ̣ο[

95* P. Oxy. 2495 fr. 10

]γοναϲα̣[
Α]ἰολιδα̣[
]ι̣π[.]..[
].λο.[
]ϲη[
].[

---

91 fort. de Ino vel de Alcyone; cf. ad fr. 16. 2 et 70. 2–5 omnia suppl. West 2 vel ἅλα πο[ρφυρέην (Merk.) 3 cf. fr. 23 (a) 25

92 1 ρ̣[: vel γ, η, ι, κ, ν, π, τ, υ 2 πατήρ vel θυγάτηρ

93 1 .[: ο, ϲ, φ 2 vel]ηθα̣κ[,]ν̣ε̣λ̣κ[

94 2 ο̣[: vel ϲ, vel etiam ε, θ; possis ἠ' ο[ἴην 3 Iphitus Euryti filius?

95 2 Rea 4].: η, ι, ν, vix π .[: α, β, δ, ζ, λ, μ, χ

96 P. Oxy. 2495 fr. 11

]ϵ[.]cτο..[
εἴδει ἐ]καίνυτο φ[ῦλα γυναικῶν
]νητος κρι̣[
]ζ̣υ̣γα υἱ̣έ̣[ας ἐcθλούc
]α̣.[

97* P. Oxy. 2495 fr. 12

] ειδ[
]τῆι[
]δ̣ωρ[
]γει̣[

98* P. Oxy. 2495 fr. 15

]..[.].[
]μεν[
].[

99* P. Oxy. 2495 fr. 17

]εινο[
].τεχ̣[

100* P. Oxy. 2495 fr. 18

]λ̣λ̣α̣[
]ωcα[
]ημε[
]μηρ̣υ̣[
]ιδ[

---

96 2 Lobel 3 potes διόγ]νητος, θ]νητὸc, alia ι̣[: aut η[4 West; cf. ad fr. 49 5 ι[, κ[etc.

97 1 initium versus ut vid. licet Mestrae natales reputare, quae forma (εἶδοc) excelluerit, et cui (τῆι) Neptunus dona (δῶρα) mirabilia concesserit nascenti (γεινομένηι)

99 2].: η, ι, ν χ[: α, λ, υ

100 1 vel]α̣λ̣λ̣[

101* P. Oxy. 2495 fr. 19

]κ̣αι[
]ενιμ[
]ημ̣[
]αρε[
]εμ[
].[

102* P. Oxy. 2495 fr. 20

].[.].[
]α̣ριο̣[
]ε̣λκ[

103* P. Oxy. 2495 fr. 23

]απρ̣[
]πιθ[

104* P. Oxy. 2495 fr. 27

]ον[
]υ̣ιοϲ̣[
].μαο̣.[
]ηιϲ[

105 P. Oxy. 2495 fr. 28

. . . .]η̣νιν τ[
καὶ τ]ὴ̣ν μὲν[
ἠγάγ]ετ' ἐϲ μ[έγα δῶμα φίλην κεκλῆϲθαι ἄκοιτιν
. . . .]ϲ[.]β̣[

106* P. Oxy. 2495 fr. 29

μ[
βρ[

---

101 2 fort. ἐνὶ μ[εγάροιϲ(ι) 4 fort. ἣ δ'] ἄρ' ἔ[τικτεν

102 2 ο̣[: vel ϲ, ω 3]ε̣: vel ο, ω

105 1 nomen puellae 2–3 West 3]ε$\overset{τ}{θ}$'εϲμ[*Π*; cf. Theog. 410 4 fort. ἣ τέκε ..]

106 2 pauca veri similiora invenies quam βρ[οντ- (Βρ[όντ-)

107* P. Oxy. 2495 fr. 33

μ̣[
α[
τον[
κα[

108* P. Oxy. 2495 fr. 35

]ϲιν[
]αιγ[
]νατ[
].α̣λι[
]ον[

109* P. Oxy. 2495 fr. 36

]ν[
]δ[
]δατ.[
]αδ.[
]α̣ξεπ[

110* P. Oxy. 2495 fr. 39

]μ̣ι̣ϲ̣[
]γοι̣[
]πω[
]ρπ̣[
]ων̣[

111* P. Oxy. 2495 fr. 40

]με[
]πιχω̣[
]μ̣αιθ̣[
]αμ[

---

108 4]. : ε, θ, ο, ϲ, ω α̣ : aut λ̣

109 3 .[: ε, η, θ 4 .[: α, δ, η, ι, λ, μ, ν, ρ, υ 5]α̣ : aut]λ̣

110 1 vel]μα̣[2 ι̣[: vel γ, η, κ, ν, π, ρ 5 an]ων.[?

111 3]μ̣ : vel κ, λ θ̣[: vel ε̣[

112* P. Oxy. 2495 fr. 41

].[
]θιϲ̣[
]ο̣ιρ[
].χεῖραϲ ἴα̣[λλον
]χυϲ̣ιδα[

113* P. Oxy. 2495 fr. 42

]φυη[
]ο̣υϲ̣δ[
'.]ωνε[
]ο̣[

114* P. Oxy. 2495 fr. 43

]ριϲ̣[
]οιμ̣[

115* P. Oxy. 2495 fr. 44

]οϲε[.̂
]ενθ[
].[

116 P. Oxy. 2075 fr. 3, ed. Hunt [Tab. II]

]ε̣υνη[
]ϲ̣
]η̣.[....]..
οὔτ' ἀνθρώ]πων ἀλέγεϲκ[
οὐχ ( ) ἥνδα]νεν εὐνή
κατ]ὰ δάκρυ χ̣έο̣[υϲα
].[.]ακο[.]πε̣[

---

112 1 α, κ, λ, μ, χ   2 ϲ̣[: aut ο̣[3]ο̣: vel φ, ω   4]α̣   5 ϲ̣: aut ο̣

113 1 fort. ἀθανάτηιϲι] φυὴ[ν καὶ εἶδοϲ ὁμοίη   2 ϲ̣: aut ο̣   4 vel ε, θ, ϲ

114 1 ϲ̣[: aut ο̣[

115 1 an έ[?

116 (F 6) 1 cf. ad fr. 30. 42   3 [. παι]δί̣ West   4 ὅϲ γ' οὔτ' ἀθανάτων οὔτ' ἀνθρώ]πων ἀλέγεϲκ[εν (Hunt) vel sim.   5 West; cf. Qu. Smyrn. 3. 618   7 κατ]ὰ κό[λ]πο̣[ν Hunt

117 P. Oxy. 2075 fr. 5 [Tab. II]

]μ̣α̣[
]ἀ̣θ̣ανάτη̣[ιcι
ἀν]τ̣ι̣θέο[ιο
]ς̣ινε.[
κ]ο̣ύρην̣[
]ν̣δηαφ[
]υτριc̣[
]λ̣ειδ̣[
]...[

118* P. Oxy. 2075 fr. 8 [Tab. II]

]ραc̣[
].με[
].[

119* P. Oxy. 2075 fr. 7 [Tab. II]

]λ̣λ̣ιτ̣[

120* P.S.I. 1384 fr. 2

].c.[
]θα· και̣[
]α̣δικηθε[
]μ̣ενδ̣ια̣τ̣η[

121 Herodianus π. μον. λέξ. p. 18 (ii. 924. 20 Lentz)

τὰ διὰ τοῦ ‾ανη‾ ἐκφερόμενα θηλυκὰ μονογενῆ ὑπὲρ δύο cυλλαβὰc πάντα βαρύνεται . . . προcέθηκα "ὑπὲρ δύο cυλλαβάc" διὰ τὸ "φανή" παρ' Ἡcιόδωι ἐν δευτέρωι εἰρημένον·

οἵ πρόcθε φανὴν ἔντοcθεν ἔκευθον.

---

117 (F 7) 2 West 3 Traversa: puella similis immortalium, filia regis dii 5 West 7 Τριό̣[παο et 8 Ἰφιμέ]δ̣εια̣[West

118 (F 9)

119 (F 10) κα]λλιπ[αρη-? West

120 (F 11) 3 δίκη θε[ίων βαcιλήων (δ 691) Bartoletti

121 (47) ἐν δευτέρωι sc. Καταλόγωι nuptias describi ci. Traversa

122–159 INACHI PROGENIES

122 Natalis Comes, Mythologiae viii. 23 (p. 912 ed. Genav. 1612)

alii Oeneum patrem Inachi fuisse putarunt, quare fuit Oenides ab Hesiodo in sacro sermone ita appellatus:

Ἴναχος Οἰνείδης Κρονίδῃ πολὺ φίλτατον ὕδωρ.
Inachus Oenides coelo gratissimus amnis.

123 Strabo x. 3. 19 p. 471

Ἡcίοδος μὲν γὰρ †Ἑκατέου καὶ τῆς Φορωνέως θυγατρὸς πέντε γενέcθαι θυγατέρας φηcίν, ἐξ ὧν

οὔρειαι νύμφαι θεαὶ ⟨ἐξ⟩εγένοντο
καὶ γένος οὐτιδανῶν Cατύρων καὶ ἀμηχανοεργῶν
Κουρῆτές τε θεοὶ φιλοπαίγμονες ὀρχηςτῆρες.

124 Schol. Plat. Sympos. 183 B (p. 58 Greene), "ἀφροδίcιον γὰρ ὅρκον οὔ φαcιν εἶναι"

παροιμία· ἀφροδίcιος ὅρκος οὐκ ἐμποίνιμος, ἐπὶ τῶν δι' ἔρωτα ὀμνυόντων πολλάκις καὶ ἐπιορκούντων. μέμνηται δὲ ταύτης καὶ Ἡcίοδος λέγων

ἐκ τοῦ δ' ὅρκον ἔθηκεν ἀποίνιμον ἀνθρώποιcι
νοcφιδίων ἔργων πέρι Κύπριδος.

{ἀφροδιcίων}

Hesychius α 8771 (p. 296 Latte)

ἀφροδίcιος ὅρκος· παροιμία . . . πρῶτος δὲ Ἡcίοδος ἔπλαςε τὰ περὶ τὸν Δία καὶ τὴν Ἰώ.

---

122 fragmentum dubiae fidei. Natalis Comes auctor recentissimus (saec. xvi), de cuius indole disseruerunt Naekius, Opusc. ii (1845) 218–25, et Roos, Mnemosyne 1917, 69–77. versum hunc vel similem imit. Verg. Aen. viii. 64 *caeruleus Thybris caelo gratissimus amnis.* Inachus fontes habet prope Oenoen, cuius conditor fuit Oeneus; vide Paus. ii. 25. 2–3

123 (198) carmini de Idaeis Dactylis adscripsit Sittl Ἑκατέου, Ἑκαταίου, Ἑκατέρω codd. Strabonis, Ἑκατέρου m. rec. codicis n fort. excidit nomen alterum ante τῆς vs. 1 ⟨τάων δ'⟩ οὐρ. Marckscheffel: ὄρειαι codd. ἐγένοντο codd., corr. Koraes versum esse negavit Sittl
in Bibl. ii. 1. 1 Phoroneus filius Inachi, Phoronei filia Nioba Argiva, Niobae et Iovis filius Argus

124 (187) Ius fabula. (Io filia Pirenis; Piren filius Argi.) cf. Deubner, Philol. 64, 1905, 481 ἀποίνιμον Schneidewin: ἀμείνονα codd.: ἀπήμονα Hermann ἀφροδιcίων del. Bekker

Ps. Apollod., Bibl. ii. [5] 1. 3 (p. 51/2 Wagner)

Ἡσίοδος δὲ καὶ Ἀκουσίλαος (2 F 26) Πειρῆνος αὐτήν (sc. τὴν Ἰώ) φασιν εἶναι. ταύτην ἱερωσύνην τῆς Ἥρας ἔχουσαν Ζεὺς ἔφθειρε. φωραθεὶς δὲ ὑφ' Ἥρας τῆς μὲν κόρης ἁψάμενος εἰς βοῦν μετεμόρφωσε λευκήν, ἀπωμόσατο δὲ ταύτηι μὴ συνελθεῖν· διό φησιν Ἡσίοδος οὐκ ἐπισπᾶσθαι τὴν ἀπὸ τῶν θεῶν ὀργὴν τοὺς γινομένους ὅρκους ὑπὲρ Ἔρωτος. Ἥρα δὲ αἰτησαμένη παρὰ Διὸς τὴν βοῦν φύλακα αὐτῆς κατέστησεν Ἄργον τὸν πανόπτην, ὃν Φερεκύδης (3 F 67) μὲν Ἀρέστορος λέγει, Ἀσκληπιάδης (12 F 16) δὲ Ἰνάχου, Κέρκωψ (infra fr. 294) δὲ Ἄργου καὶ Ἰσμήνης τῆς Ἀσωποῦ θυγατρός· Ἀκουσίλαος (2 F 27) δὲ γηγενῆ αὐτὸν λέγει.

Herodianus π. μον. λέξ. 17 (ii. 923. 7 Lentz)

Πειρὴν καθ' Ἡσίοδον πατὴρ Ἰοῦς.

125* Hesychius ι 1185 (ii. 384 Latte), "Ἰὼ Καλλιθύεσσα"

Καλλιθύεσσα ἐκαλεῖτο ἡ πρώτη ἱέρεια τῆς Ἀθηνᾶς.

126 'Heraclitus', Alleg. Hom. 72. 10 (p. 78 Buffière)

"ἀργεϊφόντην" τε γὰρ ὀνομάζει τὸν θεόν, οὐ μὰ Δί' οὐχὶ τοὺς Ἡσιοδείους μύθους ἐπιστάμενος, ὅτι τὸν βουκόλον Ἰοῦς ἐφόνευσεν (κτλ.)

ex Heraclito fluxit schol. B Hom. Ω 24

127 Schol. Eur. Or. 872 (i. 184. 20 Schwartz)

ἡ πολλὴ δόξα κατέχει μὴ ἀφῖχθαι τὸν Αἴγυπτον εἰς Ἄργος, καθάπερ ἄλλοι τέ φασι καὶ Ἑκαταῖος (1 F 19) γράφων οὕτως· "ὁ δὲ Αἴγυπτος αὐτὸς μὲν οὐκ ἦλθεν εἰς Ἄργος, παῖδες δέ, ⟨ἐόντες⟩, ὡς μὲν Ἡσίοδος ἐποίησε, πεντήκοντα, ὡς δὲ ἐγὼ λέγω, οὐδὲ εἴκοσι."

(Bibl.) ἀπωμόσατο δὲ ταύτην epit. Vat. (Tzetzes), αὐτὴν δὲ ἀπωμόσατο cod., corr. Wagner Φερεκύδης . . . Ἀσκληπιάδης Hercher: Ἀσκληπιάδης . . . Φερεκύδης cod. Κέρκωψ Aegius: Κέκροψ cod. fragmentum certe non Aegimio tribuendum, cuius poeta Cercops per antithesin laudatur

125 τῆς Ἀθηνᾶς cod.: τῆς ἐν Ἄργει Ἥρας Knaack: τῆς Ἀνθείας ⟨Ἥρας⟩ Latte fragmentum incerti auctoris dubitanter Hesiodo tribuerunt Jacoby et Pfeiffer, cf. Herm. 57, 1922, 366 sqq. = Abhandlungen zur griech. Geschichtsschreibung (1956) 334 sqq. et notas ad Acusil. 2 F 26 et Callim. fr. 769

126 (189) doctrinam Apollodoream (ex libro π. θεῶν) servavit 'Heraclitus'. Ius filius Epaphus; Epaphi filia Libye genuit Belum et Agenorem. Beli stirps fr. 127–36; Agenoris stirps fr. 137–57

127 (25) Beli liberi Aegyptus, Danaus, Thronie (infra fr. 137). Aegypti filii παῖδες Weil: παῖδας codd. ἐόντες add. Wilamowitz δὲ ἐγὼ λέγω Kirchhoff: λέγων δὲ codd. εἴκοσι Weil: εἰσί vel ἔστι codd.

128 Strabo viii. 6. 8 p. 371

τὴν μὲν οὖν χώραν cυγχωροῦcιν εὔυδρεῖν, αὐτὴν δὲ τὴν πόλιν ἐν ἀνύδρωι χωρίωι κεῖcθαι, φρεάτων δ' εὐπορεῖν, ἃ ταῖc Δαναΐcιν ἀνάπτουcιν, ὡc ἐκείνων ἐξευρουcῶν· ἀφ' οὗ καὶ τὸ ἔποc ἐκπεcεῖν τοῦτο·

Ἄργοc ἄνυδρον ἐὸν Δαναοὶ θέcαν Ἄργοc ἔνυδρον.

Strabo viii. 6. 7 p. 370

περὶ δὲ τῶν μυθευομένων πηγῶν εἴρηται, διότι πλάcματα ποιητῶν ἐcτι· πλάcμα δὲ καὶ τό "Ἄργοc — ἔνυδρον".

Eustathius in Hom. (Δ 171) p. 461. 2

πολυδίψιον δὲ τὸ Ἄργοc καλεῖ . . . ἢ καὶ ἀπὸ τῶν Δαναΐδων, αἳ παραγενόμεναι ἐξ Αἰγύπτου φρεωρυχίαν ἐδίδαξαν, ὡc Ἡcίοδοc·

Ἄργοc ἄνυδρον ἐὸν Δαναὸc ποίηcεν εὔυδρον.

Hesychius δ 2032 (p. 466 Latte)

δίψιον Ἄργοc· Ἡcίοδοc μὲν τὸ ἄνυδρον, Ἀρίcταρχοc δὲ τὸ πολυπόθητον κτλ.

129 P. Oxy. 2487 fr. 1, ed. Lobel

]ṿον, ἔδωκε[. . . . .]αṿ[
]ων μεγάλην [ἀπετείcα]το λώβην.
]ἔπειτα ἀμύμ[ονα τίκτ]εν Ἄβαντα
]. ἐν ὑψηλοῖcι δόμοιcιν
ἢ εἶδοc Ὀλυ]μπιάδεccιν ἔριζεν·
πα]τὴρ ἀνδρῶν τε θεῶν τε
]καὶ ὁμὸν λέχοc εἰcαναβῆναι·

---

128 (24) Danaides loci Straboniani etiam in codice Vaticano traditi, v. W. Aly, De Strabonis codice rescripto (Studi e Testi 188, Romae 1956) *ἐκπεcεῖν* cod. Vat.: *εἰπεῖν* reliqui post *θέcαν* glossa interlinearis in cod. Vat. *κ]ατὰ Ἡcί[οδον*

alter Strabonis locus restituitur e cod. Vat.

nota varias lectiones apud Eustathium *Δαναὸc ποίηcεν* et *εὔυδρον* *ἔφυδρον* fort. schol. A Hom. Δ 171 (*ἄνυδρον οὖcαν τὴν Πελοπόννηcον ἔφυδρον ἐποίηcε Δαναόc*)

129 Lyncei et Hypermestraę filius Abas, Abantis filii Proetus et Acrisius 1]*νον· Π* *ἔδωκε* [*δὲ* West 2 haec de Danao dici ci. Lobel 3 sqq. cf. Bibl. ii. [24] 2. 1 *Λυγκεὺc δὲ . . . ἐξ Ὑπερμήcτραc τεκνοῖ παῖδα Ἄβαντα. τούτου δὲ καὶ Ἀγλαΐαc τῆc Μαντινέωc δίδυμοι παῖδεc ἐγένοντο Ἀκρίcιοc καὶ Προῖτοc* 5 e.g. *Ἀγλαΐην ἢ εἶδοc*

ἣ δ' ἔτεκε Προῖτόν τ]ε̣ καὶ Ἀκρίσιον βασιλῆα[ ]
καὶ τοὺς μὲν διένας]ϲε πατὴρ [ἀν]δρῶν τ[ε θε]ῶν τε·
Ἀκρίσιος μὲν ἄρ' Ἄ]ρ̣γει ἐυκτι̣[τ]ωι ἐμβασί[λ]ευεν
]. . ρ̣εν ὀκριόεντ[.].[.].[
Εὐρυ]δίκην Λακεδαί[μο]νο[ϲ]ι̣[.]
καλλι]πάρηον ἐῢ πραπί[δεϲϲ'] ἀρα[ρυῖα]ν
ἣ δ' ἔτεκεν Δανά]ην κ̣[α]λλίϲφυρο[ν ἐν μεγά]ρ̣[οιϲιν,
ἣ Περϲῆ' ἔτεκεν κρα]τ̣ε̣[ρὸ]ν μ[ήϲ]τωρ[α] φόβοιο.
Προῖτοϲ δ' αὖ Τίρυ]ν̣θ̣α ἐυκ[τ]ίμε[νο]ν πτολίεθρον
νάϲϲατο καὶ κούρη]ν μεγαλήτοροϲ Ἀρκαϲίδα[ο
γῆμεν Ἀφείδαντο]ϲ̣ καλ[λι]πλόκαμον Ϲ[θ]ενέβοι[αν
].[. .].εϲ [
].ϲοι Ϲθ̣εν[έ]βοια βοῶπιϲ
]ὁ̣μὸν λέχοϲ εἰϲαναβᾶϲα
κούρη Ἀφείδαντοϲ με]γαλήτ[ο]ρο[ϲ] Ἀρκαϲίδα[ο
περικ]αλλέα ἔργ' εἰδυίαϲ
Λυϲίππην τε καὶ Ἰφι]νόην καὶ Ἰφιάναϲϲαν
]α δώματα πατρόϲ

desunt versus fere 19

. .[
κ̣ερ̣[
— ωδ.[
— ηρη.[
— ημε̣[
— καιτο.[

---

8 vel βαϲιλῆα[ϲ] 9 West cf. Bibl. ii. [25] 2. 1 μεριϲάμενοι δὲ τὴν Ἀργείαν ἅπαϲαν κατῴκουν, καὶ Ἀκρίϲιοϲ μὲν Ἄργουϲ βαϲιλεύει, Προῖτοϲ δὲ Τίρυνθοϲ. καὶ γίνεται Ἀκριϲίωι μὲν ἐξ Εὐρυδίκηϲ τῆϲ Λακεδαίμονοϲ Δανάη, Προίτωι δὲ ἐκ Ϲθενεβοίαϲ Λυϲίππη καὶ Ἰφινόη καὶ Ἰφιάναϲϲα (sequentia videas in fr. 131) 11 (Acrisius,) 'quem postea interemit nepos Perseus lapide acuto'? 12 e.g. ἠγάγετ' possis ἀντιθέο]ι̣[ο] 13 e.g. κούρην 15 e.g. Merk.; possis etiam Περϲῆα] τ̣έ̣[κε]ν (Lobel et West) 16 sq. West 17 γῆμε δὲ παῖδα . . .]ν μεγαλήτοροϲ Ἀρκαϲίδαο [(δίου) Ἀφείδαντο]ϲ Lobel 18 γῆμεν West; cf. Bibl. iii. [102] 9. 1 Ἀρκάδοϲ δὲ . . . ἐγένοντο παῖδεϲ Ἔλατοϲ καὶ Ἀφείδαϲ . . . Ἀφείδαϲ δὲ (τεκνοῖ) . . . Ϲθενέβοιαν, ἣν γαμεῖ Προῖτοϲ 19 fort. θύγ]α[τ]ρεϲ 20–21 fort. τ]ά̣ϲ οἱ Ϲθ. β. [γείνατο 24 ιφιαναϲϲαν (ειρ superscr.) Π Hesiodi versiculum in Bibl. adgnoverant Wagner (ad loc.) et Friedländer, Argolica 39 n. 17 25 κατ]ὰ? 46 fort. κ[[ε]]ρ 47–50 obelis notati, fortasse ob Herculem Iunone propitia in Olympo versantem; nam Persei filius Electryo genuit Alcmenen matrem Herculis 48 γ[vel π[50 .[hasta verticalis; fort. τοὶ vel τὸν [μὲν

130 Strabo viii. 6. 6 p. 370

περὶ δὲ τῆς Ἑλλάδος καὶ Ἑλλήνων καὶ Πανελλήνων ἀντιλέγεται ... καὶ Ἀπολλόδωρος δὲ (244 F 200) *μόνους τοὺς ἐν Θετταλίαι καλεῖσθαί φησιν Ἕλληνας, "Μυρμιδόνες δὲ καλεῦντο καὶ Ἕλληνες"* (Hom. *B* 684), *Ἡσίοδον μέντοι καὶ Ἀρχίλοχον* (fr. 54 Diehl) *ἤδη εἰδέναι καὶ Ἕλληνας λεγομένους τοὺς σύμπαντας καὶ Πανέλληνας, τὸν μὲν περὶ τῶν Προιτίδων λέγοντα ὡς Πανέλληνες ἐμνήστευον αὐτάς, τὸν δὲ κτλ.*

131 Ps. Apollod., Bibl. ii. [26] 2. 2 (p. 58. 4–11 Wagner)

γίνεται Ἀκρισίωι μὲν ἐξ Εὐρυδίκης τῆς Λακεδαίμονος Δανάη, Προίτωι δὲ ἐκ Cθενεβοίας Λυσίππη καὶ Ἰφινόη καὶ Ἰφιάνασσα. αὗται δὲ ὡς ἐτελειώθησαν ἐμάνησαν, ὡς μὲν Ἡσίοδός φησιν, ὅτι τὰς Διονύσου τελετὰς οὐ κατεδέχοντο, ὡς δὲ Ἀκουσίλαος (2 F 28) *λέγει, διότι τὸ τῆς Ἥρας ξόανον ἐξηυτέλισαν.*

Probus in Verg. Ecl. vi. 48 (iii. 2. 345 Thilo–Hagen)

*'Proetides implerunt'. Proeti filiae regis Argivorum. Hesiodus docet ex Proeto et Stheneboea Amphidamantis natas. has, quod Iunonis contempserant numen, insania exterritas, quae crederent se boves factas, patriam Argos reliquisse, postea a Melampode Amythaonis filio sanatas ita uti****

132 Suda μ 307 (iii. 339. 4 Adler)

μαχλοσύνη· κατωφέρεια, γυναικομανία. Ἡσιόδειος ἡ λέξις· λέγει γὰρ περὶ τῶν Προίτου θυγατέρων·

εἵνεκα μαχλοσύνης στυγερῆς τέρεν ὤλεσεν ἄνθος

---

130 (26) Proeti filiae *Πανέλληνες* etiam Op. 528

131 (27) cf. fr. 129. 24 iram Bacchi ad Melampodiam rettulerunt Ruhnken, Marckscheffel, Nilsson (The Mycenaean Origin of Greek Mythology [1932] 62), Vian (Rev. ét. anc. 67, 1965, 25 sqq.); oblocutus est Pfeiffer, Philol. 92, 1937, 7 = Ausgewählte Schriften (1960) 31 sq.; res non liquet, sed fragmenta sequentia de ira Iunonis narrant

Amphidamantis: *Aphidantis* ci. Schneidewin, cf. fr. 129. 18 post *natas* lacuna unius lineae in cod. P *quae*: *qua*? Hagen *uti* codd. MP: *tu* cod. V: *ait**** Keil

132 (28) Iuno Proetidas punitur; cf. Philodemum, *π. εὐσεβ.* p. 54 Gomperz (Herc. voll. coll. alt. ii. 134)

8 *καὶ τα[ῖς*
9 *Προιτ]ίσιν Ἥρας πρῷ-*
10 *το]ṿ μὲν μαχλạ[*
11 *...]ον δ' ἀλφὸṿ .[*
12 *...].κασησκ[*

(ubi 9 *Προιτ]ίσιν* Schober *πρῶ[το]ν* Philippson, Hermes 55, 1920, 262 10 *μαλλα[* delineator, *μαχλο[σύνην* Philippson, *μαχλᾶ[ν* Schober 11 *ὕστερ]ον* Philippson *αλφομα[* delineator, *ἀλφὸν κα[ταχ]ευάσης* Philippson)

ὤλεσεν: *ὤλεσαν* Demetrius Chalcondylas

cf. schol. A Hom. Ω 25–30 de voce *μαχλοcύνη* (ii. 276. 16 Dindorf)

Ἡcιόδειος δ' ἐcτὶν ἡ λέξιc· ἐκεῖνος γὰρ πρῶτος ἐχρήcατο ἐπὶ τῶν Προίτου θυγατέρων.

et Eustath. in Hom. p. 1337. 34 (ad locum eundem)

133 P. Oxy. 2488A, ed. Lobel

]δ ̣ε̣. ̣ο̣[
]ἀπείρονα γαῖαν
καὶ γάρ cφιν κεφαλῆιcι κατὰ κν⌋ύος αἰνὸν ἔχευ⌊εν·
ἀλφὸc γὰρ χρόα πάντα κατέcχ⟨εθ⟩εν, αἱ δέ νυ χαῖται
ἔρρεον ἐκ κεφαλέων, ψίλωτο δὲ καλὰ κάρηνα.

134 P. Oxy. 2487 fr. 2, ed. Lobel

]λ̣ιηω.[
]χρυcο[
]..α̣ψ[

135 P. Cair. 45624, ed. Edgar

....]τ̣ρηλ̣ιτ̣ε̣α̣[..]..α̣.ουνε̣[
....]Ἄβαc̣· ὃ̣ δ̣' ἄ̣ρ̣' Ἀκρίcιον τέ̣[κεθ' υἱόν.
.... Πε]ρcῆα, τὸν εἰc ἅλα λά[ρνακι

---

133 (29) 1–3 in pap., 3–5 apud Eustathium traditi, in Hom. p. 1746. 7 (= Herodianus i. 445. 15 Lentz) *ἐκ δὲ τοῦ ῥηθέντοc "κνύω" . . . προφέρει* (sc. *Ἡρωδιανόc*) . . . *"κνύοc" . . ., τὴν φθοράν, κατὰ γένοc οὐδέτερον, . . . φέρων καὶ χρῆcιν ἐκ τοῦ παρὰ Ἡcιόδωι καταλόγου περὶ τῶν Προιτίδων* (3–5) *"καὶ γὰρ — κάρηνα"*, vs. 3 laudant Epimerism. alph. in Hom. (Crameri Anecd. Ox. i. 226. 16), vs. 3 et 5 Et. gen. s.v. *κνύζω* 1]δενο[vel]δειο[*Π* 3 *κὰκ γάρ cφιν κεφαλῆφι* West *ἔχευεν*, sc. Iuno 4 *γάρ*: *δὲ* West *κατέcχεν* Eustath., corr. Heinsius *αἱ* Lobel: *ἐν* Eustath.: *ἐκ* Loesner 5 *ψιλοῦτο* dubitans Marckscheffel, fortasse recte Proetides a Melampode sanantur. Lysippe nubit Bianti, Iphianassa Melampodi

134 1 χ[vel υ[3].ιαψ[vel]ηαψ[

135 (I) Danae Perseum parit; eius progenies. pap. denuo contulit L. Koenen. haec fere ante dicta erant: '*ἤ*' *οἵην* Danaen compressit Iuppiter, filiam Acrisii, quem Abas genuit.' 1–2 'nam ex Hypermestra et Lynceo natus est Abas, is autem Acrisium genuit'

1]τ: vel]γ vel]π; *δῖα δ' Ὑπερμήc]τρη* e.g. Merk. *λιτ̣*: vel *λιξ̣* vel *λιχ̣* 2 *ο̣δ̣α̣η̣* leg. Koenen: *ὃ δ' ἄρ'* coniecerat Page *τέ[κεθ' υἱόν* Edgar: vel *τέ[κε παῖδα*, cf. *Ζ* 154, *Υ* 239 3 *λα*[: *λ* ex *η* 3 et 5 *περcεια Π* 3–5 e.g. (West) *ἣ δ' ἔτεκεν Πε]ρcῆα, τὸν εἰc ἅλα λά[ρνακι κοίληι | ἐκβληθεῖc' ἀ]νέτειλε Διὶ χρύcει[ον ἄνακτα, | χρυcογε]νῆ Περcῆα*

. . . . ἀ]νέτειλε Διὶ χρυσει[
. . . .].η Περσῆα φίλον ṭ[
τοῦ δὲ καὶ] Ἀνδρομέδας Κηφη[ίδος ἐξεγένοντο
Ἀλκαῖος C]θένελός ṭε βίη τ' [Ἠλεκτρυωνείη
. . . .]ηνος τικτειṇερ̣[
. . . .]ι̣ παρὰ βουcὶṿ(.)ṿ[
. . . . . Τη]λ̣εβόηιcιν εṭ[.(.)]ε[
. . . . Ἀ]μφιτρύωṿ[..].[

136 P. Oxy. 2501, ed. Lobel

]·[ ]μεγα̣c̣θ[ενε-
]ν[ ]αṿ [ἐ]πήρατοṿ [εἶδος ἔχουcαν
].[καὶ Κ]οίρανον υἱ̣έας ἐ[cθλούc
]θ[ ]ια καὶ Ἀντιφάτηṿ[
]Μ̣ανṭ[ώ ...].[.]ην Προνόην τεκ[
]..ρα[ ]Θε[ο]κλύμενος γε.[
]ε̣υχ[ ].η[...]ṿ Πολύιδος ἀμ[ύμων
]η̣[ ].[.] ὑπ' Ἴλιο[ν] ἠ̣νεμό̣ε̣[ccαν
Ἀ]γαμέμνονι καὶ Μ[ενελάωι
]c̣ καλλιcφύρου Ἀρ[γειώνηc
].ρα Περικλυμένω[ι

135 5 τ[potius quam π[6–7 Merk. 8 Electryonis filii]η̣ : aut]ε̣ι̣ ρ̣[: vel ι̣[9 οὓc Τάφιο]ι Merk. 10 ṭ[: vel γ̣[11 Amphitryo Taphios Teleboasque ulciscitur

136 Melampodis progenies. varia stemmata Melampodidarum invenies apud Hom. *ο* 242–56, Pherecydem (3 F 115) in schol. T Hom. *N* 663, Pausaniam i. 43. 5 et vi. 17. 6, Diodorum iv. 68. 5, nullum congruens cum papyro
1 West; vel μέγα cθ[ένοc 3 fort. ἣ τέκε]ṭο̣[vel υι[[ι]]αcε 5 τ' ἐρατ]ὴν West Manto filia Polyidi (Paus. i. 43. 5) vel Melampodis (Diod. iv. 68. 5), Pronoe secundum Diodorum filia Melampodis 6 fort. Κ]οιρα[ν et γέν[εθ' υἱόc 7 de Euchenore Polyidi filio cf. Hom. *N* 663–72 8–14 sensus hic fere fuisse videtur (Merk.):

μὴ πλεῦcαι ν]ή[εccιν] ὑπ' Ἴλιον ἠνεμόε[ccαν
τιμὴν ἀρνύμενον Ἀ]γαμέμνονι καὶ Μ[ενελάωι
εἵνεκα ῥιγεδανῆ]c̣ καλλιcφύρου Ἀρ[γείωνηc,
ἤ μιν Τροίηι κ]ῆρα Περικλυμένω[ι δαμάcαcθαι·
ἦ ῥα πατήρ, ὃc ἅ]ṭα̣[ν]ṭα θεῶν ἄπο μήδ[εα ἤιδει·
αὐτὰρ ὅ γ' Εὐχήνωρ Ἀγ]αμέμνονι καὶ Μ[ενελάωι
νήεc]cιν ἅμ' ἕ[c]πετο θει[

11 cf. Hesychium Περικλύμενοc· ὁ Πλούτων; ⟨Θεο⟩κλυμένωι dubitanter Lobel

].[..]ṭα θεῶν ἄπο μήδ[εα εἰδώς
Ἀγ]αμέμνο[ν.] καὶ Μ[ενελα-
]ϲιṿ ἅμ' ἕ[ϲ]π̣ετο θει[
].[κ]ούρηṿ κ....ουκ̣[
].. 'Οϊ⟨κ⟩λῆα μεγάθυμ[ον
]ε̣.[Π]οϲειδάωνι ἄνακτ[ι
]ῠ̣.[ ]πολέων ἡγήτορ[α λαῶν
]αϲ̣[ ].ι φίλον μακάρ[εϲϲι θεοῖϲι

137 Strabo i. 2. 34 p. 42

Ἡϲίοδοϲ δ' ἐν Καταλόγωι φηϲί

καὶ κούρην Ἀράβοιο, τὸν Ἑρμάων ἀκάκητα
γείνατο καὶ Θρονίη κούρη Βήλοιο ἄνακτοϲ

cf. Eustath. in Hom. p. 1484. 63 et in Dion. Per. 927 (Geogr. Gr. Min. ii. 381. 37 Müller)

138 Schol. Ap. Rhod. *Β* 178 (p. 140. 1–6 Wendel), "*Ἀγηνορίδηϲ ἔχε Φινεύϲ*"

Ἀγήνοροϲ γὰρ παῖϲ ἐϲτιν, ὡϲ Ἑλλάνικοϲ (4 F 95)· *ὡϲ δὲ Ἡϲίοδόϲ φηϲιν, Φοίνικοϲ τοῦ Ἀγήνοροϲ καὶ Καϲϲιεπείαϲ. ὁμοίωϲ δὲ καὶ Ἀϲκληπιάδηϲ* (12 F 22) *καὶ Ἀντίμαχοϲ* (fr. 59 Wyss) *καὶ Φερεκύδηϲ* (3 F 86) *φαϲίν. ἐκ δὲ Καϲϲιεπείαϲ τῆϲ Ἀράβου Φοίνικι γίνεται Κίλιξ καὶ Φινεὺϲ καὶ Δόρυκλοϲ, καὶ Ἄτυμνοϲ ἐπίκληϲιν· γίνεται δὲ ἐκ Διὸϲ Ἄτυμνοϲ.* item brevius p. 140. 10–12 Wendel

139 Ps. Apollod., Bibl. iii. [183] 14. 4 (p. 159. 4 Wagner)

Ἄδωνιϲ δὲ ἔτι παῖϲ ὤν, Ἀρτέμιδοϲ χόλωι πληγεὶϲ ἐν θήραι ὑπὸ ϲυὸϲ ἀπέθανεν. Ἡϲίοδοϲ δὲ αὐτὸν Φοίνικοϲ καὶ Ἀλφεϲιβοίαϲ λέγει.

---

14 vel ε[ἵ]πετο   15 Oiclei parentes Antiphates et Zeuxippe secundum Diodorum   16 fort.].ε   *οϊλη α Π*, corr. Lobel   19 fort.]ηϊ: *ἶϲον Ἄρ]ηϊ*?

137 (23) alter Libyes filius Agenor genuit Phoenicem; Phoenix duxit Alphesiboeam (infra fr. 139) et Cassiepeam Arabi filiam

138 (31) Phoenicis et Cassiepeae filius Phineus   *καὶ Ἀντίμαχοϲ καὶ Φερεκύδηϲ φαϲίν. ἐκ δὲ Καϲϲ. κτλ.* Keil: *καὶ Ἀντίμαχοϲ. καὶ Φερεκύδηϲ φηϲίν· "ἐκ δὲ Καϲϲ. κτλ."* cod., Jacoby   *Δόρυκλοϲ ⟨ὁ⟩ καὶ* Wilamowitz

139 (32) Phoenicis et Alphesiboeae filius Adonis

Probus in Verg. Ecl. x. 18 (iii. 2. 348. 11 Thilo–Hagen)

Adonis, ⟨ut⟩ Hesiodus ait, Phoenicis Agenoris et Alphesiboeae

Philodemus, π. εὐcεβείαc p. 12 Gomperz; Hercul. voll. coll. alt. ii. 40a; Philippson, Hermes 55, 1920, 248

[εἶ-
τά τε [Ἀφροδίτην
ἀν]αιc[χύντωc ἐρᾶν
ἀνθρώ[πων ὡc Ἀδώ-
νιδό[c φαcιν Ἀντίμα-
χοc καὶ Π̣[ανύαccιc
καὶ Ἡ̣c̣ίοδ̣[οc καὶ
πλείουc ἄλ[λοι

140 Schol. AB Hom. *M* 292 (i. 427; iii. 506 Dindorf)

Εὐρώπην τὴν Φοίνικοc Ζεὺc θεαcάμενοc ἔν τινι λειμῶνι μετὰ νυμφῶν ἄνθη ἀναλέγουcαν ἠράcθη, καὶ κατελθὼν ἤλλαξεν ἑαυτὸν εἰc ταῦρον καὶ ἀπὸ τοῦ cτόματοc κρόκον ἔπνει· οὕτωc τε τὴν Εὐρώπην ἀπατήcαc ἐβάcταcε, καὶ διαπορθμεύcαc εἰc Κρήτην ἐμίγη αὐτῆι. εἶθ' οὕτωc cυνῴκιcεν αὐτὴν Ἀcτερίωνι τῶι Κρητῶν βαcιλεῖ. γενομένη δὲ ἔγκυοc ἐκείνη τρεῖc παῖδαc ἐγέννηcε Μίνωα Cαρπηδόνα καὶ Ῥαδάμανθυν. ἡ ἱcτορία παρ' Ἡcιόδωι καὶ Βακχυλίδηι (fr. 10 Snell).

cf. schol. T ad loc. et schol. [Eur.] Rhes. 29 (ii. 327. 23 Schwartz) de Sarpedone

ὁ δὲ Ἡcίοδοc Εὐρώπηc μέν φηcιν αὐτόν *** ὡc Ἑλλάνικοc (4 F 94).

141 P. Oxy. 1358 fr. 1. i, ed. Grenfell–Hunt; P. Reinach 77, ed. Jouguet [Tab. I]

....]πέρηcε δ' ἄρ' ἁλμυρὸν ὕδωρ
....] Διὸc δμηθεῖcα δόλοιcι.
τῆι δὲ μίγη φιλότητι] πατὴρ καὶ δῶρον ἔδωκεν

---

139 (Probus) *ut* add. Keil *Phoenicis Agenoris et Alphesiboeae* Wendel: *Phoenicis et Alphesiboeae Agenoris* codd.
(Philodemus) 7 Ἀντίμα]χοc Vogliano (fr. 102 Wyss): Καλλίμα]χοc Philippson 8 Π[ανύαccιc Philippson (cf. fr. 25 Kinkel): γ[delineator 9 Ἡcίοδ[οc Philippson: επιολ[delineator: Εὔμολ[ποc G. Schmid

140 (30) Europa Phoenicis filia; cf. fragmentum sequens filii Europae fr. 141. 13–14

141 (K 1) Europa a Iove compressa; eius filii 2 πατρίδοc ἔκ Κρήτηνδε] K. F. W. Schmidt 3 Schmidt (δὲ pro ῥα West)

ὅρμον χρύϲειον, τόν ῥ' Ἥ]φαιϲτοϲ κλυτοτέχνηϲ
. . . . ἰδυί]ηιϲιν πραπίδεϲϲι
. . . . πα]τρὶ φέρων· ὃ δὲ δέξατο δῶρο̣[ν·
. . . . κού]ρ̣[η]ι Φοίνικο̣ϲ ἀγαυοῦ.
. . . . ἔμ]ε̣λ̣λε τανιϲφύρωι Εὐρωπείηι,
. . . .] πατὴρ ἀνδρῶν τε θεῶν τε
. . . . νύ]μφηϲ πάρα καλλικόμοιο.
ἣ δ' ἄρα παῖδ]αϲ [ἔτικτ]ε̣ν̣ ὑπερμενέϊ Κρονίωνι
. . . . πο]λέων ἡγήτοραϲ ἀνδρῶν,
Μίνω τε κρείοντα] δ̣ίκαιόν τε Ῥαδάμανθυν
καὶ Ϲαρπηδόνα δῖον] ἀμύμονά τε κρατερ[όν τε.
]ε̣δ̣άϲϲατο μητίετα Ζ[εύϲ·
Λυκίηϲ εὐρ]ε̣ίηϲ ἶφι ἄναϲϲε
πό]λειϲ εὖ ναιεταώϲα[ϲ
πολ]λ̣ὴ δέ οἱ ἕϲπετο τιμή
μεγαλή]τορι ποιμένι λαῶν.
]ν̣ μερόπων ἀνθρώπων
ἐφί]λατο μητίετα Ζεύϲ.
πολ]ὺν δ' ἐκρίνατο λαόν.
Τρ]ώεϲϲ' ἐπικούρουϲ·
] πολέμοιο δαήμων.
ἀριϲτ]ε̣ρὰ ϲήματα φαίνων
Ζεὺϲ] ἄφθιτα μήδεα εἰδώϲ.
]ατοι̣ ἀμφιβαλοῦϲαι
] Διόθεν τέρ̣αϲ ἦεν.
Ἕκτ]οροϲ ἀνδροφόνοιο
]δ̣ὲ κ̣ήδε' ἔθηκε.
]ϲ̣ Ἀργε̣ί̣[ο]ιϲι·
]κ̣ε̣[

---

4 *τόν* Rzach, *ῥ'* West 5–6 e.g. *αὐτόϲ, καλὸν ἄγαλμα, ἰδυί]ηιϲιν πραπίδεϲϲι [τεῦξεν, ἔδωκε δὲ πα]τρὶ φέρων* *ἄγαλμα* iam Grenfell–Hunt, cf. fr. 142 7 *αὐτὸϲ δ' αὖ δῶκεν* (*αὖ* Schmidt, cetera Gr.–H.) vel sim. 8 West *τανιϲφυρη* P. Rein. ante corr. 10 *Οὔλυμπόνδ'* Rzach, *ἀπέβη* Gr.–H. 11 *παῖδαϲ ἔτικτ]ε̣ν̣* P. Oxy.: *ἔτικτεν παῖδ]αϲ* P. Rein. 12 *]λεων* P. Rein., *].ε̣ων* P. Oxy. 15 *τιμὰϲ δι]εδάϲϲατο* Gr.–H. e Theog. 885, at cf. ibid. 520 20 possis e.g. (praeeunte Evelyn-White) *τῶι δ' ἐπὶ τρεῖϲ γενεὰϲ ζώει]ν . . . [δῶκεν, ἐπεὶ . . .* cf. Bibl. iii. [6] 1. 2 21 Rzach 25 *ἐπ' ἀριϲτ]ερὰ* Gr.–H.

142 Suda α 133 (i. 18 Adler)

ἀγάλματα· . . . καὶ Ἡϲίοδοϲ τὸν ὅρμον ἄγαλμα καλεῖ.

143 P. Oxy. 1358 fr. 1. ii, ed. Grenfell–Hunt

ζ̣[
ξ̣[
α̣[

desunt versus fere 15

.[
ὡρ̣[
αιρ̣[
με[
αρ[
ό̣.[
πα̣[
ελθ̣[
ενδ̣[
Ζην̣[
ϲκ̣ι̣ρ̣[τ
καιν[

. . .

144 Ps. Plato, Minos p. 320 D

εἴρηκε δὲ καὶ Ἡϲίοδοϲ ἀδελφὰ τούτων εἰϲ τὸν Μίνων. μνηϲθεὶϲ γὰρ αὐτοῦ τοῦ ὀνόματόϲ φηϲιν

ὃϲ βαϲιλεύτατοϲ †γένετο θνητῶν βαϲιλήων
καὶ πλείϲτων ἤναϲϲε περικτιόνων ἀνθρώπων
Ζηνὸϲ ἔχων ϲκῆπτρον· τῶι καὶ πολέων βαϲίλευεν.

cf. Plut. Thes. 16. 3 de Minoe

οὔθ' Ἡϲίοδοϲ αὐτὸν ὤνηϲε βαϲιλεύτατον . . . προϲαγορεύϲαϲ.

---

142 (233) cf. fr. 141. 4. id monile esse coniecit Sittl (ed. p. 630), quod a Cadmo Harmoniae datum postea ad Eriphylam pervenit

143 (K 1 ad fin.) de Europae filiis   2 fort. Ξ[ἀνθ-   20 vel ὦρ[

144 (103) γένετο cod. A: γένοιτο cod. F: ἔϲκε καταθνητῶν βαϲ. vel Μίνωϲ, ὃϲ βαϲιλεύτατοϲ ἦν θνητῶν βαϲ. Schneidewin

145 P. Tebt. 690, ed. Hunt

πέμπε δ' ἄρ' εἰς Ἴδην, νύμφαι δ̣[
δεξάμεναι Διὶ πατ̣ρ̣ὶ̣ [
πέμψαν δ' εἰς̣ . . [
και τ̣ε̣ . [
. . . .
. . . .] . [. .] . [
. . . .] . τ̣ι̣ . κ̣α̣ιο̣ . [
. . . . Ἀν]δρόγ̣ε̣ων̣[.] . . [.] . [
. . . .] . Μίνωϊ π̣ολυκ̣λυ[ϲτ
. . . .]α π̣άντεϲ, ἐ̣πε̣ὶ̣ κα̣[
. [. .] . . . [. . . .]α̣λοϲ καὶ̣ ε̣κ̣ . . (.)μ̣ε̣τ̣[
τῆϲ δ' ἄρ' [ἐν ὀ]φθαλμοῖϲιν̣ ἰ̣δὼν ἠράϲ̣[ϲατο
†ταύρωι̣ . [. . .]ρ̣ι̣μενηϲ̣κ̣α̣μ̣ερ̣μ̣ιδαο̣τ̣α̣[†
ἣ δ' ὑποκ̣[υϲα]μένη Μίνωι τέκε κα[ρτερὸν υἱόν,
θαῦμα ἰ[δεῖν·] ἶ̣ϲα μὲν γὰρ ἐπ̣έ̣κ̣λ̣ιν̣[εν δέμαϲ ἀνδρὶ
ἐϲ πόδα̣[ϲ], α̣ὐ̣τ̣ὰρ ὕ̣π̣ερθε κάρ̣η τ̣α̣[ύροιο πεφύκει

146 Hesychius ε 4499 (ii. 147 Latte)

ἐπ' Εὐρυγύηι ἀγών. Μεληϲαγόραϲ (330 F 2) τὸν Ἀνδρόγεων

---

145 (L) Minotauri origo 2 πατρὶ [εὐ τρέφον ἠδ' ἀτίταλλον West: Π̣αϲ̣[ι]φά̣[ην Hunt 5–6 duo versus periisse aestimavit Hunt; fortasse vero ne unus quidem deest 8 fort.] . τ̣έ̣κ̣ε̣ δ̣' ἰφι̣[9 West Androgeos Minois filius 10–14 sic lusit West

Μίνωϊ πολυκλύ[ϲτου ἀπὸ πόντου.
ἤχηϲαν δ' ἄρ]α πάντεϲ, ἐπέκ̣λ[υε δ' ἄϲπετον ὄϲϲαν
Π̣[αϲ]ι̣φά̣[η παρ'] ἁλόϲ, καὶ̣ ἔ̣βη μ̣ε̣τ̣[ὰ πολλὸν ὅμιλον.
τῆϲ δ' ἄρ' [ἐν ὀ]φθαλμοῖϲιν ἰδὼν ἠράϲ[ϲατο δεινῶϲ
Ταυρὼν[[[. .]]] Ἠ]ρι⟨γ⟩ένηϲ Ὑ̣π̣ε̣ρ̣ι̣ο̣ν̣ίδαό τ̣ε̣ [κούρηϲ

(Ταυρών = Neptunus?) 10 Neptunus Minoi taurum submittit e mari (Bibl. iii. [8] 1. 3) 11 possis etiam θάμβηϲαν δ' ἄρα πάντεϲ 12 fort. κατ̣έ̣κ̣λ̣ι̣ν̣ε̣ δ̣ὲ̣ ν̣[13 fort. ἠράϲ[ϲατο ταῦροϲ, siquidem ταύρωι vs. 14 per errorem scriptum est 14 fort. ταυρω[[ν]] [κεκ]ριμένηϲ supplere facilius quam interpretari κ̣α̣μ̣ε̣ρ̣μ̣ιδαο̣: fort. υ̣π̣ε̣ρ̣ε̣ι̣ν̣ιδαο̣ (ο supra ι) Pasiphae filia erat Solis 15 ηδεποκ̣[Π, corr. Hunt 16 ἶ̣ϲ̣α Quincey: ὅ̣ϲ̣α olim West ἐπέκλιν[εν δέμαϲ ἀνδρὶ West (dubitans) 17 ειϲ Π αὐτὰρ — ταύροιο leg. et suppl. Quincey, πεφύκει West

146 (104)

Εὐρυγύην εἰρῆcθαί φηcι τὸν Μίνωοc, ἐφ' ὧι τὸν ἀγῶνα τίθεcθαι ἐπιτάφιον Ἀθήνηcιν ἐν τῶι Κεραμεικῶι· καὶ Ἡcίοδοc

†*Εὐρυγύηc δ' ἔτι κοῦροc Ἀθηναίων ἱεράων*†

147 Athenaeus xiii. 4 p. 557 A

Ἴcτροc γοῦν ἐν τῆι τεccαρεcκαιδεκάτηι τῶν Ἀττικῶν (334 F 10) *καταλέγων τὰc τοῦ Θηcέωc γενομέναc γυναῖκάc φηcιν τὰc μὲν αὐτῶν ἐξ ἔρωτοc γεγενῆcθαι, τὰc δ' ἐξ ἁρπαγῆc, ἄλλαc δ' ἐκ νομίμων γάμων· ἐξ ἁρπαγῆc μὲν Ἑλένην Ἀριάδνην Ἱππολύτην καὶ τὰc Κερκυόνοc καὶ Cίνιδοc θυγατέραc, νομίμωc δ' αὐτὸν γῆμαι Μελίβοιαν τὴν Αἴαντοc μητέρα. Ἡcίοδοc δέ φηcιν καὶ Ἴππην καὶ Αἴγλην, δι' ἣν καὶ τοὺc πρὸc Ἀριάδνην ὅρκουc παρέβη, ὥc φηcι Κέρκωψ.*

148 (**a**) Ps. Eratosthenes, Catast. 32 (p. 162 Robert, 37 Olivieri)

Ὠρίων. τοῦτον Ἡcίοδόc φηcιν Εὐρυάληc τῆc Μίνωοc καὶ Ποcειδῶνοc εἶναι, δοθῆναι δὲ αὐτῶι δωρεὰν ὥcτε ἐπὶ τῶν κυμάτων πορεύεcθαι καθάπερ ἐπὶ τῆc γῆc. ἐλθόντα δὲ αὐτὸν εἰc Χίον Μερόπην τὴν Οἰνοπίωνοc βιάcαcθαι οἰνωθέντα, γνόντα δὲ τὸν Οἰνοπίωνα καὶ χαλεπῶc ἐνεγκόντα τὴν ὕβριν ἐκτυφλῶcαι αὐτὸν καὶ ἐκ τῆc χώραc ἐκβαλεῖν· ἐλθόντα δὲ εἰc Λῆμνον ἀλητεύοντα Ἡφαίcτωι cυμμεῖξαι· ὃc αὐτὸν ἐλεήcαc δίδωcιν αὐτῶι Κηδαλίωνα τὸν αὐτοῦ {*οἰκεῖον*} *οἰκέτην, ὅπωc ὁδηγῆι* {*καὶ ἡγῆται αὐτοῦ*}*· ὃν λαβὼν ἐπὶ τῶν ὤμων ἔφερε cημαίνοντα τὰc ὁδούc. ἐλθὼν δ' ἐπὶ τὰc ἀνατολὰc καὶ Ἡλίωι cυμμείξαc δοκεῖ ὑγιαcθῆναι καὶ οὕτωc ἐπὶ τὸν Οἰνοπίωνα ἐλθεῖν πάλιν τιμωρίαν αὐτῶι ἐπιθήcων. ὁ δὲ ὑπὸ τῶν πολιτῶν ὑπὸ γῆν ἐκέκρυπτο. ἀπελπίcαc δὲ τὴν ἐκείνου ζήτηcιν ἀπῆλθεν εἰc Κρήτην καὶ περὶ τὰc θήραc διῆγε κυνηγετῶν τῆc Ἀρτέμιδοc παρούcηc καὶ τῆc Λητοῦc, καὶ δοκεῖ ἀπειλήcαcθαι ὡc πᾶν θηρίον ἀνελεῖν τῶν ἐπὶ τῆc γῆc γιγνομένων. θυμωθεῖcα δὲ αὐτῶι Γῆ ἀνῆκε cκορπίον εὐμεγέθη, ὑφ' οὗ τῶι κέντρωι πληγεὶc ἀπώλετο. ὅθεν διὰ τὴν αὐτοῦ ἀνδρείαν ἐν τοῖc ἄcτροιc αὐτὸν ἔθηκεν ὁ Ζεὺc ὑπὸ Ἀρτέμιδοc καὶ Λητοῦc ἀξιωθείc, ὁμοίωc* ⟨*δὲ*⟩ *καὶ τὸ θηρίον, τοῦ εἶναι μνημόcυνον* ⟨*αὐτῶν*⟩ *καὶ τῆc πράξεωc.*

---

146 *Εὐρυγύηι δ' ἔπι κοῦροι Ἀθηνάων ἱεράων* Dindorf (in Thesauro s.v. *Εὐρυγύηc*: *Ἀθηνάων* iam prius Musurus): *Εὐρυγύηι δ' ἔτι κοῦροι Ἀθηναίων* ⟨* * * *Ἀθηνάων*⟩ *ἱεράων* West, cl. *B* 551

147 (105) *Ἴππην*: *Ἰόπην* Barrett, cl. Stesichoro (Melici 193 Page) et Plut. Thes. 29. 1 *Κέρκωψ*: vide fr. 298

148 (**a**) (182) Orionis fabula. Astronomiae tribuerunt Marckscheffel, Robert, Rzach, Diels (Vorsokr.[5] 4 B 7); de Eratosthenis poemate 'Hesiodo' cogit. Merk. (Miscellanea di Studi Alessandrini in memoria di A. Rostagni, 1963, p. 521); cf. etiam W. Sale, Rhein. Mus. 105, 1962, 138 sqq.

3 *εἰc Χίον πρὸc Οἰνοπίωνα Ἀλερόπην τὴν γυναῖκα βιάcαcθαι* schol. Nic. 7 *Κηδαλίωνα* schol. Nic., cf. schol. Arat. et Hygin.: *ἠνδαλίωνα* codd.: *Ἰνδαλίωνα* Sittl *οἰκεῖον* del. Heyne 8 *καὶ ἡγῆται αὐτοῦ* del. Robert 12 *ζήτηcιν* codd.: *εὕρεcιν* schol. Nic. 18 *αὐτῶν καὶ* Diels: *καὶ* del. Heyne: *τῆc αὐτοῦ* schol. Nic.

cf. schol. in Nicandri Ther. 15 (p. 5 Keil); schol. in Aratum 322 p. 405. 15 Maass et Aratum Latinum p. 247 Maass; Hygini astron. ii. 34 (p. 72 sq. Bunte); schol. in Germanici Aratea p. 92. 16 Breysig

148 (**b**) Schol. in Germanici Aratea p. 93. 13 Breysig

Aristomachus ait Hyriea quendam Thebis voto petisse, ut filium haberet. penes quem Iovis et Mercurius et Neptunus in hospitio devenerunt imperaveruntque ei, hostiam deiceret uti filius nasceretur. cuius pelle bovis detracta dei in eam urinam fecere, iussuque Mercurii terra obruta; unde supra dictus sit natus, quem Oriona adpellaverunt. † inlatone in astris. similem originem refert Hesiodus.

149 Diodorus iv. 85. 4/5 (de freto Siculo)

ἔνιοι δὲ λέγουϲι ϲειϲμῶν μεγάλων γενομένων διαρραγῆναι τὸν αὐχένα τῆϲ ἠπείρου καὶ γενέϲθαι τὸν πορθμὸν διειργούϲηϲ τῆϲ θαλάττηϲ τὴν ἤπειρον ἀπὸ τῆϲ νήϲου. Ἡϲίοδοϲ δ' ὁ ποιητήϲ φηϲι τοὐναντίον ἀναπεπταμένου τοῦ πελάγουϲ Ὠρίωνα προϲχῶϲαι τὸ κατὰ τὴν Πελωρίδα κείμενον ἀκρωτήριον καὶ τὸ τέμενοϲ τοῦ Ποϲειδῶνοϲ καταϲκευάϲαι, τιμώμενον ὑπὸ τῶν ἐγχωρίων διαφερόντωϲ. ταῦτα δὲ διαπραξάμενον εἰϲ Εὔβοιαν μεταναϲτῆναι κἀκεῖ κατοικῆϲαι· διὰ δὲ τὴν δόξαν ἐν τοῖϲ κατ' οὐρανὸν ἄϲτροιϲ καταριθμηθέντα τυχεῖν ἀθανάτου μνήμηϲ.

150 P. Oxy. 1358 fr. 2 col. i, ed. Grenfell–Hunt

....]ν̣[
....]κ̣α̣κ̣[
....]ὡ̣ν̣τ̣[
....]τ̣.χ̣[
....].αοδ̣[
....]ε̣ϲ̣πε[..]η̣νοϲ[
....]επ̣α[..].κερ[

---

148 (b) Orionis ortus. haec Hesiodo tribui vix possunt; de Eratosthene cogit. Merk. *Hyriea* Eyssenhardt: *Caubrisa* codd.: *causam, Hyriea* Merkel *bovis* del. Eyssenhardt *inlatone in* cod. A: *inlationem in* cod. P: *inlatus a Iove* Breysig: *in* ⟨****conlocatus est ex sententia Dianae et*⟩ *Latonae* West

149 (183) fabula de Orione a praecedenti prorsus diversa. Astronomiae tribuerunt Marckscheffel, Robert, Rzach, Diels (Vorsokr.[5] 4 B 8)

150 (K 2) Boreades Harpyias insectantes, ut Phineum ab earum molestiis liberent, totum orbem terrarum transcurrunt 6 Ἑϲπε[ρί]ην K. F. W. Schmidt

. . . .]τ̣᾽ ἐπὶ ἔργα καὶ η[
. . . . . Κατουδ]α̣ίων καὶ Πυγμ̣[αίων
. . . . . . ἀπε]ι̣ρεςίων Μελάνω̣[ν
. . . .]υ]] τέκε Γαῖα πελώ[ρ-
. . . .]α̣ς τε πανομφαίο[υ Διὸς
. . . . ὅ]φρα θεοῖςιν ὑφε[ιμ]ένοι α. . .[. . .].ν
. . . .] τ̣ῶν μέν τε νόος [γλ]ώςςης καθ̣[ύπ]ερθεν,
Αἰθίοπάς⌋ τε Λίβυς τε ἰδὲ Cκύ⌊θ⌋ας ἱππημο⌊λγού⌋ς.
Cκύθης μὲν γ]ένεθ᾽ υἱὸς ὑπερ[μ]ενέος Κρονίωνος·
. . . .] Μέλανές τε καὶ Αἰ[θ]ίοπες μεγάθυμοι
ἠδὲ Κατου]δαῖοι καὶ Πυγμαῖ[οι] ἀμενηνοὶ
. . . .]κρείοντος Ἐρικτύπου εἰςὶ γενέθλης.
τοὺς πάντα]ς πέρι κύκλωι̣ ἐθύνεον ἀΐςςοντες
. . . . ἔθ]νεα μ[. . . . Ὑ]περβορέων εὐίππων.
. . . .]φέρβουςα̣ π̣[ολ]υςπερέας πολύφορβος
. . . . παρ᾽ Ἠριδανοῖ]ο βα[θυρ]ρ̣[ό]ου αἰπὰ ῥέεθρα,
. . . .]πρ.[. . . . .] ἠλ̓έκτροιο.
Ἄτλαντός τ᾽ ὄρος] α̣ἰπὺ κ̣[αὶ Αἴτν]ην παιπαλόεςςαν
. . . . Ὀ]ρ̣τ̣υγίην Λαιςτ[ρ]υ̣[γον]ίην τε γενέθλην.
ὅς τε Ποςει]δάωνος ἐριςθ[ε]νέος γένεθ᾽ υἱός.

---

150 8 Μαςςαγετῶν τ]᾽ ἐπὶ ἔργα καὶ Ἡ[μικύνων ἀγερώχων Evelyn-White, cf. fr. 153 9 init. ἠδὲ Evelyn-White ad fin. ἀμενηνῶν Gr.–H. (cf. 18), ἀφίκοντο Schmidt 10 Μελάνω[ν Schmidt; deinde possis καὶ Μακροκεφάλων, cf. fr. 153 11 πελώ[ρη aut πελώ[ριος Gr.–H. 12 πανομφάιο[Π, ex accentu suppletur 13 ..[: ξη[, ζμ[, αν[vel sim.; αὐξη[θεῖ]εν West; ἀθαν[άτοις]ιν vix capit lacuna 14 fort. ἔς τ᾽ ἄνδρας], sc. Aethiopas Libyas Scythas, iustos homines et quorum ratio vincit periuria 15 cit. Eratosthenes ap. Strab. vii. 3. 7 p. 300 (fr. 55 Rz.) Λίγυς Strabonis codd. 16 Merk. (versus acephalus) 17–18 cf. Philod. π. εὐςεβ. p. 10 G. (fr. 60 Rz.; Archiv. f. Pap. 16. 36 n. 1)]δ᾽ Ἡςίοδον καὶ [τ]ῶν Μελάνων, [τ]ῶν Αἰθιό[π]ω[ν, τ]ῶν Κατουδαί[ω]ν, τῶν Πυγμαί[ων . . . et Harpocrat. Sudam Photium s.v. ὑπὸ γῆν οἰκοῦντες· λέγοι ἂν . . . τοὺς ὑπὸ Ἡςιόδου ἐν τρίτωι Καταλόγου Κατουδαίους ὀνομαζομένους 17 ἀλλὰ Λίβυς] Reinach 19 οἳ πάντες] Gr.–H. (potius τοὶ): καὶ Λίβυες] Schmidt γενεθλῃι Π, corr. West 20 Schmidt κύκλ[ο]ν Merk. 21 cf. Herod. iv. 32 (fr. 209 Rz.) ἔθ]νεα μ[υρί᾽ Reinach, μ[ακρὰ Schmidt; possis ἔνθ᾽ αὖτ᾽ ἔθ]νε᾽ ἄμ[ειψαν εὐϊππων Π 22 οὓς τέκε Γῆ] Gr.–H. φέρβουςα~πολύφορβος mirum: πολυφύλους Rzach
οςα[
23 Ἠριδανοῖ]ο Allen: initio τῆλε Gr.–H., τίκτε Rzach, ἠδὲ Merk. 24]πρ[Π, sc. προςα[? 25–26 cf. Eratosth. ap. Strab. i. 2. 14 p. 23 (fr. 65 Rz.) Ἡςίοδον . . . μεμνῆςθαι . . . καὶ Αἴτνης καὶ Ὀρτυγίας 25 Ἄτλαντος West 26 νῆςόν τ᾽ (Gr.–H.) vix sufficit 27 fort. post 32 locandus (West)

τὴν πέρι δ]ὶc πόλεcαν ̣π̣ε̣ρ̣ί̣ τ᾽ ἀμφί τε κυκλώcαντο
ἱέμενοι] μ̣άρψαι, ταὶ δ᾽ ἐκφυγέειν καὶ ἀλύξαι.
ἔc τε Κεφαλλ]ήνων ἀγερώχων φῦλον ὄρουcαν,
οὓc τέκεν Ἑρ]μάωνι Καλυψὼ πότνια νύμφη·
καὶ Νίcου ἐc γ]αῖαν Ἀρητιάδαο ἄνακτοc·
Cειρήνων τε λίγε]ι[α]ν̣ [ὄπ]α κλύον· ἀλλ᾽ ἄρα καὶ τὰc
μετα]χ̣ρονίοιcι πόδεccι
. . . .]ν̣ διά τ᾽ αἰθέροc ἀτρυγέτοιο

151 Ephorus (*ἐν τῆι τετάρτηι . . . βίβλωι*, 70 F 42) apud Strabonem vii. 3. 9 p. 302

τὸν δὲ Ἡcίοδον ἐν τῆι καλουμένηι Γῆc Περιόδωι τὸν Φινέα ὑπὸ τῶν Ἁρπυιῶν ἄγεcθαι

Γλακτοφάγων ἐc γαῖαν ἀπήναc οἰκί᾽ ἐχόντων

152 Schol. Aesch. Prom. 804 (p. 29. 19 Dindorf), "*γρῦπαc*"

πρῶτοc Ἡcίοδοc ἐτερατεύcατο τοὺc γρῦπαc.

153 Apollodorus, *Περὶ τοῦ νεῶν καταλόγου* $\bar{\beta}$ (244 F 157 a et f) ex Eratosthene (Strabo i. 2. 35 p. 43)

Ἡcιόδου δ᾽ οὐκ ἄν τιc αἰτιάcαιτο ἄγνοιαν, Ἡμίκυναc λέγοντοc καὶ Μακροκεφάλουc καὶ Πυγμαίουc

(idem vii. 3. 6 p. 299)

καὶ γὰρ τοὺc ἔτι νεωτέρουc ἐκείνου (sc. *Ὁμήρου*) *πολλὰ . . . τερατολογεῖν, Ἡcίοδον μὲν Ἡμίκυναc λέγοντα καὶ Μεγαλοκεφάλουc καὶ Πυγμαίουc κτλ.*

---

28 *πέρι* Olivieri   δ]ὶc vel *τρ*]ὶc Gr.–H.   31 Schmidt   32 Merk. *εἰc αἶαν* habes fr. 151 codd.   marg. dextr. *θοροντεc* add. m. rec. (v.l. pro *ἄνακτοc*?)   33 West: *λιγ*]ϊ[*α*]ν̣ et supra λ̣[ι]γ̣ε̣[*ιαν Π*?   34 om., marg. inf. rest. m. rec.   suppl. Allen; initio e.g. *ῥεῖα παρηΐξαντο* West   35 *ὑπὲρ πόντο*]*ν* Evelyn-White

151 (54) *ἐc γαῖαν* Lehrs: *εἰc αἶαν* codd.   *ἀπήναc* Porson: *ἀπηνὲc* (= *ἀπήναιc*) codd.

152 (61) cf. ad fr. 295   *Ἡcίοδοc*: *Ἡρόδοτοc* Reiz

153 (62) *Ἡμίκυνεc* et *Μακροκέφᾰλοι*; cf. fr. 150. 9 et 18 (Pygmaei), 8 (Semicanes?), 10 (Macrocephali?)   *Μακρόκρανοι* Tzetzes Chil. vii. 763 (Strab. p. 299) scribendum *Μακροκεφάλουc* (Rzach)

Harpocratio p. 197. 10 Dindorf

Μακροκέφαλοι· . . . ἔθνος ἐςτὶν οὕτω καλούμενον, οὗ καὶ Ἡςίοδος μέμνηται ἐν τρίτωι Γυναικῶν καταλόγωι.

Steph. Byz. p. 302. 3 Meineke

Ἡμίκυνες· ἔθνος οὐ πόρρω Μαςςαγετῶν καὶ Ὑπερβορέων. ⟨Cιμίας⟩ ἐν Ἀπόλλωνι· "Ἡμικύνων τ' ἐνόηςα γένος περιώςιον ἀνδρῶν, | τοῖς ὤμων καθύπερθεν ἐυςτρεφέων κύνεος κρὰς | τέτροφε γαμφηλῇςι περικρατέεςςιν ἐρυμνός. | τῶν μέν θ' ὥςτε κυνῶν ὑλακὴ πέλει, οὐδέ τι τοί γε | ἄλλων ἀγνώςςουςι βροτῶν ὀνομάκλυτον αὐδήν." καὶ Ἡςίοδος.

154 P. Oxy. 1358 fr. 2 col. ii

η̣[
ρ̣[
α̣[

155 Ps. Apollod., Bibl. i. [122] 9. 21 (p. 41. 17 Wagner)

διωκομένων δὲ τῶν Ἁρπυιῶν ἡ μὲν κατὰ Πελοπόννηςον εἰς τὸν Τίγρην ποταμὸν ἐμπίπτει, ὃς νῦν ἀπ' ἐκείνης Ἅρπυς καλεῖται· ταύτην δὲ οἱ μὲν Νικοθόην, οἱ δὲ Ἀελλόπουν καλοῦςιν. ἡ δὲ ἑτέρα καλουμένη Ὠκυπέτη, ὡς δὲ ἔνιοι Ὠκυθόη (Ἡςίοδος δὲ λέγει αὐτὴν Ὠκυπόδην), αὕτη κατὰ τὴν Προποντίδα φεύγουςα μέχρι Ἐχινάδων ἦλθε νήςων, αἳ νῦν ἀπ' ἐκείνης Cτροφάδες καλοῦνται.

156 Schol. Ap. Rhod. *B* 296/7 (p. 149/150 Wendel), "*Cτροφάδας δὲ μετακλείους' ἄνθρωποι | νήςους τοῖο ἕκητι, πάρος Πλωτὰς καλέοντες*"

(*a*) *Cτροφάδας φηςὶ κεκλῆςθαι διὰ τὸ τοὺς Βορεάδας αὐτόθεν ὑποςτρέψαι ςτραφέντας εἰς τοὐπίςω,* *λαβὼν παρὰ Ἀντιμάχου* (fr. 60 Wyss). *οἱ δὲ Cτροφάδας φαςὶν αὐτὰς κεκλῆςθαι, καθὸ ἐπιςτραφέντες*

(*b*) *αἱ Πλωταὶ νῆςοι μετωνομάςθηςαν Cτροφάδες.* *μέμνηται αὐτῶν καὶ Ἀντίμαχος ἐν τῆι Λύδηι.*

---

153 (Steph.) *Cιμμίας* add. Salmasius. est fr. 1. 9–13 Powell (Collect. Alex. p. 109); varias lectiones non notamus. post *Ἡςίοδος* verba poetae exciderunt (Rzach) ad rem cf. Herodotum iv. 105 *ἔτεος ἑκάςτου ἅπαξ τῶν Νευρῶν ἕκαςτος λύκος γίνεται ἡμέρας ὀλίγας*

155 (56) locus dubiae fidei, ubi nihil Hesiodeum nisi nomen Harpyiae. quae in Theogonia (vs. 267) vocatur *Ὠκυπέτη* (vel *Ὠκυρόη*)

156 (57–59) Boreadae Harpyias assequuntur

αὐτόθι ηὔξαντο τῶι Διὶ καταλαβεῖν τὰς Ἁρπυίας. κατὰ δὲ Ἡσίοδον καὶ Ἀντίμαχον καὶ Ἀπολλώνιον οὐ κτείνονται.

ὅτι δὲ ηὔξαντο οἱ περὶ Ζήτην τῶι Διὶ στραφέντες, λέγει καὶ Ἡσίοδος·

ἔνθ' οἵ γ' εὐχέσθην Αἰνηΐωι ὕψι μέδοντι.

ἔστι γὰρ Αἶνος ὄρος τῆς Κεφαλληνίας, ὅπου Αἰνησίου Διὸς ἱερόν ἐστιν. . . . Ἀπολλώνιος μὲν οὖν τὴν ἀποστρέψασαν τοὺς περὶ Ζήτην Ἶριν λέγει, Ἡσίοδος δὲ Ἑρμῆν. αἱ δὲ Πλωταὶ νῆσοι κεῖνται ἐν τῶι Σικελικῶι πελάγει.

157 Schol. Ap. Rhod. *B* 178 (p. 141. 10–17 Wendel)

ὅτι δὲ ἦρχεν ὁ Φινεὺς μέχρι τοῦ Βοσπόρου Θραικῶν πάντων τῶν ἐν τῆι Ἀσίαι (εἰσὶ δὲ οὗτοι Βιθυνοί τε καὶ Παφλαγόνες) Φερεκύδης ἐν τῆι ἕκτηι (3 F 27) *φησί. πεπηρῶσθαι δὲ Φινέα φησὶν Ἡσίοδος ἐν μεγάλαις Ἠοίαις* (fr. 254), *ὅτι Φρίξωι τὴν ὁδὸν ἐμήνυσεν, ἐν δὲ τῶι τρίτωι Καταλόγωι, ἐπειδὴ τὸν μακρὸν χρόνον τῆς ὄψεως προέκρινεν. παῖδας δὲ αὐτοῦ φασι γενέσθαι Μαριανδυνὸν καὶ Θυνόν, καὶ ἀπὸ μὲν Θυνοῦ Θυνηίδα, ἀπὸ δὲ Μαριανδυνοῦ Μαριανδυνίαν προσαγορευθῆναι λέγουσιν.*

Etymol. gen. s.v. *ὀπίζεσθαι* (Wendel, Schol. in Ap. Rhod. p. 140 adn.)

τοῦ . . . Φινέως γεγόνασιν υἱοὶ δύο, Βιθυνὸς καὶ Μαριανδυνός, ἀφ' ὧν τὰ ἔθνη ὠνομάσθησαν. πηρωθῆναι δὲ αὐτόν, ἐπειδὴ τῶν θεῶν αὐτῶι προτεινάντων, πότερον βούλοιτο, τὴν μαντικὴν ἔχειν καὶ πεπηρῶσθαι, ἢ ὀλιγοχρόνιον εἶναι καὶ ὑγιῆ ὑπάρχειν χωρὶς μαντείας, ὁ δὲ εἵλετο τὴν μαντείαν. τούτου εἵνεκεν ἀγανακτήσας ὁ Ἀπόλλων ἐπήρωσεν αὐτόν.

(Schol. (*b*)) *Αἰνησίωι* Heringa *Αἶνος* P: *καὶ Αἶνος* L

157 (52, 53) Phineus eiusque liberi

(Schol. Ap. Rhod.) *ἐν μεγάλαις Ἠοίαις* schol. L: *ἐν ταῖς Ἠοίαις* schol. P (p. 136 Schaefer–Brunck) *Φρίξωι*: *τοῖς Φρίξου* Robert (cf. Bibl. i. [120] 9. 21), *Φρίξου παισὶ* J. Schwartz p. 163 *παῖδας δὲ αὐτοῦ φασι γενέσθαι* schol. L: *παῖδας δέ φησιν αὐτῶι γενέσθαι Ἡσίοδος δύο* schol. P

In Etymol. gen. adhibita sunt scholia pleniora in Apollonium *Βιθυνός*: *Θυνός* Wendel *ὁ Ἀπόλλων*: *ὁ Ἥλιος* Robert et Wendel, fort. recte

158 Herodianus π. μον. λέξ. 42 (ii. 947. 26 Lentz)

νοῦθος κύριον, ψόφος ἐν οὔδει. Ἡcίοδος ἐν τρίτωι·

νοῦθος δὲ ποδῶν ὕπο δοῦπος ὀρώρει

159 Apollonius Dyscolus, De pronominibus p. 98. 7 Schneider–Uhlig (Gramm. Graec. ii)

ἡ "cφιν" . . . μόνως ἐcτὶν ἐγκλιτική· ὑπὸ γὰρ Ἡcιόδου ἐν ἀρχῆι τεθεῖcα εὐλόγωc ὠρθοτονήθη ἐν τρίτωι

cφὶν δ' αὐτοῖc μέγα πῆμα.

cf. Epimerism. alph. in Hom., Anecd. Ox. i. 388. 21 Cramer

160–168 PELASGI PROGENIES

160 Ps. Apollod., Bibl. ii. [2] 1. 1 (p. 50. 17 Wagner)

Ἡcίοδος δὲ τὸν Πελαcγὸν αὐτόχθονά φηcιν εἶναι.

idem iii. [96] 8. 1 (p. 134. 3 Wagner)

ἐπανάγωμεν δὲ νῦν πάλιν ἐπὶ τὸν Πελαcγόν, ὃν Ἀκουcίλαος (2 F 25) *μὲν Διὸc λέγει καὶ Νιόβηc . . ., Ἡcίοδος δὲ αὐτόχθονα.*

Servius auctus in Verg. Aen. ii. 84 (i. 231. 23 Thilo–Hagen, ii. 342. 7 ed. Harvard.)

'Pelasgi'. a Pelasgo Terrae filio, qui in Arcadia genitus dicitur, ut Hesiodus tradit.

161 Ephorus (70 F 113) apud Strabonem v. 2. 4 p. 221, de Pelasgis

τῶι δ' Ἐφόρωι τοῦ ἐξ Ἀρκαδίαc εἶναι τὸ φῦλον τοῦτο ἦρξεν Ἡcίοδοc. φηcὶ γάρ·

υἱεῖc ἐξεγένοντο Λυκάονοc ἀντιθέοιο
ὅν ποτε τίκτε Πελαcγόc

---

158 (48) ψόφος ἐν οὔδει: Μένανδρος ἐν Ψοφοδεεῖ Schneidewin; at verba ἐν οὔδει reddunt etymologiam verbi νοῦθος   ἐν τρίτωι sc. Καταλόγωι   νουθὸς (adiectivum) Lobeck, cl. Hesych. νυθόν· ἄφωνον, cκοτεινόν et νυθῶδεc· cκοτεινῶδεc (vide Solmsen, Glotta 2, 1910, 75)   ποδῶν ὕπο νοῦθος West, cum δοῦπος ex Theog. 70 irrepere potuerit

159 (49) ἐν τρίτωι sc. Καταλόγωι   δ' Apoll. Dysc.: τ' Epimerism.

160 (43) Pelasgus terra genitus. in Bibl. iii. [96] 8. 1 haec sequuntur τούτου καὶ τῆc Ὠκεανοῦ θυγατρὸc Μελιβοίαc, ἢ καθάπερ ἄλλοι λέγουcι νύμφηc Κυλλήνηc, παῖc Λυκάων ἐγένετο, ὃc βαcιλεύων Ἀρκάδων ἐκ πολλῶν γυναικῶν πεντήκοντα παῖδαc ἐγέννηcε

161 (44) Pelasgi filius Lycaon eiusque filii   υἱέεc Rzach, cf. v.l. ant. Ω 604   ἐξεγένοντο Koraes: ἐξ ἐγένοντο codd.

162 Steph. Byz. p. 497. 8 Meineke

Παλλάντιον· πόλις Ἀρκαδίας. ἀπὸ Πάλλαντος, ἑνὸς τῶν Λυκάονος παίδων, ὡς Ἡσίοδος.

163 Ps. Eratosth. Catast. 1 p. 1 Olivieri, p. 50 Robert = Comment. in Aratum reliqu. p. 181 Maass

Ἄρκτος ἡ μεγάλη. ταύτην Ἡσίοδός φησι Λυκάονος θυγατέρα ἐν Ἀρκαδίαι οἰκεῖν, ἑλέσθαι δὲ μετὰ Ἀρτέμιδος τὴν περὶ τὰς θήρας ἀγωγὴν ἐν τοῖς ὄρεσι ποιεῖσθαι· φθαρεῖσαν δὲ ὑπὸ Διὸς ἐμμεῖναι λανθάνουσαν τὴν θεόν, φωραθῆναι δὲ ὕστερον ἐπίτοκον ἤδη οὖσαν, ὀφθεῖσαν ὑπ' αὐτῆς λουομένην· ἐφ' ὧι ὀργισθεῖσαν τὴν θεὸν ἀποθηριῶσαι αὐτήν, καὶ οὕτως τεκεῖν, ἄρκτον γενομένην, τὸν κληθέντα Ἀρκάδα. οὖσαν δ' ἐν τῶι ὄρει θηρευθῆναι ὑπὸ αἰπόλων τινῶν καὶ παραδοθῆναι μετὰ τοῦ βρέφους τῶι Λυκάονι.

Ps. Eratosth. Catast. fragmenta Vaticana ed. Rehm (Ansbach 1899) p. 2

Περὶ τοῦ Βοώτου τοῦ καὶ Ἀρκτοφύλακος.

περὶ τούτου λέγεται ὅτι Ἀρκάς ἐστιν ὁ Καλλιστοῦς καὶ Διὸς γεγονώς· ὤικησε δὲ περὶ τὸ Λύκαιον. φθείραντος αὐτὴν Διὸς

οὐκ ⟨ἠισθῆσθαι⟩ προσποιησάμενος ὁ Λυκάων τὸν Δία ἐξένιζεν, ὥς φησιν Ἡσίοδος, καὶ τὸ βρέφος κατακόψας παρέθηκεν ἐπὶ τὴν τράπεζαν· ὅθεν ἐκείνην μὲν ἀνατρέπει, ἀφ' οὗ ἡ Τραπεζοῦς καλεῖται πόλις, τὴν δὲ οἰκίαν ἐκεραύνωσε, ⟨τῆς ὠμότητος αὐτὸν μυσαχθείς⟩. τὸν δὲ Λυκάονα ἀπεθηρίωσε καὶ αὐτὸν λύκον ἐποίησε· τὸν δὲ Ἀρκάδα πάλιν ἀναπλάσας ἔθηκεν ἄρτιον· καὶ ἐτράφη παρ' αἰπόλωι.

---

162 (45) Pallas filius Lycaonis

163 (181) Lycaonis filia Callisto; eius et Iovis filius Arcas. hanc fabulam Astronomiae adscripserunt plerique, inter quos Diels–Kranz, Vorsokr.[5] 4 B 6. tamen Callisto etiam in Catalogo memoratam esse censemus. ceterum constat fragmenta e Catasterismis petita dubiae esse auctoritatis. de Callisto Hesiodea recentissimus egit W. Sale, Rhein. Mus. 105, 1962, 122 sqq.

(fr. Vat.) *ἠισθῆσθαι* add. Merk. *τῆς ὠμότητος αὐτὸν μυσαχθείς* ex altera recensione (cap. 8 p. 74 Robert) interpolavimus *συμπλάσας* recensio altera

μετὰ χρόνον δέ τινα δόξαι εἰcελθεῖν εἰc τὸ τοῦ Διὸc ἄβατον {ἱερὸν} ἀγνοήcαcαν τὸν νόμον· ὑπὸ δὲ τοῦ ἰδίου υἱοῦ διωκομένην καὶ τῶν Ἀρκάδων, καὶ ἀναιρεῖcθαι μέλλουcαν διὰ τὸν εἰρημένον νόμον, ὁ Ζεὺc διὰ τὴν cυγγένειαν αὐτὴν ἐξείλετο καὶ ἐν τοῖc ἄcτροιc αὐτὴν ἔθηκεν, Ἄρκτον δὲ αὐτὴν ὠνόμαcε διὰ τὸ cυμβεβηκὸc αὐτῆι cύμπτωμα.

νεανίcκοc δ' ὢν ἤδη δοκεῖ καταδραμεῖν εἰc τὸ Λύκαιον καὶ ἀγνοήcαc τὴν μητέρα †γῆμαι· οἱ δὲ κατοικοῦντεc τὸν τόπον ἀμφοτέρουc κατὰ νόμον θύειν ἔμελλον·

ὁ δὲ Ζεὺc ἐξελόμενοc αὐτοὺc διὰ τὴν cυγγένειαν εἰc τὰ ἄcτρα ἀνήγαγεν.

cf. etiam schol. in Aratum 27 p. 344. 10 et Aratum Latinum p. 197–8 Maass; Hygini astronom. ii. 1 et 4; schol. in Germanici Aratea p. 58. 5, 64. 15 Breysig; infra fr. (dub.) 354

Ps. Apollod., Bibl. iii. [100] 8. 2 (p. 135. 14 Wagner)

Εὔμηλοc (fr. 14 Kinkel) *δὲ καί τινεc ἕτεροι λέγουcι Λυκάονι καὶ θυγατέρα Καλλιcτὼ γενέcθαι· Ἡcίοδοc μὲν γὰρ αὐτὴν μίαν εἶναι τῶν νυμφῶν λέγει, Ἄcιοc* (fr. 9 Kinkel) *δὲ Νυκτέωc, Φερεκύδηc* (3 F 157) *δὲ Κητέωc.*

164 Eustathius in Hom. (*B* 608) p. 302. 19, "*Παρραcίην*"

Νικάνωρ δέ τίc φηcιν, ὡc ὁ τὰ ἐθνικὰ γράψαc λέγει (Steph. Byz. p. 508/9 Mein.), *Παρβαcίαν αὐτὴν κεκλῆcθαι διὰ τὴν τοῦ Λυκάονοc εἰc τὸν Δία παρανομίαν, καὶ κατ' ἐναλλαγὴν τοῦ β Παρραcίαν. τὴν δὲ τοῦ Λυκάονοc ἐπὶ τῶι Διὶ "παραιβαcίαν", εἰπεῖν καθ' Ἡcίοδον, οἱ τοῦ Λυκόφρονοc δηλοῦcιν ὑπομνηματιcταί* (cf. Tzetz. ad Lyc. 481, p. 173/4 Scheer).

165 P. Oxy. 1359 fr. 1, ed. Grenfell–Hunt

]. .[. . . . .]ν[
].[.]δι[. . . . .]ε.[
. . . . . .]μ̣ά̣λ̣α̣ δ' ε̣ὔ̣α̣δεν ἀθα̣[νάτοιcιν"].[

---

163 ἱερὸν del. Koppiers   γῆμαι in cod. inter lineas additum, om. Arat. Lat.: *matri inscius vim ferre voluit* schol. in Germ. Aratea

(Bibl.) Ἡcίοδοc δὲ καί τινεc ἕτεροι λέγουcι Λυκάονι καὶ θυγατέρα Καλλιcτὼ γενέcθαι· Εὔμηλοc μὲν γὰρ κτλ. Franz

164 fragmentum ad Theog. 220 pertinere censuit Marckscheffel, quem secuti sunt editores; ad Lycaonis fabulam revocavit West

165 (M 1) Arcadis proneptis Auge Teuthranti regi Myso a dis commendatur. ea Telephum parit   3 Merk.   in priori parte versus videtur aliquid omissum esse in *Π*

ἦ ῥ'· ὃ δὲ] ῥ̣ί̣[γηϲ]έν τε καὶ ἴδιε μῦ[θον] ἀκούϲ[αϲ
ἀθανά]των ο̣ἵ̣ οἱ τότ' ἐναργέεϲ ἄντ' ἐφάνηϲα̣ν̣·
κούρη]ν δ' [ἐ]ν μεγάροιϲιν ἐῢ τρέφεν ἠδ' ἀτ[ίταλλε
δεξάμ]εν[ο]ϲ, ἶϲον δὲ θυγατράϲιν ἧιϲιν ἐτίμ̣[α.
ἣ τέκε] Τήλεφον Ἀρκαϲίδην Μυϲῶν βαϲιλῆ̣[α,
μιχθε]ῖϲ' ἐν φιλότητι βίηι Ἡρακληείηι
εὖτε μεθ' ἵ]ππουϲ ϲτεῖχεν ἀγαυοῦ Λαομέδοντο[ϲ,
οἳ . . . .]. ἄριϲτοι ἐν Ἀϲ[ί]δι ἔτραφεν αἴηι·
. . . . . Δαρδαν]ιδῶν μεγαθύμων φῦλον ἐναιρ[
. . . . .κ]είνηϲ δέ τε γῆϲ ἐξήλαϲε πάϲηϲ.
αὐτὰρ Τήλεφοϲ] ἔτραπ' Ἀχαιῶν χαλκοχιτών[ων
. . . .]ε μελαινάων ἐπὶ ν[ηῶν
. . . .] πέλαϲεν χθονὶ βω[τιανείρηι
. . . .]ἐ̣ βίη τ' ἀνδροκταϲίη τ̣[ε
. . . .]η κατόπιϲ̣θεν [.]..[
].ωϲ δ' ἵκοντο θ̣[
] πεφοβημένο̣[
].ετο κλυτὸϲ αρ[
]ε̣ δ̣ιὰ κλε̣[..].[
].[
]κ̣λυτ̣[
]ν̣α[

166 Apollonius Sophista p. 13. 12 Bekker (α 129 Steinicke, Gottingae 1957)

Αἰπύτιον· τὸν τοῦ Αἰπύτου, "Αἰπύτιον παρὰ τύμβον" (Hom. *B* 604). *ἔϲτι δὲ οὗτοϲ ⟨τῶν⟩ Ἀρκαδικῶν ἡρώων, περὶ οὗ φηϲιν Ἡϲίοδοϲ·*

Αἴπυτοϲ αὖ τέκετο Τληϲήνορα Πειρίθοόν τε

---

165 4 *ἦ ῥ'· ὃ δὲ ῥίγηϲεν* West: *ἤτοι ὃ θά]μβ[ηϲ]εν* Schmidt *ἀκούϲ[αϲ* Schmidt 5 *ἀθανά]των*: Neptunus et Apollo? 6 *κούρη]ν* West: *κείνη]ν* Gr.–H.: *Αὔγη]ν* Robert 10 *εὖτε* Wilamowitz 11]. :]ν vel]α̣ι̣, e.g. *δὴ ποϲϲὶ]ν* (Gr.–H.) vel *πρῶτοι κ]αὶ* 12 *ἐκ δ' ὅ γε Δαρδαν]ιδῶν* Schmidt *ἔναιρ[ε* Gr.–H. 13 *τειϲάμενοϲ* Schmidt 14 *αὐτὰρ ὁ Τήλεφοϲ* Gr.–H., em. Rzach 15 *ἀϲπιϲτὰϲ καὶ ἔβηϲ]ε* Gr.–H.: *λαὸν ὅ περ τότ' ἐπῆλθ]ε* Rzach 19 *θ]ο̣ῶϲ* Gr.–H. *θ[άλαϲϲαν* Murray et Allen 21 *Ἀρ[γειώνη* Lobel, cf. fr. 217. 6: *Ἀρ[καϲίδ-* vel *Ἀρ[γείοιϲιν* Merk. 22 fort. *κλέ[οϲ]*

166 (113) Arcadis filius Elatus, Elati filius Aepytus (Pausan. viii. 4. 3) *τῶν* add. Villoison *Τληϲήνορά τε* cod. de Aepyto Cresphontae filio cogit. J. Schwartz p. 446

167 Herodianus π. μον. λέξ. 11 (ii. 918. 7 Lentz)

Φέλλος τὸ κύριον. Ἡσίοδος·

Φέλλον ἐυμμελίην τέκε⟨το κλει⟩τὴ Μείλβοια

168 Servius auctus in Verg. Aen. viii. 130 (ii. 218/9 Thilo), 'geminis coniunctus Atridis'

. . . *quaeritur sane unde Euander Atridis genere fuerit coniunctus. et quamvis Hesiodus ⟨non⟩ dicat qualiter coniunctus sit Euander, tamen quidam aiunt Thestii filias Ledam et Hypermestram fuisse, Ledae et Tyndarei filias Clytaemestram Helenam et Timandram fuisse, quam duxit uxorem Echemus Arcas, cuius filius Euander; Clytaemestram et Helenam notum est Agamemnoni et Menelao iunctas fuisse.*

169–204 ATLANTIDES

169* Schol. Pind. Nem. ii. 17 (iii. 34/35 Drachmann), "ὀρειᾶν γε Πελειάδων"

ζητεῖται δὲ διὰ τί ὀρείας εἶπε τὰς Πλειάδας· καὶ τινὲς μὲν ἔφασαν, ὅτι νύμφαι ἦσαν, ὧν οἱ ἀστέρες οὗτοι·

Τηϋγέτη τ' ἐρόεσσα καὶ Ἠλέκτρη κυανῶπις
Ἀλκυόνη τε καὶ Ἀστερόπη δίη τε Κελαινὼ
Μαῖά τε καὶ Μερόπη, τὰς γείνατο φαίδιμος Ἄτλας

170* pergit schol. Pind.

Σιμωνίδης δὲ μίαν τῶν Πλειάδων Μαῖαν ὀρείαν προσηγόρευσεν εἰπών (Melici 555. 2 Page)· "*Μαιάδος οὐρείας ἑλικοβλεφάρου*"· *κατὰ λόγον· αὕτη γὰρ*

Κυλλήνης ἐν ὄρεσσι θεῶν κήρυκα τέχ' Ἑρμῆν

quae exscripsit Tzetzes in Lycophr. 219 (p. 102. 24 Scheer)

---

167 (46) *ἐϋμελίην τέκε τῆι Μελιβοίαι* cod.; em. Hermann de Meliboea Pelasgi uxore vide ad fr. 160; Lycaonis uxorem fuisse contendit Ed. Meyer, Forsch. zur alten Geschichte i (1892) 55. *Φελλόη* urbs Achaeae (Pausan. vii. 26. 10)

168 (90) *non* add. Merk.; varias lectiones non notamus. si locum recte intellegimus, Evander non erat in Catalogo

169 (275) Atlantis filiae fragmentum auctoris incerti. de Hesiodo cogitaverunt plerique, imprimis de Astronomia; de Musaeo Sittl. de Pliadibus cf. etiam Theog. 938 et Op. 383. nomina eadem apud Hellanicum (4 F 19) *ὧν*: *ὡς* pars codicum

170 (276) Maiae filius Mercurius. fragmentum auctoris incerti; Catalogo ascripsit Schneidewin *κατὰ λόγον· αὕτη γάρ*: *αὕτη γὰρ κατὰ τὸν ᾱ* (debuit $\bar{\gamma}$ vel δ) *Κατάλογον* Bergk *θεῶν*: *θεὸν* pars codicum

171 P. Oxy. 1359 fr. 4, ed. Grenfell–Hunt

Ἀμύ]κ̣λ̣α̣ς̣[
Λαπί]θ̣αο θύγατ[ρα
]χθονίοιο[
θεῶν ἄπ]ο̣ κάλλος ἔ[χουσαν
ἐυπλ]ο̣κ̣αμον Δ[ιομ]ήδ[ην·
ἣ δ' Ὑάκινθον ἔτικτεν ἀμύ]μ̣ονά τε κρατερόν τε
]α, τόν ῥά ποτ' αὐτὸς
Φοῖβος ἀκερσεκόμης ἀέκων κτάνε νηλέ]ϊ δίσκωι

172 P. Oxy. 1359 fr. 5, ed. Grenfell–Hunt

]. [
]α̣ι̣ γέρας ἄφ[θιτον
]αιμοντ̣ε̣ν̣[
διὰ χρυσῆ]ν̣ Ἀφροδί[την
]. κε γυν[αικ-

173 P. Oxy. 1359 fr. 6

]. . . [
]ν ἵκανεν
]ληες
]οιο
]

174 P. Oxy. 1359 fr. 7

]. [
]ι̣ς̣[
]δ̣ων[

---

171 (M 2) Taygetes Atlantidis nepos Amyclas; eius filius Hyacinthus. Bibl. iii. [116] 10. 3 1 West 2 West:]'θ̣αο leg. Gr.–H. 3 *χθονίοιο*, h.e. *αὐτόχθονος*. idem valet Pausan. iii. 20. 7 *ἀνδρὸς ἐγχωρίου Λαπίθου* 4 West: vel *Χαρίτων ἄπο* 8 *ἀκερσεκόμης ἀέκων* Rzach, cetera Gr.–H.]ϊ *Π*

172 (M 5) 3 *Λακεδ]αίμονι̣* (K. F. W. Schmidt) non legi potest 5 cf. fr. 199. 9

173 (M 6) 3 *βασι]λῆες* Traversa

174 (M 7) 3 vel *]δι̣ων[*

]ọνὴ́ων· ηδ[
]κατ' ἀρ.[

175 Schol. Soph. El. 539 (p. 128 Papageorgios), "*πότερον ἐκείνωι παῖδες οὐκ ἦσαν διπλοῖ;*"

λαμβάνονταί τινες τοῦ ποιητοῦ ἐκ τῶν Ὁμηρικῶν, ἐπεὶ ἐκεῖνος μίαν γεγονέναι τῶι Μενελάωι τὴν Ἑρμιόνην φηςίν, οὗτος δὲ διπλοῦς ὁμομητρίους φηςὶν αὐτῶι γεγονέναι· ὅμως {οὐ} ςυμφωνεῖ αὐτῶι Ἡςίοδος·

ἣ τέκεθ' Ἑρμιόνην δουρικλειτῶι Μενελάωι·
ὁπλότατον δ' ἔτεκεν Νικόςτρατον ὄζον Ἄρηος

176 Schol. Eur. Or. 249 (i. 123. 8–21 Schwartz), "*ἐπίςημον ἔτεκε Τυνδάρεως ἐς τὸν ψόγον | γένος θυγατέρων δυςκλεές τ' ἀν' Ἑλλάδα*"

Cτηςίχορός φηςιν ὡς θύων τοῖς θεοῖς Τυνδάρεως Ἀφροδίτης ἐπελάθετο· διὸ ὀργιςθεῖςαν τὴν θεὸν διγάμους τε καὶ τριγάμους καὶ λειψάνδρους αὐτοῦ τὰς θυγατέρας ποιῆςαι. ἔχει δὲ ἡ χρῆςις οὕτως (Melici 223 Page)· "*οὕνεκα Τυνδάρεος ῥέζων ποτὲ πᾶςι θεοῖς μούνας λάθετ' ἠπιοδώρου Κύπριδος· κείνα δὲ {Τυνδαρέου κόραις} χολωςαμένα διγάμους τε καὶ τριγάμους τίθηςι καὶ λιπεςάνορας.*" *καὶ Ἡςίοδος δέ·*

τῇςιν δὲ φιλομμειδὴς Ἀφροδίτη
ἠγάςθη προςιδοῦςα, κακῇι δέ ςφ' ἔμβαλε φήμηι.
Τιμάνδρη μὲν ἔπειτ' Ἔχεμον προλιποῦς' ἐβεβήκει,

---

174 4 fort. *γ*]*ονήων* (Gr.–H.) *ἢ δ*[punctum post *ων* dubium 5 .[: *η, ι, κ, ν*

175 (99) a Taygeta Atlantis filia genealogia ad Amyclan Cynortan Oebalum decurrisse videtur; Oebali filius Tyndareus; Tyndareus ex Leda procreavit Timandram Clytaemestram Helenam (cf. fr. 23 (a)); Helena nupsit Menelao. Bibl. iii. [133] 11. 1 *Μενέλαος μὲν οὖν ἐξ Ἑλένης Ἑρμιόνην ἐγέννηςε καὶ κατά τινας Νικόςτρατον*. Nicostratus etiam a Cinaethone (fr. 3 Kinkel) memorabatur (schol. AB Hom. *Γ* 175) *οὐ* cod.: *οὖν* Wolff: om. I. Lascaris *δουρικλυτῶι* cod., corr. Wunder *ὁπλότερον* Quincey; duo versus in Catalogo non ita arcte coniunctos esse susp. West

176 (93) filiae Tyndarei et Ledae; cf. etiam fr. 23 (a) *ποιῆςαι* Schwartz: *ἐποίηςεν* codd. variasl ectiones in Stesichoro non notamus (*Τυνδαρέου κόραις* del. Wilamowitz; verba inde ab *διγάμους* a scholiasta aliquo modo mutata videntur)

vs. 1 *φιλομειδὴς* codd. 2 *προιδοῦςα* MA *κακῇι — φήμηι* Schwartz: *κακὴν — φήμην* codd. *ςφ'* MB: *φη* A: *φ'* T: *φιν* Nauck *ἔμβαλε* B: *ἤμβαλε, ἔβαλε, ἔβαλλε* reliqui 3 *Τιμάνδρη μὲν ἔπειτ' Ἔχεμον* Geel: *Πειςάνδρη μὲν ἐπεί τ' Ἔχετον* A: *τίς ἀνδρὶ μένει εἴτ' Ἔχετον* MT: *τ' Ἔχετον* B spatio ante relicto

ἵκετο δ' ἐς Φυλῆα φίλον μακάρεσσι θεοῖσιν·
ὣς δὲ Κλυταιμήστρη ⟨προ⟩λιποῦσ' Ἀγαμέμνονα δῖον
Αἰγίσθωι παρέλεκτο καὶ εἵλετο χείρον' ἀκοίτην·
ὣς δ' Ἑλένη ἤισχυνε λέχος ξανθοῦ Μενελάου

cf. Eustath. in Hom. p. 125. 30, 126. 11, 797. 46

177 P. Oxy. 1359 fr. 2, ed. Grenfell–Hunt

ε̣π̣[
κ̣[
ν̣α̣[
καὶ μα̣[
———
Ἠλέκτρ[η
γείναθ' [ὑποδμηθεῖσα κελαινεφέϊ Κρονίωνι
Δάρδαν[ον
Ἠετίων[ά τε
ὅς ποτε Δ[ήμητρος πολυφόρβης ἐς λ̣έχος ἦλθε.
καὶ τὸν μ[ὲν κατ̣έπεφνε πατὴρ ἀνδρῶν τε θεῶν τε
Ἠετίωνα̣[ἄνακτα βαλὼν ἀργῆτι κεραυνῶι,
οὕνεκα δ[ὴ Δήμητρι μίγη φιλότητι καὶ εὐνῆι.
αὐτὰρ Δά[ρδανος
ἐκ το̣ῦ̣ Ἐρ[ιχθόνιος
Ἶλός [τ'
νηϊ[

———

4 εἰς MTB 5 Κλυταιμνήστρα codd. ⟨προ⟩λιποῦσ' Cobet: ἀτίουσ' West
de Phyleo cf. Eustath. in Hom. (*Β* 627) p. 305. 17 "Μέγης . . . Φυλεΐδης" . . . ἱστορεῖται οἰκείωσις τοῦ Μέγητος πρὸς τοὺς βασιλεῖς. Φυλεὺς γάρ, φασί, μοιχεύσας Τιμάνδραν ἀδελφὴν Ἑλένης καὶ Κλυταιμνήστρας ἀπήγαγεν εἰς τὸ Δουλίχιον· ὥστε καὶ εὐλόγως, φασί, διὰ τὴν ἐπιγαμίαν συμμαχεῖ καὶ ὁ Μέγας.

177 (M 3) Electrae Atlantidis et Iovis filii Dardanus et Eetion; Dardani filii 3 vel μα̣[9–12 West; similia Gr.–H. et Rzach. cf. Theog. 912, Hom. ε 128 14–15 Dardani filii Ericthonius et Ilus (Bibl. iii. [140] 12. 2). aliter Hom. *Υ* 230 sqq. 16 fort. Nais nympha, nam et Ericthonius et Tros fluviorum filias duxerunt (Bibl. l.c.)

178 P. Oxy. 1359 fr. 3

νος̣τ̣ο[
α[
αἰθ̣ο̣ι̣.[

179 Schol. Hom. *Η* 76 (P. Oxy. 1087, 22 sqq.) "ἐπὶ μάρτυρος ἔςτω"

τὸ δὲ "μάρτυρος" παρώνυμον [τῆι γ]ε̣ν̣ι̣κ̣ῆ[ι] τοῦ πρωτοτύπου ϲυμ-[πέ]πτωκεν, ὡς τὸ Τροίζηνος, ἔνθεν [Τρο]ιζήνοιο (*Β* 847) . . . (55) τὸ "Τρωος" παρ' Ἡ̣ϲι̣[όδ]ωι,

Τεύκρου δὲ Τρωοϲ

180 P. Oxy. 2503, ed. Lobel

....]ε̣ι̣ο̣.[ ]...ο̣.[
........].[]λεων ὡϲ εἴ θ' ἑὸν υἱὸ̣[ν
.... πυ]ροφόρου Ἀϲίηϲ ἕδοϲ[
.... μηλ]οβότουϲ Ἕρμον πάρα δ̣[ινήεντα
.... Δά]ρ̣δανοϲ ἤγετ' ἐῢϲ πάϊϲ [Ἠλεκτρυώνηϲ
........].. Βροτέαο δαΐφρονοϲ[
........]ο̣τ[.]ρων καλλιπλοκαμ[
χρυϲὸν τι]μήεντα καὶ ἵππων ξαν[θὰ κάρηνα
........]ν τε βοῶν ἀγέλαϲ καὶ πώ[εα μήλων
........]εἵνεκ' ἄρ' εἴδει ἐκαίνυτο [φῦλα γυναικῶν
ἥ οἱ γείνατ]ο παῖδαϲ ὁμὸν λέχοϲ εἰϲ[αναβᾶϲα
........] Πανδίον' ἐν ὑψηλοῖϲι δό[μοιϲι
κούρην τ' α]ἰδοίην ἑλικώπιδα καλ[λιπάρηον

---

178 (M 4) fort. ex eadem columna ac fr. 177   3 fort. αἴ θ' ὅτ̣ cf. Hom. *Υ* 226 de Ericthonii equuleis?

179 (Z 2; 205b) Teucri filius (ut vid.) Tros. hoc non alias ita traditur. de accentu nominis *Τρωοϲ* ambigitur: *Τρῷοϲ* Choeroboscus i. 115. 31 Hilg. (codd.) et Malala Chron. iv pp. 79–81 Dind.; *Τρωόϲ* Et. magn. p. 770. 35

180 Electrae filius Dardanus. fragmentum Magnis Ehoeis tribuere mavult West   1–2 cf. Hom. *Π* 191–2 τὸν δ' ὁ γέρων Φύλαϲ εὖ ἔτρεφεν ἠδ' ἀτίταλλεν, | ἀμφαγαπαζόμενοϲ ὡϲ εἴ θ' ἑὸν υἱὸν ἐόντα   2 ἐνδυκέωϲ φι]λέων Lobel   4 vel ἱππ]οβότουϲ   5 Ἠλεκτρυώνηϲ nos (= Ἠλέκτρηϲ, cf. Hellanicum (4 F 23) in schol. Ap. Rhod. *Α* 916)   6]ι̣ο̣ vel sim.   7 exspectes μυρία ἕδν]α π[ο]ρὼν καλλιπλόκαμ[ον διὰ κούρην   9 ἰφθίμω]ν Merk.   10 debuit οὕνεκ'   11 vel ἣ δ' ἄρα οἱ δύ]ο (West)   13 κούρην τ' West

........] ἣ εἶδος ἐρήρ[ι]cτ' ἀθανάτ[ηιcι
τὴν μέν ῥ' ἵπποι]cίν τε καὶ ἅρμαc[ι κολλητοῖcι
.........ἐυμ]μελίηc θαλερὴν[
]μ̣ητριον[
].αιν[
]κ̣ον[
]κλ̣[

181 Schol. A Hom. *B* 496 (i. 114. 11 Dindorf), "οἵ θ' Ὑρίην"

⟨τινὲc μὲν⟩ οὐ παρέλαβον cύνδεcμον τὸν "τε", ἀλλ' ὄντωc παρέλαβον "Θυρίαν" τὴν πόλιν, οὐκ εὖ δέ· ἀπὸ γὰρ Ὑριέωc καὶ ἡ Ὑρία οὕτωc ὀφείλει ἔχειν τὸν τοῦ ῡ φθόγγον. μαρτυρεῖ καὶ Ἡcίοδοc λέγων

ἢ' οἵην Ὑρίη Βοιωτίη ἔτρεφε κούρην

cf. Eustath. in Hom. p. 265. 4 et Steph. Byz. s.v. Ὑρία; Etymol. gen. (cod. A) s.v. Ὑρίην· . . . καὶ Ἡcίοδοc· Οὐρίη Βοιωτίη τραφε-κούρη

182 Palaephatus 41 (42) p. 62 Festa

περὶ Ζήθου καὶ Ἀμφίονοc ἱcτοροῦcιν ἄλλοι τε καὶ Ἡcίοδοc, ὅτι κιθάραι τὸ τεῖχοc τῆc Θήβηc ἐτείχιcαν.

183 Ps. Apollod., Bibl. iii. [45] 5. 6 (p. 120. 3 Wagner)

γαμεῖ δὲ Ζῆθοc μὲν Θήβην, ἀφ' ἧc ἡ πόλιc Θῆβαι, Ἀμφίων δὲ Νιόβην τὴν Ταντάλου, ἣ γεννᾶι παῖδαc μὲν ἑπτά . . ., θυγατέραc δὲ τὰc ἴcαc . . . Ἡcίοδοc δὲ δέκα μὲν υἱοὺc δέκα δὲ θυγατέραc, Ἡρόδωροc δὲ (31 F 56) δύο μὲν ἄρρεναc τρεῖc δὲ θηλείαc, Ὅμηροc δὲ (*Ω* 603/4) ἓξ μὲν υἱοὺc ἓξ δὲ θυγατέραc φηcὶ γενέcθαι.

---

15 init. West   16 [θέτ' ἄκοιτιν vel [ποιήcατ' ἄκοιτιν vel [κεκλῆcθαι ἄκοιτιν Lobel   17 ὁμο]μήτριον West

181 (132) Alcyone Atlantis filia Neptuno genuit Hyrieum et Aethusam. Hyriei filii Nycteus et Crinacus; Nyctei filia Antiopa, quae Homero (λ 260–5) Asopi filia est   Antiopae Ehoea   τινὲc μὲν add. Merk.   οὕτωc: i.e. δίχα τοῦ θ (Eustath.)   ἢ οἵην Heyne: ἣ δίη cod.: ἣν δίη Eustath.   Βοιωτίη ἔτρεφε Bekker: Βοιωτίηc τρέφε cod. et Eustath.   possis etiam ἢ' οἵη Ὑρίηι Βοιωτίηι ἔτραφε κούρη

182 (133) cf. λ 261–4 (de Antiopa) ἣ δὴ καὶ Διὸc εὔχετ' ἐν ἀγκοίνηιcιν ἰαῦcαι, | καί ῥ' ἔτεκεν δύο παῖδ', Ἀμφίονά τε Ζῆθόν τε, | οἳ πρῶτοι Θήβηc ἕδοc ἔκτιcαν ἑπταπύλοιο | πύργωcάν τ' . . .

183 (34) (Bibl.) Ἡcίοδοc δὲ ⟨υἱοὺc μὲν ἐννέα, θυγατέραc δὲ δέκα, Μίμνερμοc δὲ⟩ δέκα μὲν υἱοὺc Sittl

Aelianus, Var. Hist. xii. 36 (ii. 132. 20 Hercher)

ἐοίκασιν οἱ ἀρχαῖοι ὑπὲρ τοῦ ἀριθμοῦ τῶν τῆς Νιόβης παίδων μὴ ϲυνάιδειν ἀλλήλοιϲ. Ὅμηροϲ μὲν ἓξ λέγει ἄρρεναϲ καὶ τοϲαύταϲ κόραϲ, Λᾶϲοϲ δὲ (Melici 706 Page) *δὶϲ ἑπτὰ λέγει, Ἡϲίοδοϲ δὲ ἐννέα καὶ δέκα, εἰ μὴ ἄρα οὐκ εἰϲὶν Ἡϲιόδου τὰ ἔπη, ἀλλ' ὡϲ πολλὰ καὶ ἄλλα κατέψευϲται αὐτοῦ. Ἀλκμὰν ⟨δὲ⟩* (75 Page) *δέκα φηϲί, Μίμνερμοϲ* (fr. 19 Bergk) *εἴκοϲι, καὶ Πίνδαροϲ* (fr. 52n Snell) *τοϲούτουϲ.*

184 Diodorus v. 81

. . . Μακαρεὺϲ εἰϲ αὐτὴν (sc. *τὴν Λέϲβον*) *ἀφικόμενοϲ, καὶ τὸ κάλλοϲ τῆϲ χώραϲ κατανοήϲαϲ, κατώικηϲεν αὐτήν. ἦν δ' ὁ Μακαρεὺϲ υἱὸϲ μὲν Κρινάκου τοῦ Διόϲ, ὥϲ φηϲιν Ἡϲίοδοϲ καὶ ἄλλοι τινὲϲ τῶν ποιητῶν, κατοικῶν δ' ἐν Ὠλένωι τῆϲ τότε μὲν Ἰάδοϲ, νῦν δ' Ἀχαΐαϲ καλουμένηϲ.*

cf. schol. T Hom. *Ω* 544 (vi. 476 Maass)

τινὲϲ δὲ αὐτὸν (sc. *τὸν Μάκαρα*) *Κρινάκου τοῦ Ὑριέωϲ τοῦ Ποϲειδῶνοϲ καὶ Ἀλκυόνηϲ.*

185 P. Oxy. 2496 et 2497 fr. 1, ed. Lobel; P. Vogliano col. i, ed. Merk.

ἐδ]άμνατο Φοῖβοϲ Ἀπόλλω[ν
]ạνηϲ ὑπο παρνεθιηιϲιν
]περὶ θνητῶν ἀνθρώπων·
]Ἀΐδηϲ καὶ Φερϲεφόνεια
]ṿον· περὶ γὰρ χάριτι ϲτεφάνωϲαν
]τοῦ δ' Ἰαϲίων γένεθ' υἱόϲ
θεο]ῖϲιν φίλ[ο]ϲ ἀθανάτοιϲιν
]ϲ Ἀϲτρηΐδ̣οϲ ἠυκόμοιο·

---

184 (75) Crinaci filius Macar(eus) (schol. T) *τινὲϲ γὰρ* et *Ὑρέωϲ* cod., corr. Maass

185 (F 3 B) in hoc fragmento fortasse de Aethusa Alcyones filia cogitandum, quae Apollini peperit Eleuthera (Bibl. iii. [111] 10. 1) conditorem urbis *Ἐλευθερῶν*, patrem Iasii (Pausan. ix. 20) 2 fort. *]ανηιϲ παρθενίηιϲιν* Vogliano; sed fortasse de voce *Παρνέθιοϲ* = *Παρνήθιοϲ* cogitare licet, derivata a monte Parnethe vicino urbi *Ἐλευθεραῖϲ* 4 *Περϲε-* solent epici: cf. tamen fr. 280. 12 5 *]ṿονπεριγαρχ[* Oxy. 2497, *]ịχα[* Oxy. 2496, *]νχαρι[[τι]]`τ'ε´ ϲτεφανωϲαν* P. Vogliano, unde possis *περὶ τὸν χάριτι ϲτεφάνωϲαν* 6 Iasio qui alibi Iasius audit; nam in Theog. 970 Iasius vocatur is qui alibi Iasio vocatur 7 *θεο]ῖϲιν* Merk. 8 de heroina eponymo urbis Thessalicae cogit. Lobel, cl. Steph. Byz. *Ἀϲτέριον· πόλιϲ Θετταλίαϲ . . . ἡ νῦν Πειρεϲία . . . ἀπὸ Ἀϲτερίου τινόϲ. τὸ ἐθνικὸν Ἀϲτεριώτηϲ, καὶ θηλυκὸν Ἀϲτερηΐϲ.* hic nova sectio incipere videtur

]. ας ἀργυρότοξος Ἀπόλλων
]ἠχήεντος Ὀλύμπου·
]Πειρεcίοιο
]ν ῥεῖ καλλίρροον ὕδωρ
ἀ]μωμήτηιcιν ἑταίρηιc
]αι θεοὶ αὐτοὶ ἔραντο·
κορυθά]ϊκος πολεμιcτέω
]δώματα ἠχήεντα·
πο]λυχρύcου [Ἀ]φ[ροδί]τηc·
]ειηλ[τ]έκεν ἐ[ν με]γάροιcιν
]εκω[ ]νεγεν[
Χαρίτω]ν ἀμαρύ[γματ' ἐχουc-
]. ον[
]ενω[
εἰκ]υῖα θεῇcι
]εοc βαcιλη. [
]οc ὑδρευου[c-

186 P. Vogliano col. ii

χ[
α[
α[
υ[
υ[
τ[
ν[

---

185 9 δά]μαc' Lobel 10 Apollo conspexit puellam ἀπ(ὸ)] ἠχήεντοc Ὀλύμπου 11 *Πειρέcιοc* fort. rivulus prope urbem *Πειρεcίαν*; vel ἀ]πειρεcίοιο]cιαο Oxy. 2497 ante corr. 12 πρ]ορ⟨έ⟩ει vix legi potest 13 e.g. ἄνθεα μαιομένην cὺν ἀ]μ. εταιρηc Π 15 cf. Hom. *X* 132 de Marte 17 μίχθη δ' ἐν φιλότητι vel sim. 17–20 haec in papyris leguntur:

	P. Oxy. 2497	P. Oxy. 2496	P. Vogliano
(17)	]λυχρυ[	]ρυcου[	]φ[. . . .]τηc
(18)	]ειηλ[	]εκενε[	]γαροιcιν
(19)	]εκω[	]νεγεν[	. . .
(20)	. . .	]ναμαρυ[	

19 fort. ἐγέν[οντο 20 post h.v. possunt versus aliquot deesse, quoniam 21–25 in fragm. disiuncto feruntur 22 παρθ]ένω[ι? 24 aegre -ο[c

α̣[
τ[
.[

187* P. Oxy. 2497 fr. 2

].[
]μιπεν[
]ι̣παραξυ..[
]ε, ιcωcινπ[
]υ̣cιντόδ[
].ε̣[

188* P. Oxy. 2497 fr. 3

]..[
]ν̣ωc̣.[
]εξε[

189 Schol. A Hom. *I* 246 (i. 315. 4 Dindorf), "Ἄργεος ἱπποβότοιο"

cημειοῦνταί τινες, ὅτι τὴν ὅλην Πελοπόννηcον οὐκ οἶδεν ὁ ποιητής, Ἡcίοδος δέ.

190 P. Oxy. 2502, ed. Lobel

]α̣τ̣ο̣ν̣ηδε̣.[.].[.].τ̣ο̣c
ἐ]μ̣φύλιον α̣ἷμ̣' ἐκόρυcc̣ον.
τοὺc δὲ μέτ' ἐν μεγάροι]c κούραc τέκε δῖα γυναικῶν
Λυcιδίκην καὶ Νικίπ]π̣ην καὶ Ἀcτυδάμειαν·
τὰc παῖδεc Περcῆοc ἐε]δ̣[ν]ώ̣cαντο γυναῖκαc·

---

187 3 δαιτ]ὶ παρὰ ξυν[ῆι West 4 μηδ]ὲ ἴcωcι(ν) West

188 1]πε[vel]cθ[

189 (213)

190 Asterope Atlantis filia nupsit Oenomao et peperit Hippodamiam; Hippodamiae et Pelopis multi filii (inter quos Agamemnon et Menelaus) et filiae tres; eas in matrimonium ducunt tres filii Persei 2 West (de filiis Pelopis) 3 τοὺc δὲ μέτ' Merk. 4 Νικίππην καὶ Λυcιδίκην καὶ Ἀcτυδάμειαν versum Hesiodeum esse affirmaverat P. Friedländer, Argolica p. 79 adn. 5 ἐεδν. Lobel, cetera West

Ἀϲτυδάμειαν μὲν θαλερὴν]π̣ο̣[ι]ή̣ϲατ' ἄκοιτιν
Ἀλκαῖοϲ θεόφιν] μήϲτωρ ἀτάλαντοϲ̣
]η̣ιϲιν[. . .].[.]. .ι̣. .
Νικίππην δ' ἄρ' ἔγημε βίη Ϲθε]νέλοι̣[ο ἄν]α̣κτο[ϲ
].[. .]. .[.]. . . .
βίη. Ἡρακλ]ηεί̣η̣[.]
ἐπ]έτελλεν̣ ἀ̣έ̣θλο̣[υϲ
καὶ ἅρμαϲι] κολλη[τοῖ]ϲι
]ο̣ιο.[. .].[.].[
].[

191 Schol. A Hom. *Τ* 116 (ii. 187 Dindorf), "*ἄλοχον Ϲθενέλου*"

Δίδυμοϲ παρατίθεται Φερεκύδην (3 F 68) *μὲν λέγοντα αὐτὴν τὴν Πέλοποϲ Ἀμφιβίαν, Ἡϲίοδοϲ δὲ ⟨Νικίππην τὴν Πέλοποϲ·*** δὲ⟩ Ἀντιβίαν τὴν Ἀμφιδάμαντοϲ ἀποφαίνεται.*

Schol. T ibid. (vi. 291 Maass)

οἱ μὲν Ἀμφιβίαν τὴν Πέλοποϲ, οἱ δὲ Ἀντιβίαν τὴν Ἀμφιδάμαντοϲ· Ἡϲίοδοϲ δὲ Νικίππην φηϲὶ τὴν Πέλοποϲ.

192 Schol. T Hom. *Ψ* 679 (vi. 434. 27 Maass), "*ὅϲ ποτε Θήβαϲδ' ἦλθε δεδουπότοϲ Οἰδιπόδαο*"

(ἡ διπλῆ,) ὅτι βαϲιλεύοντα ἐν Θήβαιϲ φηϲὶν ἀπολέϲθαι, οὐχ ὡϲ οἱ νεώτεροι· καὶ Ἡϲίοδοϲ δέ φηϲιν ἐν Θήβαιϲ αὐτοῦ ἀποθανόντοϲ Ἀργείαν τὴν Ἀδράϲτου ϲὺν ἄλλοιϲ ἐλθεῖν ἐπὶ τὴν κηδείαν τοῦ Οἰδίποδοϲ.

6–7 init. West; cf. Bibl. ii. [50] 4. 5 *ἐκ μὲν οὖν Ἀλκαίου καὶ Ἀϲτυδαμείαϲ τῆϲ Πέλοποϲ . . . Ἀμφιτρύων ἐγένετο* ποιηϲετ *Π*, corr. Lobel 7 vel *μήϲτωρ' ἀτάλαντον* 9 (init.) West, cf. fr. 191 10 cf. Bibl. ii. [53] 4. 5 *Ϲθενέλου δὲ καὶ Νικίππηϲ τῆϲ Πέλοποϲ . . . Εὐρυϲθεὺϲ ἐγένετο* 12 cf. λ 622, Scut. 94 *χαλεποὺϲ ἐπετέλλετ' ἀέθλουϲ* 13 sqq. Stheneli filia Astymedusa nupsit Oedipodi (schol. A Hom. *Δ* 376; schol. Eur. Phoen. 53 = Pherecydes 3 F 95). Oedipodis filius Polynices in matrimonium duxit *Ἀργείαν* (fr. 192); eorum filius Thersander adiuvante Eriphyla Alcmaeonem induxit, ut cum Epigonis contra Thebas proficisceretur (cf. fr. 193?) 15 vel].ο[

191 (97) ⟨*Νικίππην — δὲ*⟩ add. Jacoby; cf. supra fr. 190. 9

192 (35) Polynicis uxor Argia

193 P.S.I. 131, ed. Norsa

....] Ἀλκμάονα π[οιμέ]να λα[ῶν
....].ụα̣c Καδμηΐδες ἑλκεςίπε̣[πλοι
.... ἐτέ]θηπε δέμας εἰcάντα ἰδοῦ̣[cα
....]α̣.ας πολυκηδέος Οἰδιπό[δαο
....]α̣.ενου κτ̣ήνου πο̣λ̣[.]..ρ̣ι̣ν̣[
.... ἥρωε]ς Δαναοὶ θεράποντες Ἄ̣ρ̣η̣[ος
....]ι̣ Πολυνείκεϊ η̣μ̣ο̣ς̣[
....] Ζηνὸς πάρ̣α̣ θέςφατα [
....] ἀπ' Ἀλφειοῦ βαθυδίν̣[εω
'Ηλεκτρύων ἵππ]οιςι καὶ ἅρμαςι κολλητ[οῖςιν
ἤγαγε Λυςιδίκην] Πέλοπος περικαλλέα [κούρην.
ἥ οἱ γείνατο παῖδ]α̣ς̣ ὁμὸν λέχος εἰςαναβ[ᾶςα,
Γοργοφόνον θ'] ἥ̣ρωα καὶ αἰχμητὴν Περ[ι-
....] Νομίον τε Κελαινέα τ' Ἀμ̣[φίμαχόν τε
Δηΐμαχόν] τ̣ε καὶ Ε̣ὐρύβιον κλειτόν τ' 'Ε[πίλαον.
καὶ τοὺς μὲν] Τάφι[ο]ι ναυςικλυτοὶ ἐξενά[ριξαν
βουςὶν ἔπ' εἰλι]πόδεςςιν, 'Ε̣χινάω̣ν ἀ[πὸ νήςων
πλεύςαντες ν]ήεςςιν ἐπ' ε[ὐ]ρ̣έα νῶτα θαλ̣[άςςης·
Ἀλκμήνη δ' ἄρα] μ̣ούνη̣ ἐλ̣[είπ]ετο χάρμα γο̣[νεῦςι,
Λυςιδίκης κο]ύ̣ρ̣[η] καὶ̣ ['Ηλ]εκτρύων[ος ἀγαυοῦ
....]ι̣λη̣[..]α̣ν[.]ε̣δ̣ι̣ο̣[
....]κ̣[ελαι]ν̣εφέϊ Κρο̣[νίωνι
....].(.)[.]κ[

---

193 (N) Pelopis filiae. 1–8 historia Thebana obscura (Oedipodi Astymedusa nupserat Pelopis neptis); 9–23 Lysidicae Pelopis filiae et Electryonis progenies 1 Diels 2]. : ε, θ, ο, c 3 West (]'θηπε Π:]θεcτε leg. Norsa, perperam) 4]τ̣α̣φὰc Norsa (cf. fr. 192); possis etiam καὶ χεῖρας μεγ]ά̣λ̣ας, sim. 5 fort.]αμ̣ένου κτ̣ήνου Π; cf. fr. 198. 6 πο̣λ̣[υ]ι̣δ̣ρ̣ίη̣[c τε West; Πολυνεικ- (Robert) non legi potest 7 vel η̣[.]α̣θ̣ο̣[8 [εἰδώc Merk.: [πάντα Evelyn-White 9 ἢ οἵην Τίρυνθα vel εἰc Ἄργοc Wilamowitz 10 init. et 11 Wil. 12 Lobel (cf. fr. 180. 11), similia alii 13 Wil.; cf. Bibl. ii. [52] 4. 5, sch. Pind. Ol. vii. 49 Περ[ίλαον Wil. 14 Φυλό- vel Λυcί-]νομ{ι}όν Norsa: Φυλόνομον] Νομίον τε West; Φυλέα τε] (Wil.) non sufficit 15 Δηΐμαχόν] Körte 'Ε[πίλαον West, cl. fr. 33 (a) 11 16 init. Wil. 17 init. Evelyn-White (possis etiam βουcὶ πάρ', cf. Theog. 290) ε̣χει̣ναω̣ν Π, leg. et suppl. West 18 πλεύcαντεc Merk., ν]ήεccιν Wil. 19 init. Wil. 20 Merk. (praeeunte Wil.) 21 η̣[: vel ι vel ν α̣ν[.]ε̣δ̣ι̣ο̣: vel α̣ντ̣α̣ι̣ο 22 fort. ἣ δ' ἄρ' (Merk.) vel ἣ τέχ' (Evelyn-White) ὑποδμηθεῖcα (Norsa); cf. Scut. 53 23 βίην 'Η]ρ̣[α]κ[ληείην Merk.

194 Schol. AD Hom. *A* 7 (i. 7. 9 Dindorf; Ludwich, Verzeichnis der ... Vorlesungen, Königsberg 1900, p. 13), "*Ἀτρείδηϲ*"

Ἀγαμέμνων κατὰ μὲν Ὅμηρον Ἀτρέωϲ τοῦ Πέλοποϲ, μητρὸϲ δὲ Ἀερόπηϲ, κατὰ δὲ Ἡϲίοδον Πλειϲθένουϲ.

cf. schol. A Hom. *B* 249; Eustath. in Hom. p. 21. 14; schol. Tzetzae alleg., Anecd. Ox. iii. 378. 9 Cramer

Tzetz. Exeg. Iliad. p. 68. 19 Hermann

ὁ Ἀγαμέμνων, ὁμοίωϲ δὲ καὶ Μενέλαοϲ καθ' Ἡϲίοδον καὶ Αἰϲχύλον (cf. Ag. 1569, 1602) *Πλειϲθένουϲ υἱοῦ Ἀτρέωϲ παῖδεϲ νομίζονται, κατὰ δὲ τὸν ποιητὴν καὶ πάνταϲ ἁπλῶϲ Ἀτρέωϲ αὐτοῦ . . . κατὰ δὲ Ἡϲίοδον καὶ Αἰϲχύλον καὶ ἄλλουϲ τινὰϲ Ἀτρέωϲ καὶ Ἀερόπηϲ Πλειϲθένηϲ, Πλειϲθένουϲ δὲ καὶ Κλεόλλαϲ τῆϲ Δίαντοϲ Ἀγαμέμνων Μενέλαοϲ καὶ Ἀναξιβία. νέου δὲ τοῦ Πλειϲθένουϲ τελευτήϲαντοϲ, ὑπὸ τοῦ πάππου αὐτῶν ἀνατραφέντεϲ Ἀτρέωϲ, Ἀτρεῖδαι πολλοῖϲ ἐνομίζοντο.*

195 P. Oxy. 2355 et 2494A, ed. Lobel; Scuti libri

....]θεν ἀνηγ.[ ]ọ[
....] καὶ νη[ΐδοϲ] ἠυκόμ̣[οιο
....]. καλ[λίϲφυ]ρον ’Ηερόπ[ειαν
.... πρὸ]ϲ δῶμα [φίλη]ν κ̣ε̣κλῆ[ϲθαι ἄκοιτιν·
ἣ τέκε ....]βιον καὶ ἀρηΐφι̣[λον] Μενέ[λαον
ἠδ' Ἀγαμέμ]ṿονα δῖον, ὃϲ [Ἄργεοϲ ε]ὐρυχό̣[ροιο
....].ϊ πατρὶ ἄναξ κ[αὶ κοίρ]ανοϲ ἦεν.

---

194 (98) Agamemnon Plisthenis filius

195 (P; 136) 1–7 Minois neptis Aeropa nubit Plistheni; eorum liberi. Scut. 1–56 Alcmena Herculem parit. P. Oxy. 2355 continet vv. 1–Scut. 5, P. Oxy. 2494A vv. 1–Scut. 18; cf. Argum. A in Scutum *τῆϲ Ἀϲπίδοϲ ἡ ἀρχὴ ἐν τῶι τετάρτωι Καταλόγωι φέρεται μέχρι ϲτίχων ν̄ καὶ ϛ̄* (ō fere codd., corr. Petit). Scuti libris usi sumus his: *Π*[5] = P. Vindob. 19815 (desinit in v. 32); J (D Rzach) = Ambros. C 222 inf., s. xiii ex.; L = Laur. conv. suppr. 158, s. xiv; M = Paris. 2833, s. xv ex.; *b* = librorum LM archetypus. contaminati rarius memorantur: G = Paris. 2772, s. xiv; N = Marc. IX 6, s. xiv; Tr = Marc. 464, s. xiv in.—Sch. Z = scholia in cod. Mutin. αT 9. 14

1 *Κρήτη]θεν* Lobel *ἀνήγε̣[το* vel *ἀνηγά̣[γεθ' ὅνδε δόμονδε* e.g. Merk.]ọ[: vel *ε, θ, ϲ, ω* 2 *Κατρῆοϲ κούρην]* e.g. Merk. vix *Καινη[ΐδοϲ* 3].: fort.]ν̣ 4 fort. *Πλειϲθένεοϲ*, nam *ἠγάγετο* (Lobel) non sufficiet; Atreusne pro filio uxorem curat? 5 fort. *Ἀναξί]βιον*, nam soror Atridarum Anaxibia nota est. *Ἀναξιβίην* ci. Lobel, at soror cum fratre in eodem versu non solet nasci 7]ọ vel]ω̣ *ἦρα φέρων] ὧι* e.g. Stephania West (contra *ϊ*). cur Plisthenes ipse non regnaverit, alii alias causas narrant

ἠ' οἵη προλιποῦcα δόμους καὶ πατρίδα γαῖαν
ἤλυθεν ἐc Θήβας μετ' ἀρήιον Ἀμφιτρύωνα
Ἀλκμήνη, θυγάτηρ λαοccόου Ἠλεκτρύωνος·
ἥ ῥα γυναικῶν φῦλον ἐκαίνυτο θηλυτεράων
εἴδεΐ τε μεγέθει τε, νόον γε μὲν οὔ τις ἔριζε
τάων ἃς θνηταὶ θνητοῖc τέκον εὐνηθεῖcαι.
τῆc καὶ ἀπὸ κρῆθεν βλεφάρων τ' ἄπο κυανεάων
τοῖον ἄηθ' οἷόν τε πολυχρύσου Ἀφροδίτης.
ἣ δὲ καὶ ὣc κατὰ θυμὸν ἑὸν τίεcκεν ἀκοίτην,
ὡc οὔ πώ τις ἔτιcε γυναικῶν θηλυτεράων.
ἦ μέν οἱ πατέρ' ἐcθλὸν ἀπέκτανεν ἶφι δαμάccας,
χωcάμενος περὶ βουcί· λιπὼν δ' ὅ γε πατρίδα γαῖαν
ἐc Θήβας ἱκέτευcε φερεccακέας Καδμείους.
ἔνθ' ὅ γε δώματ' ἔναιε cὺν αἰδοίηι παρακοίτι,
νόcφιν ἄτερ φιλότητος ἐφιμέρου· οὐδέ οἱ ἦεν
πρὶν λεχέων ἐπιβῆναι ἐυcφύρου Ἠλεκτρυώνης,
πρίν γε φόνον τείcαιτο καcιγνήτων μεγαθύμων
ἧc ἀλόχου, μαλερῶι δὲ καταφλέξαι πυρὶ κώμας
ἀνδρῶν ἡρώων Ταφίων ἰδὲ Τηλεβοάων.
τὼc γάρ οἱ διέκειτο, θεοὶ δ' ἐπιμάρτυροι ἦcαν·
τῶν ὅ γ' ὀπίζετο μῆνιν, ἐπείγετο δ' ὅττι τάχιcτα
ἐκτελέcαι μέγα ἔργον, ὅ οἱ Διόθεν θέμις ἦεν·
τῶι δ' ἅμα, ἱέμενοι πολέμοιό τε φυλόπιδός τε,
Βοιωτοὶ πλήξιπποι ὑπὲρ cακέων πνείοντες
Λοκροί τ' ἀγχέμαχοι καὶ Φωκῆες μεγάθυμοι
ἕcποντ'· ἦρχε δὲ τοῖcιν ἐὺc πάις Ἀλκαίοιο,
κυδιόων λαοῖcι. πατὴρ δ' ἀνδρῶν τε θεῶν τε

Scut. 1–47 respicit sch. L Ap. Rhod. *Α* 747 1 ἠ'—δόμους cit. sch. B Hom. *Τ* 342 7 cit. totum sive ex parte sch. AT Hom. *Π* 548, sch. BT Hom. *Τ* 1, Apoll. Soph. lex. s.v. ἐά, Et. gen. s.v. ἀπὸ κυανέων, Et. gen. s.v. κατακρῆθεν, Anecd. Par. iv. 67. 13 Cramer, Eust. in Hom. p. 1257. 55, 1363. 55 κυανεάων P. Oxy. 2494, *Π*5, Tr, sch. BT Hom., Apoll., Eust.: κυανέων J, Et. gen.: κυανεόντων *b* 9 τιεcκον P. Oxy. 14 παρα˩κοίτι P. Oxy. J*b*: παρ]ακοιτηι *Π*5 15 οὐδέ P. Oxy. *Π*5: οὐ γάρ J*b* 17 τίcαιτο codd. 20 τωc *Π*5: ὧc J*b* ἦcαν *Π*5G: ἔccαν J*b* 24 πληξ]ιππο[ι] cακεῶν καδμειονεc *Π*5 (admixto v. 13) 25 ἀγχέμαχοι *Π*5J: ἀγχίμαχοι *b* 27 πατὴρ—30 cit. Et. gen. s.v. βυccοδομεύων

ἄλλην μῆτιν ὕφαινε μετὰ φρεcίν, ὥc ῥα θεοῖcιν
ἀνδράcι τ' ἀλφηcτῆιcιν ἀρῆc ἀλκτῆρα φυτεύcαι.
ὦρτο δ' ἀπ' Οὐλύμποιο, δόλον φρεcὶ βυccοδομεύων,
ἱμείρων φιλότητοc ἐυζώνοιο γυναικόc,
ἐννύχιοc· τάχα δ' ἷξε Τυφαόνιον· τόθεν αὖτιc
Φίκιον ἀκρότατον προcεβήcατο μητίετα Ζεύc.
ἔνθα καθεζόμενοc φρεcὶ μήδετο θέcκελα ἔργα·
αὐτῆι μὲν γὰρ νυκτὶ τανιcφύρου Ἠλεκτρυώνηc
εὐνῆι καὶ φιλότητι μίγη, τέλεcεν δ' ἄρ' ἐέλδωρ·
αὐτῆι δ' Ἀμφιτρύων λαοccόοc, ἀγλαὸc ἥρωc,
ἐκτελέcαc μέγα ἔργον ἀφίκετο ὅνδε δόμονδε·
οὐδ' ὅ γε πρὶν δμῶαc καὶ ποιμέναc ἀγροιώταc
ὦρτ' ἰέναι, πρίν γ' ἧc ἀλόχου ἐπιβήμεναι εὐνῆc,
τοῖοc γὰρ κραδίην πόθοc αἴνυτο ποιμένα λαῶν.
ὡc δ' ὅτ' ἀνὴρ ἀcπαcτὸν ὑπεκπροφύγηι κακότητα
νούcου ὕπ' ἀργαλέηc ἢ καὶ κρατεροῦ ὑπὸ δεcμοῦ,
ὥc ῥα τότ' Ἀμφιτρύων, χαλεπὸν πόνον ἐκτολυπεύcαc,
ἀcπαcίωc τε φίλωc τε ἑὸν δόμον εἰcαφίκανεν,
παννύχιοc δ' ἄρ' ἔλεκτο cὺν αἰδοίηι παρακοίτι
τερπόμενοc δώροιcι πολυχρύcου Ἀφροδίτηc.
ἣ δὲ θεῶι δμηθεῖcα καὶ ἀνέρι πολλὸν ἀρίcτωι
Θήβηι ἐν ἑπταπύλωι διδυμάονε γείνατο παῖδε,
οὐκέθ' ὁμὰ φρονέοντε· καcιγνήτω γε μὲν ἤcτην·
τὸν μὲν χειρότερον, τὸν δ' αὖ μέγ' ἀμείνονα φῶτα,
δεινόν τε κρατερόν τε, βίην Ἡρακληείην·

---

28 ὕφαινε *Π*⁵J*b*: ὕφηνε N ὥc ῥα *Π*⁵ a.c., J: ὄφρα *Π*⁵ corr., *b*: ὅc ῥα Et. gen. 29 ἀρῆc ἀλκτῆρα cit. sch. A Hom. *Σ* 100 30 δόλον J*b*: πολλὰ Et. gen. 32 desinit *Π*⁵ 33 Φίκιον προcεβήcατο cit. Et. gen. s.v. Φίκειον προcεβήcετο Kontos 35 τανυ- codd., sed τανι- praebent papyri constanter, cf. fr. 43 (a) 37, 73. 6, 75. 6, 141. 8, 198. 4; item Ibyc. fr. 1. 11, Bacchyl. 3. 60, 5. 59; cf. etiam Theog. 364 τανί- *k*, τανύ- *a* τανυcφύρῳ Ἠλεκτρυώνῃ G 39 γε πρὶν sch. Z: γ' ἐπὶ codd. 44 ὣc ἄρ' J 45 τε φίλωc J: τε φιλίωc *b*: φίλωc N: φιλίωc cod. Paris. 2708 m. rec. ἀcπάcιόc τε φίλοc τε Wilamowitz 48 μιχθεῖcα cod. Vat. gr. 1910 (teste Livadara) 50 οὐκέθ': cf. Ctes. (688 F 45h) ap. Ael. N.A. 4. 27, Arat. 477, Theocr. 23. 2, Meleag. Anth. Pal. v. 177. 5, [Opp.] Cyn. 2. 383: οὐ καθ' ci. Dobree, praefert Merk. 51 δὲ μέγ' Tr

τὸν μὲν ὑποδμηθεῖcα κελαινεφέϊ Κρονίωνι,
αὐτὰρ Ἰφικλῆα δορυccόωι Ἀμφιτρύωνι,
κεκριμένην γενεήν· τὸν μὲν βροτῶι ἀνδρὶ μιγεῖcα,
τὸν δὲ Διὶ Κρονίωνι θεῶν cημάντορι πάντων.

196 P. Berol. 9739 col. i, ed. Wilamowitz [Tab. IV]

]τ̣ης ἀγὸc ἀνδρῶν [αἰχμ]ητάων
]ηc πάντων ἀριδε[ίκετ]οc ἀνδρῶν·
]αc τε καὶ ἔγχεϊ ὀξ[υόε]ντ̣ι·
].ου λιπαρὴν πόλι[ν ε]ἵνεκα κούρηc
ἣ εἶ]δ̣οc ἔχε χρυcῆc Ἀφ[ροδί]τηc·
]ν Χαρίτων ἀμαρ[ύγμ]ατ' ἔχουcαν·
] Τυνδαρέου βαc̣[ιλῆ]ο̣c
]ροιcι δόμοιc [.....] κυανῶπιc·
]..... μεγε[..... ..]..τ..[
]κῶνc̣[
].[

197 P. Berol. 9739 col. ii, ed. Wilamowitz [Tab. IV]

τοccαύταc δὲ γυναῖκαc ἀμύμονα ἔργ' εἰδυίαc,
πάcαc χρυcείαc φιάλαc ἐν χερcὶν ἐχούcαc·
καί νύ κε δὴ Κάcτωρ τε καὶ ὁ κρατερὸc Πολυδεύκηc
γαμβρὸν ποιήcαντο κατὰ κράτοc, ἀλλ' Ἀγαμέμνων
γαμβρὸc ἐὼν ἐμνᾶτο καcιγνήτωι Μενελάωι.
υἱὼ δ̣' Ἀμφιαράου Ὀϊκλείδαο ἄνακτοc

---

195 53–54 damn. Künneth, 55–56 Heinrich 54 *λαοccόῳ* *b* (ex v. 3, 37)

196 (G 1) Helenae proci 3 *χεῖρ]άc* von Arnim; an *ἐκέκ]αcτο*? cf. *B* 530 de Aiace Locro 4].: *θ, ο, φ, ω* 5 init. *Ἀργείηc* (Eitrem) vel *Τυνδαρέου* 6 *ἔτεκε]ν* Rzach; 6–8 e.g. (West) *ἣν Λήδη τίκτε]ν Χαρίτων ἀμαρ[ύγμ]ατ' ἔχουcαν· [ἣ δ' αἰεὶ Λήδηc καὶ] Τυνδαρέου βαc[ιλῆ]οc [ἐτρέφετ' ἐν λιπα]ροῖcι δόμοιc [κούρη] κυανῶπιc* 7 *τυνδάρεω Π*, quod commendat schol. V⁴ Hom. *λ* 298, sed cf. fr. 199. 8 et 204. 61 8 *λαμπ]ροῖcι* et [*κούρη*] Rzach 9]*ι̣ο̣ρ̣φο̣c̣* vel]*ν̣ε̣π̣φε̣c̣* leg. Crönert: licet *ἐ]μ̣ν̣ᾶ̣τ̣ο̣* *μέγ' ἔ[ξοχοc* Crönert 10 possis *γυναι]κῶν θ̣[ηλυτεράων*

197 (G 2) Helenae proci 1–5 Agamemnon pro fratre dona spondet; 6–9 Amphiarai filii Alcmaeon et Amphilochus 6 *Ἀμφιαρη-* fr. 25. 34, item Zenodotus et librorum pars in Hom. *ο* 244, 253; GDI 3140 (saec. vi)

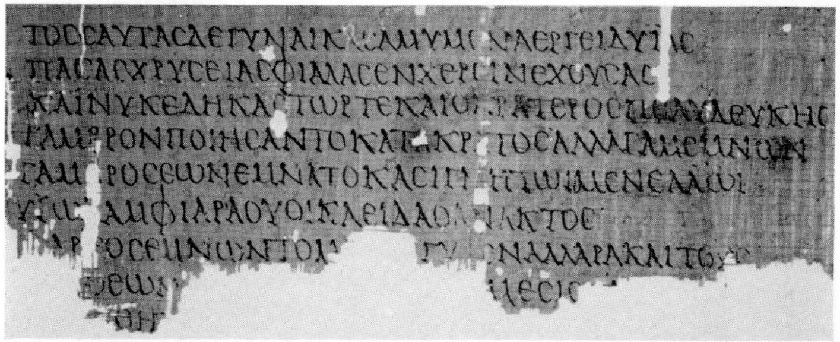

P. Berol. 9739 col. i–iii (fr. 196–8)

Imago pro ratione $\frac{3}{4}$ contracta

ἐ̣ξ Ἄργεος ἐμνῶντο μά̣[λ' ἐγ]γύθ̣εν· ἀλλ' ἄρα καὶ τοὺς
ὦρς]ε̣ θεῶν [..... ....νέ]μεςίς τ̣' ἀ̣[νθρώπων
....].θητ̣[

198 P. Berol. 9739 col. iii, ed. Wilamowitz; P. Oxy. 2491 fr. 1, ed. Lobel [Tab. IV]

ἀλλ' οὐκ ἦν ἀπάτης ἔργον παρὰ Τυνδαρίδηιςιν.
ἐκ δ' Ἰθάκης ἐμνᾶτο Ὀδυςςῆος ἱερὴ ἴς,
υἱὸς Λαέρταο πολύκροτα μήδεα εἰδώς.
δῶρα μὲν οὔ ποτ' ἔπεμπε τανιςφύρου εἵνεκα κούρης·
ἤιδεε γὰρ κατὰ θυμὸν ὅτι ξανθὸς Μενέλαος
νικήςει, κτήνωι γὰρ Ἀχαιῶν φέρτατος ἦεν·
ἀγγελίην δ' αἰεὶ Λακεδαίμονάδε προΐαλλεν
Κάςτορί θ̣' ἱπποδάμω̣ι̣ καὶ ἀεθλοφόρωι Πολυδεύκει.
Αἰ]τωλῶ̣ν̣ δ' ἐμνᾶτ̣[ο] Θόας [Ἀνδραίμο]νος υἱὸς
δί]ου Ἀρητιάδαο· δῖ[⟨δ⟩ου] δ' ἀπε[ρείςια ἕ]δ̣να,
πο]λλὰ μάλ' ἄ̣ργυφα μ̣[ῆλ]α̣ καὶ [εἰλίποδας ἕλικ]α̣[ς] βοῦς·
ἤθ]ελε γὰρ .α̣μ̣[..... .]ς̣ε.[
..].ωδαι[
...]αςθη[
...]ςκα[
....]ρ̣ο̣[

199 P. Berol. 9739 col. iv, ed. Wilamowitz

[ἀγγελίην δ' αἰεὶ Λακεδαίμονάδε προΐαλλεν]
Κάςτορί θ' ἱπποδάμωι καὶ ἀεθλοφόρωι Πολυδεύκει,
ἱμείρων Ἑλένης πόςις ἔμμεναι ἠυκόμοιο,

---

7 -ευς pro -ε̣ο̣ς plerumque scribitur   8 ὦρς]ε Crönert   θεῶν [τ' ἄτη West, . . . μακάρων Evelyn-White   εὗρ]ε θεῶν [ὅπις ἀθανάτων e.g. Wyss   9 cf. fr. 198. 14?

198 (G 3) Helenae proci   6 νεικήςη P. Berol., ...]ηςι P. Oxy.   κτηνω(ι) ambo; eadem vox fr. 193. 5   9 sqq. Lobel   11 εἰλίποδας ἕλικας West (cf. Ψ 166)   βοῦς· Π: legebatur λαβοῦςα   12 fort. π̣ά̣μ̣[παν πόςι]ς ἔμ̣[μεναι Ἀργειώνης vel γ̣α̣μ̣[βρὸς Διὸ]ς ἔμ̣[μεναι αἰγιόχοιο (cf. δ 569)   14 cf. fr. 197. 9?

199 (G 4) Helenae proci   0 suppl. Merk.

εἶδοϲ οὔ τι ἰδών, ἀλλ' ἄλλων μῦθον ἀκούων.
ἐκ Φυλάκηϲ δ' ἐμνῶντο δύ' ἀνέρεϲ ἔξοχ' ἄριϲτοι̣,
υἱόϲ τ' Ἰφίκλοιο Ποδάρκηϲ Φυλακίδαο
ἠΰϲ τ' Ἀκτορίδηϲ ὑπερήνωρ Πρωτεϲίλαοϲ·
ἄμφω δ' ἀγγελίην Λακεδαίμονάδε προΐαλλον
Τυνδαρέου π̣[οτ]ὶ̣ δῶμα δαΐφρονοϲ Οἰβαλίδαο,
πολλὰ δ' ἔεδν̣[α δίδον,] μέγα γὰρ κλέοϲ̣ [ἔϲκε γυ]ν̣α̣ικόϲ,
χαλ̣κ̣[
χρυ̣[ϲ

200 P. Berol. 9739 col. v, ed. Wilamowitz; P. Oxy. 2492, ed. Lobel

....]ρεη[μάλα δ' ἤθελε - - -
Ἀργείηϲ Ἑλένηϲ πόϲιϲ ἔμμενα[ι ἠυκόμοιο.
ἐκ δ' ἄρ' Ἀθηνέων μνᾶθ' υἱὸϲ Π[ετεῶο Μενεϲθεύϲ,
πολλὰ δ' ἔεδνα δίδου· κειμήλια γ[ὰρ μάλα πολλὰ
ἔκτητο, χρυϲόν τε λέβητάϲ τ[ε τρίποδάϲ τε,
καλά, τά ῥ' ἔνδοθι κεῦθε δόμοϲ Π̣ε̣[τεῶο ἄνακτοϲ·
οἷϲ μιν θυμὸϲ ἀνῆκεν ἐεδνώϲ[αϲθαι ἄκοιτιν
πλεῖϲτα πορόντ', ἐπεὶ ο[ὔ] τιν' ἐέλπε̣[το φέρτερον εἶναι
πάντω]ν ἡρώων κτήνεϲϲί τε δω̣[τίναιϲ τε.
.....]τ̣ε̣ί̣δ̣α̣ο̣ δ̣ό̣μ̣ο̣υϲ κρατερὸϲ [
.... Ἑλένη]ϲ̣ ἕνεκ' ἠ̣υ̣[κόμοιο

201 P. Oxy. 2491 fr. 2

]ϲαο̣[
]ηιδα[
]ων.[
]φρο.[
]εφ[

---

199 3 ad metrum cf. fr. 204. 54 εἶδόϲ γ' Ludwich 6 ὑπενηνωρ Π

200 (G 5) Helenae proci. omnia suppl. Wilamowitz 1 fin. θυμῶι (Wil.) vel ὃν κατὰ θυμὸν (Rzach) 9 ἀνδρῶ]ν Kretschmer

201 3 fort. υ[4 .[hasta vertic., fort.]φρον[

202 Schol. T Hom. *T* 240 (vi. 298. 14 Maass), "*Λυκομήδεα*"

Κρὴς ὁ Λυκομήδης, ὥς φησιν Ἡσίοδος καταλέγων τοὺς μνηστῆρας Ἑλένης.

203 Nicolaus Damascenus (90 F 24) in Excerptis de virtut. i. 339. 16 Büttner-Wobst

ὅτι ἐδόκει φρονήσει τὸ τῶν Ἀμυθαονιδῶν γένος τὸ παλαιὸν ἐν τοῖς Ἕλλησι πρωτεύειν, ὥσπερ καὶ Ἡσίοδός φησιν ἐν τούτοις·

ἀλκὴν μὲν γὰρ ἔδωκεν Ὀλύμπιος Αἰακίδῃσι,
νοῦν δ' Ἀμυθαονίδαις, πλοῦτον δ' ἔπορ' Ἀτρεΐδῃσι.

versus citantur etiam in Suda s.v. *ἀλκή* (α 1277, i. 116. 24 Adler)

204 P. Berol. 10560, ed. Schubart–Wilamowitz

]. .
]
].[.]κ̣[.]ς·
]
5]α̣

desunt versus 3

9]ς̣

desunt versus 5

15]ς̣

desunt versus fere 25

41 *μνᾶτο· πλεῖστα δὲ δῶρα μετὰ ξανθὸν Μενέλαον*
μνηστήρων ἐδίδου· μάλα δ' ἤθε̣λε ὃν κατὰ θυμὸν
Ἀργείης Ἑλένης̣ πόσις ἔμμεναι ἠυκόμοιο̣.
Αἴας δ' ἐκ Σαλαμῖνος ἀμώ̣μητος πολεμ̣ι̣στὴς
45 (5) *μνᾶτο· δίδου δ' ἄρα ἔδνα ἐ̣[ο]ι̣κότα, θαυματὰ ἔργα·*

---

202 (95) cf. ad fr. 204. 65

203 (205) de Melampodia cogit. Sittl *Ἀμαθαονιδῶν* Excerpta *πλοῦτον δ' ἔπορ'* Dobree: *πλοῦτον δὲ παρ'* Excerpta: *πλοῦτον δέ περ* Suda: *πλοῦτος δὲ παρ'* Jacoby

204 (H; 96) 1–85 Helenae proci et eorum coniuratio. 85–95 Menelaus ducit Helenam. 95 sqq. Iovis consilium ut heroum genus auferat. pleraque suppl. Wilamowitz 3 *γυναι*]*κ*[*ό*]*ς* Crönert (fr. 199. 9?) 44 *εξαλαμεινος Π*

οἳ γὰρ ἔχον Τροιζῆνα καὶ ἀγ[χ]ίαλον Ἐπίδαυρον
νῆςόν τ' Αἴγιναν Μάςητά τε κοῦρο̣[ι] Ἀχαιῶν
καὶ Μέγαρα ςκιόεντα καὶ ὀφρυόεντα Κό̣ρ̣ινθον,
Ἑρμιόνην Ἀςίνην τε παρὲξ ἅλα̣ ν̣αιετα̣ώςας,
τῶν ἔφατ' εἰλίποδάς τε βόας κ[α]ὶ̣ [ἴ]φ̣ι̣α̣ μ̣ῆλα
ςυνελάςας δώςειν· ἐκέκαςτο γὰρ ἔγχεϊ μ̣α̣κρῶ̣ι̣.
αὐτὰρ ἀπ' Εὐβο[ί]ης Ἐλεφήνωρ ὄρχαμο̣ς̣ ἀ̣[νδρ]ῶ̣ν̣
Χαλκωδοντιάδης, μεγαθύ̣μ̣ω̣ν̣ [ἀ]ρ̣χ̣[ὸς] Ἀ̣[βά]ν̣[των,
μνᾶτο· πολλὰ δὲ δῶρα δίδ[ου]· μάλ[α] δ̣' ἤ̣θ̣ε̣λ̣ε̣ θ̣υ̣[μῶι
Ἀργείης Ἑλένης πόςις ἔμμενα[ι ἠ]υ̣κ̣[όμ]ο̣ι̣[ο.
ἐκ Κρήτης δ' ἐμνᾶτο μέγα ςθ̣ένο̣ς̣ Ἰ̣δ̣ο̣μ̣[ενῆος
Δευκαλίδης, Μίνωος ἀγακλειτοῖο̣ γ̣ε̣ν̣έ̣[θλης·
οὐδέ τινα μνηςτῆρα μ̣[ε]τ̣άγγελον ἄ̣λ̣λ̣[ον ἔπεμψεν,
ἀλλ' αὐτὸς [ς]ὺν νηῒ πολυκλήϊδι μελαίν̣η̣[ι
βῆ̣ ὑ̣π̣ὲ̣ρ̣ Ὠ̣γυλίου πόντου διὰ κῦμα κελαιν̣[ὸν
Τ̣υ̣νδαρέου ποτὶ δῶμα δαΐφρονος, ὄφρ̣[α ἴδοιτο
Ἀ]ρ̣[γείην] Ἑλένην, μηδ' ἄλ̣λων ο̣ἷο̣ν̣ ἀ̣κ[ούοι
μῦθον, ὃς] ἤ̣δ̣η̣ πᾶςαν ἐπ̣ὶ̣ [χθ]όνα δῖαν ἵκαν̣[εν
....].φ̣α̣ςιη Ζηνὸς μεγα.η̣..α̣[
....]...ε̣· [.(.)]ε̣τ̣α̣δ̣[....].[
]..α̣[..].[.].[
].φ[
]ε̣ι̣
]λ̣η̣ς̣
]κα̣[.]τ̣ι̣ν̣

47 νῆςόν τ': cf. v.l. ant. in Hom. *B* 562   48 Eustath. in Hom. p. 1424. 6 ὅτι δ' ἐντεῦθεν λαβὼν Ἡςίοδος (fr. 214 Rz.[2]) καὶ τὰ Μέγαρα τὴν χώραν ςκιόεντα ἔφη, ὁ Πορφύριος (Od. p. 22. 9 Schr.) δηλοῖ   50 ἐφετ *Π*   51 μακρων· *Π* ut vid.   54 cf. ad fr. 199. 3; possis μνώετο   57 γ̣ε̣ν̣έ̣[θλη Rzach, -ης West   60 ω̣γ̣υνου et μελαιν[(ex 59) *Π*   hunc locum et Theog. 1011–18 respicere videtur schol. Hom. α 85 Ὠγυγίην· ἐν τῆι κατὰ Ἀντίμαχον Ὠγυλίην γράφεται. διαφέρουςι δὲ οἱ τόποι. τὴν μὲν γὰρ Ὠγυγίαν ἐντὸς εἶναι πρὸς ἑςπέραν, τὴν δὲ Ὠγυλίαν κατὰ Κρήτην Ἡςίοδός φηςι κεῖςθαι. (fr. 70 Rz.) †τὸν δὲ Ὠγύλιον. ἡ δὲ Ὠγύλη.† νῆςον δὲ ταύτην ⟨εἰςὶν⟩ οἳ Καυδοὺς καλοῦςιν   61 Evelyn-White   62 αλλος *Π*, corr. et suppl. West   63 West (]...παςαν *Π*): φήμην ἢ τ]ό̣τ̣ε̣ Page: μύθους οἳ τ]ό̣τ̣ε̣ et ἵκαν[ον Fraenkel   64 παρα]ιφαςίηι (Crönert) melius vestigiis convenit, ἐνν]εςίηι (Klouček) sensui   μέγα μ̣η̣δ̣ο̣μ̣[ένοιο Franz   65 ἦ̣λ̣θ̣ε̣· [μ]ε̣τ̣ὰ̣ δ̣[ὲ ξανθὸς Λυκομήδης West cl. fr. 202   66 α̣[: vel δ vel λ   67: vel].ψ[70 ἄ]κο[ι]τιν Wil.

]εδẹ...
]δ̣α̣
]ẹϊζ[.....].......ι
]νε[.....]....ψων
....]ι̣[..... ..]κα[..].₍.₎ς̣...β̣α̣θείηι
....]ρ̣ο[.......]κ[..₍.₎]υ̣.₍.₎ εἵνεκα κούρης
....].ουτ[..]ελε[..]...γκας̣.[..]
πάν]τ̣α̣ς̣ δὲ μ̣νηστῆρ̣[ας] ἀπ̣[ήι]τ̣ε̣ε̣ν̣ ὅ̣ρκ̣ια̣ π̣ιστά̣,
ὀ]μ̣ν̣ύμεναί τʼ ἐκέλευς̣[ε] και̣ [..]π̣.. ἀρ̣ά̣ασθαι
σπονδῆι, μή τινʼ ἔτʼ ἄ̣λ̣λον̣ [ἄ]νε̣υ̣ ἕ̣θεν ἄλλα π̣έ̣ν̣ε̣ς̣θ̣α̣ι̣
ἀμφὶ γάμωι κούρης εὐ[ω]λ[ένο]υ̣· ὃ̣ς̣ δ̣έ̣ κ̣εν ἀνδρῶν̣
αὐτὸς ἕλοιτο βίηι, νέμεσίν τʼ ἀπ[ο]θ̣ε̣ῖτο καὶ αἰδῶ,
τὸν μέτα πά̣ν̣τας ἄνωγεν ἀολλέας ὁρμηθῆνα̣[ι
ποινὴν τεισομένους. τοὶ δʼ ἀπτερέως ἐπί̣θ̣ο̣ν̣[το
ἐλπόμενοι τελέειν πάντες γάμον· ἀ̣λ̣λ̣ʼ ἄ̣[ρα πάντας
Ἀτρε[ίδ]ης ν̣[ίκησε]ν ἀρηΐφιλος Μενέλαος
πλεῖ̣[στ]α πορών. Χ̣ε̣ίρων δʼ ἐν Πηλίωι ὑλήεντι
Πηλείδην ἐ̣κ̣ό̣μιζε πόδας ταχύν, ἔξοχον ἀνδρῶν,
παῖδʼ ἔτʼ ἐόν[τʼ·] οὐ γάρ μιν ἀρηΐφιλος Μενέλαος
νίκησʼ οὐδέ τις ἄλλος ἐπιχθονίων ἀνθρώπων
μνηστεύων Ἑλένην, εἴ μιν κίχε παρθένον οὖσαν
οἴκαδε νοστήσας ἐκ Πηλίου ὠκὺς Ἀχιλλεύς.
ἀλλʼ ἄρα τὴν πρίν γʼ ἔσχεν ἀρηΐφιλος Μενέλαος·
ἣ τέκεν Ἑρμιόνην καλλίσφυρ[ο]ν ἐν μεγάροισιν
ἄελπτον. πάντες δὲ θεοὶ δίχα θυμὸν ἔθεντο
ἐξ ἔριδος· δὴ γὰρ τότε μήδετο θέσκελα ἔργα
Ζεὺς ὑψιβρεμέτης, †μεῖξαι κατʼ ἀπείρονα γαῖαν
τυρβάξας,† ἤδη δὲ γένος μερόπων ἀνθρώπων

75]ι̣[: vel ρ, τ, υ, φ, ψ   76 fort.]υ̣λ̣λ̣ vel]υ̣ν̣   77 ante ουτ hasta vert. οὔτ[ʼ ἤθ]ελε Schubart   78–85 schol. Lyc. 204 ἐπειδὴ καὶ τὸ πρῶτον ὅρκους ἔδωκαν περὶ τῆς Ἑλένης, ὥς φησιν Ἡσίοδος. cf. [Eur.] Iph. Aul. 57–71, Isocr. Hel. 40–41, Bibl. iii. [132] 10. 9   79 fort. [ἐς] π̣ῦ̣ρ; cf. [Eur.] l.c.   nota ἀρᾱ̆ασθαι   81 .....ε̣ν Π: ὅς γε μὲν olim West; cf. Op. 359   82 τʼ: δʼ Wil.   84 ἀπτερέως ex Hesiodo cit. Herodianus (ii. 230. 6 Lentz) ap. Et. magn. p. 133. 34, cf. p. 183. 23   87–92 respicit Pausan. iii. 24. 10   89 μιν: κεν Wil. 94 ante h.v. diple et littera β̄, scil. versus ducesimus (libri quinti?). hunc versum susp. Merk. (cf. fr. 175)   96 τογε Π   97–98 nisi fallimur aut μεῖξαι (glossema) aliud verbum oblitteravit, ut πόλεμον vel γενεὰς (scripto olim seu μείξας seu τυρβάξαι), aut τυρβάξας nomen celat quale τυρβασίας (Rzach) vel *τυρβάζας

πολλὸν ἀϊcτῶcαι ϲ̣π̣ε̣ῦ̣δ̣ε̣, π̣ρ̣[ό]φαcιν μὲν ὀλέcθαι
ψυχὰc ἡμιθέω[ν ....]ο̣ι̣ϲ̣ι̣ βροτοῖcι
τέκ̣να θεῶν μι[...].[..]ο̣.[ὀφ]θαλμοῖcιν ὁρῶντα,
ἀλλ̣' ο̣ἳ μ[ὲ]ν μάκ̣[α]ρ̣ε̣ϲ̣ κ̣[.......]ν̣ ὡ̣̃ϲ̣ τ̣ὸ̣ πάροc περ
χωρ̣ὶc ἀπ' ἀν[θ]ρ̣ώπων̣[βίοτον κα]ὶ̣ ἤθε' ἔχωcιν
το̣[..]ε̣.ε̣αλ̣[ἀθα]νάτω̣[ν τε ἰδὲ] θ̣νητῶν ἀνθρώπων
...[ ]κ̣α̣λ ἄλγοc ἐπ' ἄλγει
Ζεὺ̣[c]κ̣[..]ε̣. ἔ̣κερ̣cε
ο̣[ ]ερζει̣[
ἐ]π̣ὶ̣ μαcτ̣ῶ̣ι̣
]α̣ [μη]δ̣έ τιc ἀν[δ]ρῶν
.... νηῶν δὲ] μ̣ελαιν̣άων ἐπιβαίη·
.... .β]ί̣ηφί τε φέρτατοc εἶναι
....]ε καταθνητῶν ἀνθρώπων
.... ἔ]cτι καὶ ὁππόcα μέλ⟨λ⟩ει ἔcεcθαι
....]α̣ μ̣ήδεται ἠδὲ γεραίρει
....] Δ̣ι̣ὸc νεφεληγερέταο
.....].ι̣[.].α..υ̣(.)η̣.......φράccαcθαι ἔμελλεν
οὔτε θ]εῶ[ν] μ̣α̣κάρων ο̣ὔ̣τ̣ε̣ θ̣νητῶν ἀνθρώπων·
... π]ολ̣λ̣ὰc Ἀΐδηι κεφαλὰc ἀπὸ χαλκὸν ἰάψ[ει]ν
ἀν]δ̣ρ̣ῶν ἡ̣ρ̣ώων ἐν δηϊοτῆτι πεcόντων·
ἀ̣λλ' ο̣ὔ π̣ώ π̣οτε πατρὸc ἐπηιcθάνετο φρενὸ[c] ὁ̣ρμ̣ῆ̣[c·
ἀ]λ̣λ̣ά̣ τε κῆρ' ἀλεείνοντεc cφετέροιcι τέκεccι

---

99 ὀλέccαι Rzach 100–1 [μὴ ὁμοῦ θνητ]οῖcι—μι[νύθ]η̣[ι φά]ο̣ϲ̣ West (θνη-τ]οῖcι Kretschmer): [μὴ ἐπιχθονί]οιcι vel [ἵνα μὴ δειλ]οῖcι et μι[χθῆ]ι [μόρον Wil. (μι[γέη]ι Rzach) 102 si κ[αὶ ἐc ὕcτερο]ν (Rzach), puta verbum ἐc omissum esse in *Π* 104 τω̣̃[ι Allen; τῆλε μάλ' non legi potest ἀθα]νάτω̣[ν Evelyn-White τε ἰδὲ West 105 init., exspect. τοῖc δὲ ἔ]β̣αλ' West: τ]ε̣ῦ̣χ' Stiewe επαλγειν *Π*, corr. Klouček 106 e.g. Ζεὺ[c Κρονίδηc θνητοῖcι, γένοc δ' ἐρι]κ̣[υδ]ὲ̣c ἔκερcε 107: vel]ερζευ̣[: e.g. τά π]ερ Ζεύ[c 108–9 e.g. μὴ νήπιοι ὣc ἐ]πὶ μαcτῶι [παῖδεc πίνοιεν λαρὸν γάλ]α; cf. Op. 130–1 110 init. ῥέα ζώοι West νηῶν Rzach, δὲ] Allen επιβαιηι· *Π* 111 e.g. φῆ δ' αὐτὸc μὲν χερcὶ]ι̣ηιφι *Π* 113–15 fort. de Apolline 113 ὅccά τ' ἔην Rzach: ὅcα τ' ἔ]cτι Wil. 114 μέγ]α Wil. 115 βουλὰc πατρὸc ἑοῖο] Rzach 116 'nec quisquam cognovit quid Iuppiter in animo haberet' η̣ϲ̣ι̣ν̣ ὅτ̣{τ̣}ι φρ- leg. Schubart–Wil. φράccεcθαι ci. Stiewe 117 Crönert 118 init. καὶ Wil.: παμ- Rzach: πρὶν Stiewe; fort. γνῶ χαλκῶι Klouček ἰά[π]τ̣[ει]ν Stiewe 120 τ̣ότε Klouček, at cf. h. Merc. 444 ὁρμῆ[c West: ὁρμή[ν Wil. 121 ἀ]λλ' ἅτε Merk.: ο]ι̣α̣ τε leg. Schubart–Wil.

.]. .π̣οντ' ἄνθρωποι, πραπίδων δ' ἐπετέρπετ' ἐρωῆι
πα]τ̣ρ̣ὸ̣ς̣ ἐριcθεν⟨έ⟩οc, μεγάλ' ἀνδράcι μηδομένοιο.
πο]λλὰ δ' ἀπὸ γλωθρῶν δενδρέων ἀμύοντα χαμᾶζε
χ̣ε̣ύετο καλὰ πέτηλα, ῥέεcκε δὲ καρπὸc ἔραζε
π]ν̣είο̣ντοc Βορέαο περιζαμενὲc Διὸc αἴcηι,
.]'.λ̣εcκεν δὲ θάλαccα, τρόμ{ε}εcκε δὲ πάντ' ἀπὸ τοῖο,
τ̣ρ̣ύχε̣c̣κεν δὲ μένοc βρότεον, μινύθεcκε δὲ καρπόc,
ὥ̣ρ̣ηι ἐν εἰαρινῆι, ὅτε τ' ἄτριχοc οὔρεcι τίκτει
γ]α̣ί̣[η]c̣ ἐ̣ν̣ κευθμῶνι τρίτωι ἔτεϊ τρία τέκνα.
ἧρο]c̣ μὲν κατ' ὄροc καὶ ἀνὰ δρυμ{ν}ὰ πυκνὰ καὶ ὕλην
εἶcι]ν̣ ἀ̣[λυc]κάζων καὶ ἀπ[ε]χθαίρων πάτον ἀνδρῶν
ἄγκεα καὶ κνημοὺc κα̣τ̣α̣[
χειμῶνοc δ' ἐπιόντοc ὑ̣π̣ὸ̣ .[
κεῖται πόλλ' ἐπιεccάμενο̣c ε̣[
δεινὸc ὄφιc κατὰ νῶτα δα[φοιν-
ἀλλά μιν ὑβριcτήν τε κα̣ὶ̣ [ἄγριον
κῆλα Διὸc δαμνᾶι φὴ λ̣υ̣.[
ψυχὴ τοῦ [γ]' οἵη καταλείπε̣[ται
ἣ δ' ἀμφ' αὐτόχυ̣τον θαλαμ̣[
ἠβαιήν ελ̣.(.)ε̣ι̣ρα κατὰ χθ̣[ονόc
εἶcιν ἀμαυρω̣θ̣ε̣ῖ̣c̣[.]ποθ̣ε̣[
κεῖται δεχ̣[
Ὧραι τεκ. .[

---

122 τέρποντ' Wil., cui δ' deletum esse videbatur 124 cit. epimerism. alph. in Hom. (Anecd. Oxon. i. 85 Cramer), verba ἀμύοντα χαμᾶζε etiam Et. gen. s.v. ἠμύω καὶ ἤμυcεν (fr. 216 Rz.²) γλωθρῶν Π (hyperionice = βλωθρῶν, v. Glotta 1963. 282 sqq.) : χλωρῶν epim. Hom.: βλωθρῶν Wil. δενδρέων epim. Hom.: δένδρων Π 127: vel ε̣ρ̣ρ̣εcκεν (Schubart) vel .]'.τ̣εcκεν ῥοίζ- Schmidt; exspect. κλύζ- (Wil.) vel θυί- 128–31 horum vv. frustula habet P. Oxy. 2504 post 128 lacunam olim statuit West 132 εἶcι]ν Allen]ν̣: vel]η,]ει,]μ 134 .[: ζ, ξ, τ, χ, ψ χ[θονὶ Evelyn-White: ξ[ύλα West 135 fort. ἐ[ριθηλέα (Ev.-Wh.) φύλλα (Rzach) 136 δα[φοινόc Wil., -εόc Page 137 fin. οὐδὲ δίκαιον West (cf. ι 175; Op. 278); οὔ τι φατειόν Rzach 138 e.g. λυ[cιμελὴc γλυκὺc ὕπνοc West 140 θαλάμ[ην Ev.-Wh., -ον Wil.; deinde τρίζουcα Klouček et ποτᾶται Rzach 141 ἠβαὶήν Π: inter ν et ε, spatium ελ̣.(.)ε̣ι̣: vel εα̣.(.)η vel ελ̣(.)θ̣η̣ [ἀταρπὸν] ἠβαιὴν ἔλεθ' ἧι ῥα olim e.g. West (cf. Ap. Rhod. Δ 1510); vix ἑὰ γῆρα χθ[ονὸc εὐρυοδείηc Rzach 142 fort. ποθ' ἑ[vel ἀ]πὸ θε[vel ὑ]πο vel ὁ]πόθ' ἀπό θ' εἵματα ποικίλα δῦcα e.g. West 143 δὲ χ[θονίη μίμνουc' ἔαρ εἰc ὅ κεν ἔλθηι e.g. West 144 fort. τ' ἐκ γ̣ι̣[vel γ̣υ̣[vel (aegre) χ̣ε̣ι̣[

τέρψηι δ' ἀ[νθρώπους
αὖτις ἐπι̣[
γαίης τε[
ἔνθεν α[
θηλε̣ι̣ερ[
ἐς φῶς· ο[
φράζετα̣[ι
ἔρχετ[αι
ἤπια τη̣[
γ̣αίη ω̣ς̣[
πότμο̣[
ἰᾶcθαι[
οἳ δ' ἂν ἰω[
νούcων[
ἀλλατα[
τηλεθο[ω-
τοῖcι δε[
τριcτο̣ι̣[
ἐπλη[.].[
εἶcιν δ[
φῦλον [
δ[
desunt versus 4
α̣[
υ̣[
θ[
φα̣[
ε̣νν[
ζώε̣[cκ-
νοcφ[

145 West cl. Op. 487 146 αυθιc *Π* [χθόνα δῖαν West 148 ἀ[πορνυμένη Rzach 149 θήλει' ἔρ[γα παθοῦcα West; vel θήλεϊ 150 φάοc? 153 [— φάρμακα West 154 an *Παιήων*? cf. fr. 307, Ap. Rhod. *Δ* 1508 sqq. 157 οιδ' *Π* e.g. ἰώ[ωνται 162–3 τρίc τοι [ἄνειc' ἐπὶ γῆν, τὸ δὲ τέτρατον οὐκέτι γαίηι] ἔπλη[θ'] ὕ[cτερον αὖτιc West; vix τριcτοι[χί 163].[: punctum infra lineam; potest ad v. 164 pertinere 165 [ἐc ἀθανάτων West 176 West 176–8 cf. Op. 90–92

κηρ[
κα̣ὶ̣ γα[
ἀγ̣ρο[

205–245 CATALOGI FRAGMENTA INCERTAE SEDIS

205 Schol. Pind. Nem. iii. 21 (iii. 45 Drachmann)

περὶ τῶν Μυρμιδόνων Ἡσίοδος μὲν οὕτω φησίν·

ἣ δ᾽ ὑποκυσαμένη τέκεν Αἰακὸν ἱππιοχάρμην. . .
αὐτὰρ ἐπεί ῥ᾽ ἥβης πολυηράτου ἵκετο μέτρον,
μοῦνος ἐὼν ἤσχαλλε· πατὴρ δ᾽ ἀνδρῶν τε θεῶν τε,
ὅσσοι ἔσαν μύρμηκες ἐπηράτου ἔνδοθι νήσου,
τοὺς ἄνδρας ποίησε βαθυζώνους τε γυναῖκας.
οἳ δή τοι πρῶτοι ζεῦξαν νέας ἀμφιελίσσας,
⟨πρῶτοι δ᾽ ἱστί᾽ ἔθεν νηὸς πτερὰ ποντοπόροιο⟩

Schol. Pind. Ol. viii. 26e (i. 242. 20 Drachmann)

Ἡσίοδος· "οἳ δή τοι — ποντοπόροιο"

Tzetzes in Lycophr. 176 (ii. 85. 20 Scheer)

ληροῦσιν ὅτι Αἰακὸς ἐξ Αἰγίνης Διὶ γεννηθεὶς ἐν τῆι ἀπ᾽ αὐτοῦ Αἰγίνηι νήσωι κατελείφθη μόνος. ἠιτήσατο δὲ τῶι Διί, καὶ ὃς τοὺς μύρμηκας ἀνθρώπους ἐποίησε, καθὰ καὶ Ἡσίοδος ἐν τῆι ἡρωϊκῆι γενεαλογίαι φησίν· "ἣ δ᾽ ὑποκυσαμένη — ἀμφιελίσσας".

206 Polybius v. 2 de militibus Macedonicis

πρός τε γὰρ τοὺς ἐν γῆι κινδύνους ἐκ παρατάξεως γενναιότατοι πρός τε τὰς κατὰ θάλατταν ἐκ τοῦ καιροῦ χρείας ἑτοιμότατοι, λειτουργοί

180: vel αρο[

205–14 Aeginae Ehoea

205 (76) Asopi filia Aegina Iovi peperit Aeacum 1 post h.v. consulto omisit aliqua scholiasta 6 πρῶτοι pars codicum in schol. Ol. et Tzetz.: πρῶτον codd. omnes in schol. Nem., pars codd. in schol. Ol. et Tzetz. ζεῦξαν schol. Nem., Tzetz.: τεῦξαν schol. Ol. 7 non nisi in schol. Ol. traditus ἱστί᾽ ἔθεν νηὸς Boeckh: ἱστία θέσαν νεὼς codd.: ἐστόλισαν νηὸς (ex Op. 628) Goettling: ἔστησαν praefert West

Tzetzes hausit sua e schol. Pind. et Bibl. iii. [157] 12. 6; debuit ἐν τῆι ἀπ᾽ αὐτῆς Αἰγίνηι κληθείσηι νήσωι

206 (77)

γε μὴν περὶ τὰς ταφρείας καὶ χαρακοποιίας καὶ πᾶσαν τὴν τοιαύτην ταλαιπωρίαν φιλοπονώτατοί τινες, οἵους Ἡσίοδος παρεισάγει τοὺς Αἰακίδας,

πολέμωι κεχαρηότας ἠΰτε δαιτί.

inde Suda δ 126 (ii. 13. 22 Adler)

Maximus Tyrius xxix. 2 (p. 341 Hobein)

Ὁμήρου δὲ οὐκ ἀκούεις ἐγκωμιάζοντος τοὺς Αἰακίδας, ὅτι ἦσαν ἄνδρες

πολέμωι κεχαρηότες ἠΰτε δαιτί;

207 Gellius, Noct. Att. iii. 11

super aetate Homeri et Hesiodi non consentitur. . . . Accius autem in primo Didascalico levibus admodum argumentis utitur, per quae ostendi putat Hesiodum natu priorem: quod Homerus, inquit, cum in principio carminis (A 1) Achillem esse filium Pelei diceret, quis esset Peleus, non addidit; quam rem procul, inquit, dubio dixisset, nisi ab Hesiodo iam dictum videret.

208 Schol. B Hom. *Z* 164 (iii. 289. 9 Dindorf) = Porphyrius, Quaest. Hom. ad Iliad. pertin. p. 93. 17 Schrader

συντόμως δὲ τὰ αἰσχρὰ δεδήλωκε "μιγῆναι οὐκ ἐθελούσηι", ἀλλ' οὐχ ὥσπερ Ἡσίοδος τὰ περὶ τοῦ Πηλέως καὶ τῆς Ἀκάστου γυναικὸς διὰ μακρῶν ἐπεξελθών.

209 Schol. Pind. Nem. iv. 95 (iii. 80. 23–81. 5 Drachmann; post fabulam de Peleo et Acasti uxore scholiis ad Nem. iv. 92 et 95 narratam) de Acasto

ταῦτα δὲ ἱστοροῦσι πολλοὶ μέν, ἀτὰρ δὴ καὶ Ἡσίοδος λέγων οὕτως·

ἥδε δέ οἱ κατὰ θυμὸν ἀρίστη φαίνετο βουλή·
αὐτὸν μὲν σχέσθαι, κρύψαι δ' ἀδόκητα μάχαιραν
καλήν, ἥν οἱ ἔτευξε περικλυτὸς Ἀμφιγυήεις,

---

206 fortasse versus integer, Αἰακίδας (-αι) πολέμωι κεχαρηότας (-ες) ἠΰτε δαιτί

207 Aeaci filius Peleus   ad Theog. 1006 rettulerunt plerique, sed plura certe de Peleo in Catalogo dicta sunt

208 (78) Aeaci filius Peleus. fabula de Peleo et uxore Acasti narratur in Bibl. iii. [164–7] 13. 3, schol. Ap. Rhod. *A* 224 (p. 27. 20–28. 6 Wendel), schol. Pind. Nem. iv. 92 (iii. 79 Drachmann)   αἰσχρὰ Schrader: ἀρχαῖα cod. Ἀκάστου Dindorf: Ἀκάτου cod.   μακρῶν Bergk: μικρῶν cod.

209 (79) 2 αὐτοῦ Heyne   σχέσθαι Beck: αἴχεσθαι cod. D: εὔχεσθαι codd. BP   ἀδοκητὶ Er. Schmid

ὥϲ τὴν μαϲτεύων οἶοϲ κατὰ Πήλιον αἰπὺ
αἶψ' ὑπὸ Κενταύροιϲιν ὀρεϲκώιοιϲι δαμείη

210 Philodemus π. εὐϲεβείαϲ in Hercul. voll. coll. alt. viii. 105

7 ὁ δὲ τ]ὰ Κύπ[ρια ποιή-
8 ϲαϲ Ἥ]ραι χαρ[ιζομέ-
9 νη]ν φεύγειν αὐ[τοῦ
10 τὸ]ν γάμον, Δ[ία δὲ
11 ὀ]μόϲαι χολω[θέν-
12 τ]α διότι θνη[τῶι
13 ϲυ]νοικίϲει· κα[ὶ παρ'
14 Ἡ]ϲιόδωι δὲ κε[ῖται
15 τ]ὸ παραπλήϲ[ιον

211 P. Argent. 55, ed. Reitzenstein

....] Φθίην ἐξίκετο μητέρα μήλων,
πολλὰ] κ̣τήματ' ἄγων ἐξ εὐρυχόρου Ἰαωλκοῦ,
Πηλεὺ]ϲ̣ Αἰακίδηϲ, φίλοϲ ἀθανάτοιϲι θεοῖϲιν.
λαοῖϲιν] δὲ ἰ[δ]οῦϲιν ἀγαίετο θυμὸϲ ἅπαϲιν,
ὥϲ τε πό]λιν [ἀ]λάπαξεν ἐύκτιτον, ὥϲ τ' ἐτέλεϲϲεν
ἱμερόεν]τ̣α̣ γ[ά]μον, καὶ τοῦτ' ἔποϲ εἶπαν ἅπαντεϲ·
"τρὶϲ μάˌκαρ Αἰακίδη καὶ τετράκιϲ ὄλβιε Πηλεῦ,
.....].ο̣[.] μέ[γα] δῶρον Ὀλύμπιοϲ εὐρύοπα Ζεὺϲ
....].[.... μ]άκαρεϲ θεοὶ ἐξετέλεϲϲαν·
ὃϲ τοῖϲδ' ἐν μεγάροιϲ ἱεˌρὸν λέχοϲ εἰϲαναβαίνων
.... πατ]ὴρ ποίηϲε Κρονίων
.... περ]ί̣ τ' ἄλλων ἀλφηϲτάων
.... χθονὸ]ϲ ὅ̣ϲ̣[ϲ]ο̣[ι καρ]πὸν [ἔ]δ̣ουϲι

---

210 (80) omnia suppl. Reitzenstein   12 ονη[, 13]νοικηϲει, 14]ϲιοδωδε delineator   Cypria fr. 2 Bethe (Homer ii [1922] p. 155), fr. ii Allen

211 (O; 81) Pelei et Thetidis nuptiae. pap. denuo contulit J. Schwartz   2–5 Wilamowitz   2 Ἰαωλκοῦ E. Schwartz, cf. fr. 212 (b) 7: ιωλκου *Π*   4 δεῖ[δ]ôυϲιν leg. J. Schwartz (et ci. Rzach), δεϲ̣[ιδ]ôυϲιν Blass, δεφ[ιδ]ôυϲιν (pro ἐπιδοῦϲιν) Wilamowitz   6 εἶπαν: (ἔ)ειπον solent epici   7 et 10 ex ordine cit. Tzetz. prol. ad Lycophr. p. 4. 13 Scheer   8 με[leg. et suppl. J. Schwartz   init. fort. ἦ πόρε] ϲ̣ο[ι] (ἦ μέγα ϲοι πόρε] δῶρον ci. Rzach)   9 γάμον δ' αὐτοὶ μ]άκαρεϲ Wilamowitz; cf. δ 7, Qu. Smyrn. 3. 99   10 εἰϲαναβαίνειϲ Tzetzes   13 init. τιμήεντ' ἀνδρῶν Rzach (ἀλφηϲταί semper cum ἀνέρεϲ iungitur)   χθονὸ]ϲ ὅ[ϲϲ]ο̣[ι Wilamowitz,]'ϲ ὁ.[.]ο̣[*Π*

212 (**a**) Eustathius in Hom. p. 112. 44 sqq.

ἰστέον δὲ ὅτι τὸν Πάτροκλον ἡ παλαιὰ ἱστορία καὶ συγγενῆ τῶι Ἀχιλλεῖ παραδίδωσι, λέγουσα ὅτι Ἡσίοδός φησι Μενοίτιον τὸν Πατρόκλου πατέρα Πηλέως εἶναι ἀδελφόν, ὡς εἶναι αὐτανεψίους οὕτως ἀμφοτέρους ἀλλήλοις.

212 (**b**) P. Oxy. 2511, ed. Lobel

]. . .[. . . . . . .]. .ε̣τ̣ο̣ *Μοῖρα κρατ̣α̣[ι̣]ή̣[*
].δ̣η̣.[. . . .*τε*]*τ̣λ̣η̣ότι θυμῶι* [
]*υμε̣*[. . . . .]. .*ν̣ ταναήκεϊ χαλκῶ̣ι̣*[
]*κτομε̣ν*[. . .]. .[ʹ]*υ̣ χε̣ρcὶ cτιβαρῇcι* [
]ε̣. .*θεν ἱ̣*.[. . . .]. . *Cκαιῇcι πύληcι* [
]. .*ρω*[. . . . .*κα*]*ὶ̣ ἐccο̣με̣νοιcι πυθ̣έ̣cθαι*· [
Ἰ]*αωλ̣κ̣*[*ὸν ἐυκ*]*τ̣ι̣μέν̣ην ἀλάπαξε̣ν* [
Φθίη]*ν̣ ἐ̣ξ*[*ίκετο*] *μ̣ητέρα μήλων* [
ἐν εὐρ]*υχο̣ρω̣ι Ἰα̣ωλ̣κ̣*[*ῶι*]*κ̣φ*[
].ο.[
].[

213 Schol. T Hom. *Π* 175 (vi. 172. 6 Maass), "*Πηλῆος θυγάτηρ καλὴ Πολυδώρη*"

Ζηνόδοτος δὲ (19 F 5) *Κλεοδώρην φηcίν, Ἡcιόδου καὶ τῶν ἄλλων Πολυδώρην αὐτὴν καλούντων.*

214 Schol. AD Hom. *Ζ* 35 (i. 228. 1 Dindorf)

Ἀχιλλεὺc ὑπὸ τὸν Τρωϊκὸν πόλεμον πορθῶν τὰc περιοίκουc τῆc Ἰλίου πόλειc, ἀφίκετο εἰc τὴν πάλαι μὲν Μονηνίαν, νῦν δὲ Πήδαcον καλουμένην βουλόμενοc καὶ ταύτην cὺν ταῖc ἄλλαιc ἑλεῖν. ἀπογνόντοc

---

212 (**a**) (84) Menoetium non fratrem Pelei, sed fratrem Aeaci fuisse censet J. Schwartz p. 173, cl. schol. Pind. Ol. ix. 104–7, ubi Aeaci pater Iuppiter, Menoetii Actor, amborum mater Aegina

212 (**b**) 1–6 Menoetii filius Patroclus (?); 7–11 Peleus 1 fort.]υ̣ρ̣ε̣τ̣ο̣ 3 possis *ἐξαιν*]*ύμε*[*νοc ψυ*]*χὴν* (cf. *Ω* 754, *Ε* 155) 4 fort. *Μεν*[*οιτι*]*άδ*[*ο*]*υ* pro -*άδεω* 7 e.g. *Πηλεὺc δ' ὡc*] 8–9 cf. fr. 211. 1–2 9 quid sibi velint litterae in margine]κ̣φ[vel]κ̣ψ[,dubium

213 (83) Pelei filia Polydora (?) *τῶν*: *τινων* West *Πολυδώρην*: *οὕτωc* West

214 (85) *βουλόμενοc* D: om. A *ἀπογνόντοc* D: *ταπεινοῦντοc* A *δὲ αὐτοῦ τὴν εἰc τὸ τέλοc πολιορκίαν διὰ τὴν ὀχυρότητα τοῦ τόπου καὶ μέλλοντοc ἀναχωρεῖν, φαcὶν εἴcω τῶν τειχῶν οὖcάν τινα παρθένον ἐραcθῆναι τοῦ Ἀχιλλέωc, καὶ λαβοῦcαν μῆλον εἰc τοῦτο ἐπιγράψαι καὶ ῥῖψαι εἰc μέcον τῶν Ἀχαιῶν· ἦν δὲ ἐν αὐτῶι γεγραμμένον·*

μὴ cπεῦδ' Ἀχιλλεῦ πρὶν Μονηνίαν ἕληιc·
ὕδωρ γὰρ οὐκ ἔνεcτι· διψῶcιν κακῶc.

τὸν δὲ Ἀχιλλέα ἐπιμείναντα οὕτω λαβεῖν τὴν πόλιν τῆι τοῦ ὕδατοc cπάνει. ἡ ἱcτορία παρὰ Δημητρίωι καὶ Ἡcιόδωι.

215 Schol. Pind. Pyth. ix. 6 (ii. 221. 12 Drachmann), "*τὰν ὁ χαιτάειc ἀνεμοcφαράγων ἐκ Παλίου κόλπων ποτὲ Λατοΐδαc ἅρπαc(ε)*"

εἰc τὴν ἡρωΐδα, ἀφ' ἧc τοὔνομα ἔλαβεν ἡ πόλιc Κυρήνη, μετάγει τὸν λόγον. ἀπὸ δὲ Ἠοίαc Ἡcιόδου τὴν ἱcτορίαν ἔλαβεν ὁ Πίνδαροc, ἧc ἡ ἀρχή·

ἤ' οἵη Φθίηι Χαρίτων ἄπο κάλλοc ἔχουcα
Πηνειοῦ παρ' ὕδωρ καλὴ ναίεcκε Κυρήνη

216 Servius in Verg. Georg. i. 14 (iii. 1. 134. 22 Thilo–Hagen), '*cultor nemorum, cui pinguia Ceae | ter centum nivei tondent dumeta iuvenci*'

Aristaeum invocat, id est Apollinis et Cyrenes filium, quem Hesiodus dicit Apollinem pastoralem.

cf. Brevem Expos. in Verg. Georg. (iii. 2. 203. 8 Thilo–Hagen); schol. Bern. p. 845 Hagen (Fleckeisens Jahrb. Suppl. 4, 1861/7)

217 P. Oxy. 2489, ed. Lobel

Ἀρι]cταῖον βαθυχαίτην
]c̣ὺṿ Ἑρμῆι Μαιάδοc υἱεῖ
]ἐπίcκοποc ἠδὲ νομήων

4–5 *καὶ μέλλοντοc* D: *μέλλοντοc* A 11 *παρὰ Δημητρίωι*: sc. *τῶι Cκηψίωι*, ut videtur (fr. 32 Gaede) *πηδήcαcά τιc παρθένοc . . . ὁ δὲ . . . τὴν πόλιν . . . Πήδαcον ὠνόμαcε διὰ τὴν παρθένον* schol. B pauca hoc loco Hesiodea esse res ipsa clamat. similem fabulam narrat Parthenius cap. 21

215 (128) Cyrenes Ehoea. Cyrenes filius Aristaeus de hac Ehoea scripserunt Malten, Kyrene (1911) 1 sqq.; Pasquali, Quaestiones Callimacheae (Gottingae 1913) 94–98; Drexler, Hermes 66, 1931, 455 sqq.

216 (129) *pastoralem* i.e. *Νόμιον*, cf. Pind. Pyth. ix. 65, Ap. Rhod. *B* 507. de Aristaeo cf. Theog. 977

217 1 *ἢ δ' ὑποκυcαμένη τέκ' Ἀρι]cτ.* e.g. Lobel 3 [venatorum] et pastorum Lobel *νοημων Π* ante corr.

]ι̣ δώματα καλά
τε]θνηότα πορcανέουcαι
]μεν κλυτὸc Ἀργειώνη
]̣ι ἔκδοcαν οἴηι
]ώπιδοc ἀγλαὸν ἔργον

218 Schol. T Hom. *H* 9 (v. 234. 3 Maass), "*υἱὸν Ἀρηϊθόοιο ἄνακτοc, | Ἄρνηι ναιετάοντα Μενέcθιον*"

ὁ γὰρ τοῦ Μενεcθίου πατὴρ Ἀρηΐθοοc Βοιωτὸc ἦν κατοικῶν Ἄρνην· ἔcτι δὲ αὕτη Βοιωτίαc, ὡc καὶ Ἡcίοδόc φηcιν.

219 Steph. Byz. p. 483. 3 Meineke

Ὀγχηcτόc· ἄλcοc. Ὅμηροc "Ὀγχηcτόν θ' ἱερὸν Ποcιδήϊον ἀγλαὸν ἄλcοc" (*B* 506). *κεῖται δὲ ἐν τῆι Ἁλιαρτίων χώραι, ἱδρυθὲν ὑπὸ Ὀγχηcτοῦ τοῦ Βοιωτοῦ, ὥc φηcιν Ἡcίοδοc.*

220 Steph. Byz. s.v. *Αἰγά* (p. 38. 5 Meineke)

ἔcτι καὶ Αἰγαῖον πεδίον cυνάπτον τῆι Κίρραι, ὡc Ἡcίοδοc. λέγεται παρὰ Αἰγᾶν ποταμὸν φερόμενον ἀπὸ τοῦ περὶ τὸ Πύθιον ὄρουc· ἀφ' οὗ καὶ τὸ πεδίον Αἰγαῖον.

221 Eustathius in Hom. (*π* 117–20) p. 1796. 38, "*ὧδε γὰρ ἡμετέρην γενεὴν μούνωcε Κρονίων· | μοῦνον Λαέρτην Ἀρκείcιοc υἱὸν ἔτικτε, | μοῦνον δ' αὖτ' Ὀδυcῆα πατὴρ τέκεν· αὐτὰρ Ὀδυccεὺc | μοῦνον ἔμ' ἐν μεγάροιcι τεκὼν λίπεν*"

ἰcτέον δέ, ὅτι γενεαλογοῦcι Διὸc μὲν καὶ Εὐρυοδίαc Ἀρκείcιον, αὐτοῦ δὲ καὶ Χαλκομεδούcηc Λαέρτην, τοῦ δὲ καὶ Ἀντικλείαc Ὀδυccέα, οὗ

---

217 4 nova sectio incipere videtur (Lobel) 6 *Ἀργειώνη*, cf. fr. 23 (a) 20, 136. 10, 165. 21? (de Helena); de Iunone Argiva cogit. Wyss (ad Antim. fr. 55); an de Autonoe? 7]*οι* vel]*ωι* vel]*θι* 8 e.g. *γλαυκώπιδοc, βοώπιδοc, ἑλικώπιδοc, κυανώπιδοc*

218 (40) de situ urbis aquis submersae *Ἄρνηc* ambigebatur; cf. Strab. ix. 2. 34–35 p. 413 (ex Apollodoro) *αὕτη Βοιωτίαc* Maass: *αὐτῆc Βοιωτία* cod.

219 (41) Onchestus Boeoti filius *ἱδρυθὲν* Eustath. in Hom. p. 270. 14: *ἱδρυθῆναι δὲ* codd.

220 (42)

221 (17) Telemachi et Polycastae filius Persepolis; novit poeta horum versuum locum Homericum, *γ* 464 sq. fragmentum non in stirpe Nestoris collocandum esse docuit Kirchhoff, Die homerische Odyssee[2] (1879) 315 sqq.

καὶ Πηνελόπης Τηλέμαχον, αὐτοῦ δὲ καὶ Πολυκάστης τῆς Νέστορος Περσέπτολιν, ὡς Ἡσίοδος·

Τηλεμάχωι δ' ἄρ' ἔτικτεν ἐΰζωνος Πολυκάστη
Νέστορος ὁπλοτάτη κούρη Νηληϊάδαο
Περσέπολιν μιχθεῖσα διὰ χρυσῆν Ἀφροδίτην

222 Schol. Hom. η 54 (i. 325 Dindorf), "Ἀρήτη δ' ὄνομ' ἐστὶν ἐπώνυμον, ἐκ δὲ τοκήων | τῶν αὐτῶν, οἵ περ τέκον Ἀλκίνοον βασιλῆα"

Ἡσίοδος δὲ ἀδελφὴν Ἀλκινόου τὴν Ἀρήτην ὑπέλαβεν.

cf. Eustath. in Hom. p. 1567. 64

223 Eustathius in Hom. p. 13. 44 sq.

ἦν δέ, φασί, Βούτης υἱὸς Ποσειδῶνος, ὡς Ἡσίοδος ἐν Καταλόγωι.

224 Pausanias ii. 6. 5 (de patre Sicyonis)

Ἡσίοδός γε . . . ἐποίησεν ὡς Ἐρεχθέως εἴη Σικυών.

225 Harpocratio p. 202. 7 Dindorf

Μελίτη· . . . δῆμός ἐστι τῆς Κεκροπίδος· κεκλῆσθαι δέ φησι τὸν δῆμον Φιλόχορος ἐν τρίτηι (328 F 27) ἀπὸ Μελίτης θυγατρὸς κατὰ μὲν Ἡσίοδον Μύρμηκος, κατὰ δὲ Μουσαῖον (Vorsokr.[5] 2 B 9) Δίου τοῦ Ἀπόλλωνος.

cf. Sudam μ 521 (iii. 355/6 Adler); ex eodem fonte Photius, Lex. p. 220 Porson

---

Νηληιάδεω et Περσέπτολιν Eustathius, corr. Heinsius

222 (71) etiam Hipponacti (fr. 15 et 77 Diehl, 12 et 128 Masson) Arete soror Alcinoi fuisse videtur, cui Bupalus Εὐρυμεδοντιάδης audit sicut Alcinous, Bupali mater Ἀρήτη, filio incestu iuncta; cf. Koenen, Chronique d'Égypte 34 (1959) 113. 2. ad locum Homericum cf. Kirchhoff, Die Odyssee[2] 320 et Murray, The Rise of the Greek Epic[4] 125

223 (101) de Butidis cf. infra fr. 251 (a). in Bibl. iii. [193] 14. 8 Butes filius Pandionis, frater Erecthei

224 (102)

225 (106) Μύρμηκος Harpocr.: θυγατρὸς Μύρμηκος Suda, Photius

226 Strabo ix. 1. 9 p. 393

(urbs Salamis olim Cychrea vocabatur ab heroe quodam), *ἀφ' οὗ δὲ καὶ Κυχρείδης ὄφις, ὅν φηcιν Ἡcίοδος τραφέντα ὑπὸ Κυχρέως ἐξελαθῆναι ὑπὸ Εὐρυλόχου, λυμαινόμενον τὴν νῆcον, ὑποδέξαcθαι δὲ αὐτὸν τὴν Δήμητραν εἰc Ἐλευcῖνα καὶ γενέcθαι ταύτης ἀμφίπολον.*

227* Herodianus, *π. μον. λέξ.* 10 (ii. 915. 22 Lentz)

τὰ περιcπώμενα, εἰ λέγοιτο ἐν πλείοcι cυλλαβαῖc, διὰ τοῦ ō λέγεται. Δημοφόων . . . Καλλικόων . . . Ἱπποθόων,

Εὔμολπος Δόλιχός τε καὶ Ἱπποθόων μεγάθυμος

228 Schol. A Hom. Ξ 119 (ii. 38. 28 Dindorf)

ὁ "ἱππότης" ἄρα οὐ "φυγάc", ἀλλ' "ἱππικόc". καὶ ὁ Ἡcίοδος δὲ οὕτωc ἀκήκοεν·

ἰδὼν δ' ἱππηλάτα Κῆρυξ,

ἀντὶ τοῦ "ἱππικόc".

229 P. Oxy. 2493, ed. Lobel

]λ̣είην καλλιχ̣[
]ηc· θαλερὴν δ[
]ο̣ δ' ἀναίνετο τ̣[
]τ̣ὸ̣ν δ' ἔκταν[
]α̣cce δ' ἀναγκα[ί-
Ὄλυμπ]ον ἀγάννιφον ε[

---

226 (107) *Εὐρυλόχου* Tzschucke: *Εὐρύκλου* codd. cf. etiam Steph. Byz. s.v. *Κυχρεῖοc πάγοc* (p. 399–400 Meineke), et supr. fr. 80

227 heroes Eleusinii. fragmentum sine auctoris nomine traditum Catalogo ascripsit Wilamowitz (Menander, Das Schiedsgericht [1925] p. 129) *Εὐμόλοποc* cod.: corr. Dindorf

228 (156) Ceryx Eumolpi filius (?) *Κῆυξ* Bekker, quo recepto fragmentum in Ceycis nuptiis posuit Rzach

229 Hercules et Iole; Hercules in Olympum receptus 2 e.g. *θαλερὴν δ[' ἔθελεν παράκοιτιν | οἴκαδ' ἄγειν κούρην]* 3 supra τ̣[vestigia incerta Eurytus Herculem aspernatur, Hercules Oechaliam expugnat 5 fort. *ἐδάμ]αcce* δ' suprascriptum *αναγ'κά[Π: ἀναγκαίηc ὕπο λυγρῆc* Lloyd-Jones ante versus 6–17 fortasse obeli supplendi 6 *νῦν δ' ἤδη κατ' Ὄλυμπ]ον* e.g. Lobel supra ε[vestigia incerta; *ἐ[ν μακάρεccι* vel *ἔ[νθ(α)*

ναίει ἀπήμαντος] καὶ ἀκηδὴς ἤ[ματα πάντα
ἀθάνατος καὶ ἄγη]ρος ἔχων μεγαλ̣[Ἥβην
παῖδα Διὸς μεγάλο]ιο καὶ Ἥρης χρυ[σοπεδίλου·
τὸν πρὶν μέν ῥ᾿ ἤχθη]ρε θ[εὰ λ]ευκώλ[ενος Ἥρη
ἔκ τε θεῶν μακάρω]ν ἔκ τε [θνητῶν ἀνθρώπων,
νῦν δ᾿ ἤδη πεφίλ]ηκε, τίει δέ μιν [ἔξοχον ἄλλων
ἀθανάτων μετά γ᾿] αὐτὸν ἐρισθενέ[α Κρονίωνα
]δι φίλην πόρε π̣[
Ὄλυμπο]ν̣ ἀγάννιφον· .[
]ς̣ι.φυὴν καὶ εἶδ[ος
Ἡρ]ακλῆϊ πτολι[πόρθωι
]ὐ̣ρρ̣οον ἀργυρ[οδίνην
..]υ ῥέει εἰς ἅ[λα δῖαν
]'.γ[.].ν̣[

230 Apollonius Rhodius in argumento ad Scutum Herculis (de Hesiodo auctore Scuti)

Ἀπολλώνιος δὲ ὁ Ῥόδιος ἐν τῶι τρίτωι φησὶν αὐτοῦ εἶναι, ἔκ τε τοῦ χαρακτῆρος καὶ ἐκ τοῦ πάλιν τὸν Ἰόλαον ἐν τῶι Καταλόγωι εὑρίσκειν ἡνιοχοῦντα Ἡρακλεῖ.

231 Schol. Ap. Rhod. *Α* 824 (p. 71. 6 Wendel), "*θεσσάμενοι*"

αἰτήσαντες· θέσ⟨σασ⟩θαι γὰρ τὸ αἰτῆσαι καὶ ἱκετεῦσαι· καὶ Ἡσίοδος·

θεσσάμενος γενεὴν Κλεοδαίου κυδαλίμοιο

232 Schol. Pind. Ol. vii. 42 (i. 210. 24 Drachmann), "*Ἀστυδαμείας*"

Ὅμηρος ταύτην Ἀστυόχην φησίν, οὐκ Ἀστυδάμειαν (*Β* 658) . . . *καὶ Ἡσίοδος δὲ Ἀστυδάμειαν αὐτήν φησι, Φερεκύδης* (3 F 80) *δὲ*

7–13 cf. fr. 25. 28–33, Theog. 950–5 8 *μεγαλ[*, suprascriptum *πολυ*, fort. *μεγαλ[ήρατον* cum v.l. *πολυ(ήρατον)* 14 *παι]δὶ* West *π[* vel *γ[* 15 fort. *ι[* 16 fort. *Χαρίτεσ]σι* *]σι· Π* *εἶδ[ος ὁμοίην?* 18 *βαθ]ύρροον* vel *ἐ]ύρροον* supra *υρ* vestigia incerta 19 *ὅς τε δι(ὰ)* .....*-ου* .....*-ο]υ* (vel *ὅς τ᾿ ἐκ* . . .) West fin. West

230 (108)

231 (201) adiungimus fragmentum de progenie Herculis, quod etiam alio loco collocari potest (e.g. post fr. 251). genealogia est haec: Hercules–Hyllus–Cleodaeus–Aristomachus; huius filii Aristodemus Temenus Cresphontes in Peloponnesum redierunt

θέσθαι codd., corr. Schaefer *Κλεαδαίου* codd., corr. Lehmann

232 (109) Tlepolemi Rhodii mater Astydamea, filia Ormeni. pater Tlepolemi Hercules

Ἀστυγένειαν. ἦν δὲ Φύλαντος θυγάτηρ . . . ἐνταῦθα δὲ Ἀμύντορος αὐτήν φησιν ὁ Πίνδαρος, Ἡσίοδος δὲ καὶ Σιμωνίδης (Melici 554 Page) Ὀρμένου.

233 Etymol. gen. s.v. τριχάϊκες

τριχάϊκες· . . . Ἡσίοδος δὲ διὰ τὸ τριχῆι αὐτοὺς οἰκῆσαι·

πάντες δὲ τριχάϊκες καλέονται
οὕνεκα τρισσὴν γαῖαν ἑκὰς πάτρης ἐδάσαντο.

τρία γὰρ Ἑλληνικὰ ἔθνη τῆς Κρήτης ἐποικῆσαι, Πελασγοὺς Ἀχαιοὺς Δωριεῖς. παραιτητέον γὰρ τοὺς λέγοντας αἰνίττεσθαι Ἡρακλειδῶν δύναμιν τριχῆι διηιρημένην· νεώτερα γὰρ ταῦτα.

234 Strabo vii. 7. 2 p. 322

(postquam varias Aristotelis opiniones de Lelegibus rettulit) μάλιστα δ' ἄν τις Ἡσιόδωι πιστεύσειεν οὕτως περὶ αὐτῶν εἰπόντι·

ἤτοι γὰρ Λοκρὸς Λελέγων ἡγήσατο λαῶν,
τούς ῥά ποτε Κρονίδης Ζεὺς ἄφθιτα μήδεα εἰδὼς
λεκτοὺς ἐκ γαίης ΛΑΟΥΣ πόρε Δευκαλίωνι·

τῆι γὰρ ἐτυμολογίαι τὸ συλλέκτους γεγονέναι τινὰς ἐκ παλαιοῦ καὶ μιγάδας αἰνίττεσθαί μοι δοκεῖ, καὶ διὰ τοῦτο ἐκλελοιπέναι τὸ γένος.

vs. 2–3 laudat Seleucus in Etymol. Gud., cf. Reitzenstein, Geschichte der griech. Etymol. 164. 28; cf. etiam Epimerism. alph. in Hom. (Anecd. Ox. i. 264. 27 Cramer)

---

233 (191) Dori gens Dores. locus e scholiis multo uberioribus ad Hom. τ 177 descriptus, quae pendent ab Apollodori commentario in Catalogum navium (244 F 182, ad Hom. Β 655). ultima verba (τρία γὰρ Ἑλλ.—ταῦτα) non ad versus Hesiodeos pertinere videntur, sed ad τ 177. in 'Hesiodo' agitur fortasse de Doribus duce Tlepolemo coloniam Rhodum deducentibus, vel duce Doro tripolin Doricam ad Parnassum sitam (Erineum Boeum Cytinium) occupantibus; cf. Pind. Ol. vii. 74 sq.
intellige τρίχα αἶαν ἑκάς πάτρης Et. magn.: πατρίδος Et. gen. ἐδάσσαντο Et. gen.

234 (115) vs. 1 fort. ἤτοι μὲν vs. 3 λαοὺς Etymol.: ἀλέους Strabonis codd. ΛΑΟΥΣ et populos (λαούς) et lapides (λάους, a voce λᾶος) significare videtur, cf. Callim. fr. 496 ΛΑΟΙ Δευκαλίωνος ὅσοι γενόμεσθα (cum nota Pfeifferi), fragm. epicum adesp. in schol. Pind. Ol. ix. 70 (p. 284. 6 Dr.) ἐκ δὲ λίθων ἐγένοντο βροτοί, ΛΑΟΙ δὲ καλέονται, schol. Hom. Η 76 in P. Oxy. 1087. 39 πόρε Strabo: ποῖε vel πίε Etymol. Δευκαλίωνι cod. Vindob. 158 (Etymol.): Λευκανίωνι etymologicorum codices plurimi: Δευκαλίωνος Strabonis codd.

235 Etymol. gen. et Gud. (apud Reitzenstein, Gesch. der griech. Etymologica 161. 4), Etymol. magn. s.v. *Ἰλεύς*

Cελεύκου· Ἰλεύς· ὁ Αἴαντος πατήρ· ἐτυμολογεῖται, ὥς φηcιν Ἡcίοδος †οἷον·

Ἰλέα, τόν ῥ' ἐφίληcεν ἄναξ Διὸς υἱὸς Ἀπόλλων·
καί οἱ τοῦτ' ὀνόμην' ὄνομ' ἔμμεναι, οὕνεκα νύμφην
εὑρόμενος ἵλεων μίχθη ἐρατῆι φιλότητι
ἤματι τῶι, ὅτε τεῖχος ἐυδμήτοιο πόληος
ὑψηλὸν ποίηcε Ποcειδάων καὶ Ἀπόλλων.

ταῦτα παρατίθεται ἐν δ' Cιμωνίδου.

cf. Crameri Anecd. Ox. ii. 451. 12 (*ἐκλογαὶ διαφόρων λέξεων*), Eustath. in Hom. p. 650. 46, Tzetzae schol. in exeges. Iliad. p. 126. 26 Hermann, et comm. in Lycophr. 393 (p. 147. 18 Scheer).

de nomine *Ἰλεύς* cf. schol. A Hom. *Λ* 264 (= Herodian. ii. 25. 25 Lentz), schol. T Hom. *O* 336, schol. B Hom. *B* 527, schol. Pind. Ol. ix. 167, Eustath. in Hom. p. 101. 19, 277. 2, 1018. 59, Tzetzae Exeges. Iliad. p. 4. 9 Hermann.

Aristides xxvii. 18 (ii. 130. 3 Keil)

εἰ δὲ ἔτυχον περιόντες Ὅμηρος καὶ Ἡcίοδος, ῥαιδίως ἄν μοι δοκοῦcιν εἰπεῖν τὸ περὶ τοῦ τείχους τοῦ Τρωϊκοῦ μυθολόγημα μεταθέντες, ὡς ἄρα Ποcειδῶν καὶ Ἀπόλλων κοινῆι φιλοτεχνήcαντες ἀπειργάcαντο τὸ ἔργον τῆι πόλει, ὁ μὲν τὴν πέτραν παραcχὼν ἐκ τοῦ βυθοῦ τῆς θαλάττηc καὶ ἅμα ποιήcας δυνατὴν εἶναι κομιcθῆναι, ὁ δ' ὥσπερ εἰκὸc οἰκιcτήν, βουληθεὶc τὴν ἑαυτοῦ πόλιν κοcμῆcαι προcθήκηι τηλικαύτηι.

236 Choeroboscus in Theodos. i. 123. 22 Hilgard

ἔτι δεῖ παραφυλάξαcθαί τινα παρὰ τοῖc ποιηταῖc πάντα ἔχοντα τοῦ

---

235 (116) Ileus filius Apollinis, pater Aiacis Locri fr. Catalogo tribuit Tzetzes utroque loco *ἐτυμολογεῖται ὑφ' Ἡcιόδου* Et. Gud. *οἷον* Et. gen.: *Ἠοίαιc* Merk. 1–5 praeb. Et. Gud., Anecd. Ox., Tzetzae schol. in exeges. Iliad., 1–4 *τεῖχος* Et. gen. cod. A, 1–3 Et. Magn., 1 Et. gen. cod. B, 2 *οὕνεκα*–3 Eustath., 4–5 Tzetzes in Lyc. 2 *οἱ* Etymologica: *μιν* Tzetzes 3 *εὑρόμενος* Fischer: *εὑράμενος* testes *ἵλεον* Sittl *ὄχθηι ἐρατεινῆι* Et. Gud. (pro *μίχθη ἐρατῆι*): *μίγη ἐρανῆ* Tzetzes *ἐν δ' Cιμωνίδου* i.e. commentarii in Simonidem

236 (118) quo de Thoante agatur nescimus; fort. de rege Aetolo (cf. fr. 198. 9), quem parit Oenei filia Gorge; vel de Icarii Oebalidae filio (cf. ad fr. 175)

κανόνος καὶ ἰςοςυλλάβως κλιθέντα, οἷον ὁ Βίας τοῦ Βία, ὁ Δρύας τοῦ Δρύα, ὁ Θόας τοῦ Θόα, ὡς παρ' Ἡςιόδωι

ἣ δὲ Θόαν τέκεν υἱόν,

ὁ Αἴας τοῦ Αἴα, ὡς παρὰ Ἀλκαίωι "Αἴαν τὸν ἄριςτον" (fr. 387 Lobel–Page).

237 Schol. Theocrit. xvi. 49 (p. 328. 8 Wendel), "*θῆλυν ἀπὸ χροιᾶς Κύκνον*"

Κύκνον φηςὶ τὸν Ποςειδῶνος καὶ †*Καΰκος, τὸν ἀνῃρημένον ὑπὸ Ἀχιλλέως. λευκὸς γὰρ ἦν τὴν χροιὰν ἐκ γενετῆς, ὥς φηςιν Ἑλλάνικος* (4 F 148). *διὸ καὶ θῆλυν αὐτὸν εἶπεν ὁ Θεόκριτος διὰ τὴν χροιάν. Ἡςίοδος δὲ τὴν κεφαλὴν ἔχειν αὐτόν φηςι λευκήν· διὸ καὶ ταύτης τῆς κλήςεως ἔτυχεν.*

238 Schol. Hom. ι 198 (ii. 421–2 Dindorf), "*Μάρων Εὐάνθεος υἱός, ἱρεὺς Ἀπόλλωνος*"

ταῦτα ςημειοῦνταί τινες πρὸς τὸ μὴ παραδιδόναι Ὅμηρον Διόνυςον οἴνου εὑρετήν, τὸν δὲ Μάρωνα οὐ Διονύςου ἀλλ' Ἀπόλλωνος ἱερέα . . . ἡ δ' ἀπόταςις πρὸς Ἡςίοδον λέγοντα τὸν Μάρωνα εἶναι ⟨Εὐάνθους τοῦ⟩ Οἰνοπίωνος τοῦ Διονύςου.

Eustathius in Hom. p. 1623. 44 (ad locum eundem)

τὸν δὲ Μάρωνα, οὗ καὶ δοκεῖ παρώνυμος εἶναι ἡ κατὰ Θράικην Μαρώνεια, καὶ ἱερῶι ἐτίμηςαν οἱ ἐγχώριοι. οὗ τὸν πατέρα Εὐάνθην Ἡςίοδος Οἰνοπίωνος, φαςίν, υἱὸν ἱςτορεῖ.

239 Athenaeus x. 32 p. 428 c

διὸ καὶ Ἡςίοδος ἐν ταῖς Ἠοίαις εἶπεν·

οἷα Διώνυςος δῶκ' ἀνδράςι χάρμα καὶ ἄχθος.
ὅςτις ἄδην πίνηι, οἶνος δέ οἱ ἔπλετο μάργος,
cὺν δὲ πόδας χεῖράς τε δέει γλῶςςάν τε νόον τε
δεςμοῖς ἀφράςτοιςι, φιλεῖ δέ ἑ μαλθακὸς ὕπνος

---

237 (119) Cycnus Troianus   *Καΰκος* codd.: *Καλύκης* Heinsius; cf. etiam schol. Pind. Ol. ii. 147, schol. B Hom. *A* 38, Hygin. fab. 157   *διὰ τὴν χροιάν* del. Wendel

238 (120) (schol. Hom.) *Εὐάνθους τοῦ* add. Sittl   (Eustath.) *υἱὸν ἱςτορεῖ* cod. Paris. 2702: *ἱερὸν ἱςτορεῖ υἱοῦ Διονύςου* editio Romana

239 (121) *ἔχθος* cod.: corr. Ruhnken e Scut. 400   *ὅς τ' ἀνέδην πίνηι, οἴνοιο δέ τ'* Peppmüller: *θυμὸς δέ οἱ* West

240 Schol. Soph. Trach. 1167 (p. 344 Papageorgios), "*Cελλῶν*"

ἔνιοι δὲ χωρὶc τοῦ c γράφουcιν Ἑλλοὺc ἀποδεχόμενοι καὶ Ἑλλοπίαν τὴν Δωδώνην νομίζουcιν εἶναι. τὴν γὰρ χώραν οὕτωc Ἡcίοδοc ὀνομάζει ἐν Ἠοίαιc λέγων οὕτωc·

ἔcτί τιc Ἑλλοπίη πολυλήϊοc ἠδ' εὐλείμων
ἀφνειὴ μήλοιcι καὶ εἰλιπόδεccι βόεccιν·
ἐν δ' ἄνδρεc ναίουcι πολύρρηνεc πολυβοῦται
πολλοὶ ἀπειρέcιοι φῦλα θνητῶν ἀνθρώπων·
ἔνθα δὲ Δωδώνη τιc ἐπ' ἐcχατιῆι πεπόλιcται·
τὴν δὲ Ζεὺc ἐφίληcε καὶ ὃν χρηcτήριον εἶναι
τίμιον ἀνθρώποιc ⟨
⟩ ναῖον δ' ἐν πυθμένι φηγοῦ·
ἔνθεν ἐπιχθόνιοι μαντήϊα πάντα φέρονται.
ὃc δὴ κεῖθι μολὼν θεὸν ἄμβροτον ἐξερεείνηι
δῶρα φέρων ⟨τ'⟩ ἔλθηιcι cὺν οἰωνοῖc ἀγαθοῖcιν

vs. 1 et 5 laudat Strabo vii. 7. 10 p. 328

πότερον δὲ χρὴ λέγειν Ἑλλούc, ὡc Πίνδαροc (fr. 59. 3 Snell), *ἢ Cελλούc, ὡc ὑπονοοῦcι παρ' Ὁμήρωι* (*Π* 234) *κεῖcθαι, ἡ γραφὴ ἀμφίβολοc οὖcα οὐκ ἐᾶι διιcχυρίζεcθαι. Φιλόχοροc* (328 F 225) *δέ φηcι καὶ τὸν περὶ Δωδώνην τόπον, ὥcπερ τὴν Εὔβοιαν, Ἑλλοπίαν κληθῆναι· καὶ γὰρ Ἡcίοδον οὕτω λέγειν·*

ἔcτί τιc Ἑλλοπίη πολυλήϊοc ἠδ' εὐλείμων·
ἔνθα δὲ Δωδώνη τιc ἐπ' ἐcχατιῆι πεπόλιcται.

οἴονται δέ, φηcὶν ὁ Ἀπολλόδωροc (244 F 198), *ἀπὸ τῶν ἑλῶν τῶν περὶ τὸ ἱερὸν οὕτω καλεῖcθαι κτλ.*

241 Schol. Ap. Rhod. *Δ* 259 (p. 273–4 Wendel) (de reditu Argonautarum, qui apud Apollonium per Istrum fit)

Ἡρόδωροc ἐν τοῖc Ἀργοναύταιc (31 F 10) *φηcὶ διὰ τῆc αὐτῆc*

Schol. Ap. Rhod. *Δ* 282 (p. 280–1 Wendel)

---

240 (134) 4 post *ἀπειρέcιοι* versum excidisse censuit Schneidewin 5 *δὲ* Strabo: om. schol. Soph. 6 *δὴ* Brunck *ἐφίληcε* codd. deteriores: *φίληcε* cod. Laur.: *ἐθέληcεν ἑὸν* Ruhnken 7 post *ἀνθρώποιc* lac. stat. F. S. Lehrs, post vs. 6 Hermann 8 *ναῖον* fort. de columbis: *ναῖεν* (de Iove) Valckenaer: *ναίει* Schenkl: vel (*ναίω fluo*) de fonte Iovis *Ναΐου*, v. Cook, *Zeus* i. 368–9 11 *τ'* add. Papageorgios *ἔλθηιcι* codd. deteriores: *ἔλθηι* cod. Laur.: *ἔλθηι δὲ* Hermann: *ἔλθηι τε* Sittl

241 (63, 64)

⟨κατ⟩ελθεῖν θαλάccηc, δι' ἧc ἦλθον εἰc Κολχούc·	
Ἑκαταῖοc δὲ ὁ Μιλήcιοc (1 F 18a) *ἐκ τοῦ Φάcιδοc διελθεῖν εἰc τὸν ὠκεανόν, εἶτα ἐκεῖθεν εἰc τὸν Νεῖλον, ὅθεν εἰc τὴν ἡμετέραν θάλαccαν.*	(cf. infra)
τοῦτο δὲ ὁ Ἐφέcιοc Ἀρτεμίδωροc ψεῦδόc φηcιν εἶναι· τὸν γὰρ Φᾶcιν μὴ cυμβάλλειν τῶι ὠκεανῶι, ἀλλ' ἐξ ὀρέων καταφέρεcθαι. . . .	(cf. infra)
Τιμάγητοc δὲ ἐν α' Περὶ λιμένων (fr. 1 Müller, Fragm. Hist. Graec. iv. 519). . .	*οὐδεὶc δὲ ἱcτορεῖ διὰ τούτου* (sc. *τοῦ Ἴcτρου*) *τοὺc Ἀργοναύταc εἰcπεπλευκέναι εἰc τὴν ἡμετέραν θάλαccαν ἔξω Τιμαγήτου, ὧι*
κατακολουθεῖ δὲ αὐτῶι καὶ Ἀπολλώνιοc.	*ἠκολούθηcεν Ἀπολλώνιοc.*
	ὁ μὲν γὰρ Cκύμνοc αὐτοὺc διὰ Ταναΐδοc πεπλευκέναι ἐπὶ τὴν μεγάλην θάλαccαν, ἐκεῖθεν δὲ εἰc τὴν ἡμετέραν θάλαccαν ἐληλυθέναι. καὶ παρεκβολεύεται, ὡc ἄρα ἐλθόντεc ἐπὶ τὴν ἤπειρον οἱ Ἀργοναῦται ἐπὶ cτρωτήρων ἐκόμιcαν τὴν Ἀργώ, μέχριc οὗ ἐπὶ θάλαccαν παρεγένοντο.
Ἡcίοδοc δὲ καὶ Πίνδαροc ἐν Πυθιονίκαιc (iv. 25 sqq.) *καὶ Ἀντίμαχοc ἐν Λύδηι* (fr. 65 Wyss) *διὰ τοῦ ὠκεανοῦ φαcιν ἐλθεῖν αὐτοὺc εἰc Λιβύην, καὶ βαcτάcανταc τὴν Ἀργὼ εἰc τὸ ἡμέτερον πέλαγοc ⟨παρα⟩γενέcθαι.*	*Ἡcίοδοc δὲ διὰ Φάcιδοc αὐτοὺc ἐκπεπλευκέναι λέγει.*
(cf. supra)	*Ἑκαταῖοc* (1 F 18) *δὲ ⟨. . .*
(cf. supra)	*Ἀρτεμίδωροc δὲ⟩ ἐλέγχων αὐτὸν ἱcτορεῖ μὴ ἐκδιδόναι εἰc τὴν θάλαccαν τὸν Φᾶcιν.*

(schol. Δ 259) *⟨κατ⟩ελθεῖν* Schwartz (Ges. Schr. ii. 99): *ἐλθεῖν* cod. L: *ἐπανελθεῖν* cod. P   *⟨παρα⟩γενέcθαι* Schwartz: *γενέcθαι* L: *ἀφικέcθαι* P

(schol. Δ 282) *εἰc τὴν ἡμετέραν θάλαccαν* L: *εἰc τὸν Ἀδριατικὸν κόλπον* P   *ἐκπεπλευκέναι* Schneider: *εἰcπεπλευκέναι* cod.   *⟨. . . Ἀρτεμίδωροc δὲ⟩* Hollander

hoc fragmentum ad Mecionicae et Euphemi Ehoeam (infra fr. 253) rettulerunt Malten (Kyrene 158) et Wilamowitz (Pindaros 386. 2, Hellenist. Dicht. ii. 233), non sine veritatis specie. tamen non ausi sumus locum non disertis verbis ex Magnis Ehoeis citatum ibi collocare

TABULA V

P. Mediol. 39 (fr. 244)

242 Comm. in Antimachum Coloph. p. 83 Wyss (P. Mediol. 17 col. ii 26 sqq., ed. Vogliano)

"c[υνάγε]ιν δμω[ῆ]ιc ἐνδέξεται" (Antim. fr. 180 Wyss)· ἀντὶ τοῦ ἐπ[ιτ]άξηι. . . . καὶ Ἡ[c]ίοδοc·

ἐ[ν δ'] ἄρα κούραιc δ[έξ]ατο

243 P. Oxy. 2505, ed. Lobel

].[
]ọλεηςι̣[
]π.ω̣ρθι.[
τηλ]ύγετοc με(.) .[
]ε̣ην ὤπυιε θε[
ἣ δέ οἱ ἐν]μεγάροιc θεοεί[κελα γείνατο τέκνα

244* P. Mediol. 39 (P. Milan. Vogliano), ed. Vandoni [Tab. V]

]. . .
]ν̣υδρου
κ]αὶ πατρίδοc αἴη[c
]ευν̣[.].
]ọδα̣βαντα
]ηνορα δῖον
]ναβαντεc
Ἐ]ννοcίγαιοc
]ἀμοιβήν
]. .
]κ. .
]α̣λέου̣cιν
ἄ]νακτοc
]όχ̣οιο
]ατο νύμφηι
].βαια
λιπαρ]οκρήδεμνοc

---

242 (Z 3) c[υνάγε]ιν e.g. West   κούραιc: aut hoc verbum versum claudit, aut scribendum δέξατ'

243 4 fort. με[.].[5 possis θε[ῶν ἄπο κάλλοc ἔχουcαν   6 θεοϊ[Π

244 2 μελα]νύδρου?   5 fort. Ἄβαντα   6 Ἀγ]ήνορα Vandoni   7 fort. Ἄβαντεc   15 παρελέξ]ατο?   νυνφηι   16]η vel]υ

245 Apollonius Dyscolus, De pronominibus i. 82. 21 Schneider

τῆι "τίν" cύζυγος ἡ "ἵν", τοῦ τ ἀρθέντος. Ἡcίοδος·

ἵν δ' αὐτῶι θανάτου ταμίης

Comm. in Antimachum Coloph. p. 79–81 Wyss (P. Mediol. 17 col. ii 10, ed. Vogliano)

τὴν δὲ "ἵν" ἐν τῶι $\overline{X}$ [κα]τ' Ἀριcτοφάνη ἔ[cτὶ]ν εὑρεῖν. Ἡcίοδος δ[ὲ ἐν τ]ῶι $\bar{\epsilon}$· "ἵν δ' αὐτῶι θανάτοι[ο]".

Schol. Ap. Rhod. Δ 58 (p. 264. 8 Wendel)

τὸν δὲ Ἐνδυμίωνα Ἡcίοδος μὲν Ἀεθλίου τοῦ Διὸς καὶ Καλύκης, παρὰ Διὸς εἰληφότα τὸ δῶρον †ἐν αὐτῶι ταμίαν εἶναι θανάτου, ὅτε θέλοι ὀλέcθαι.

cf. Hesychium ι 662 (ii. 364 Latte)

---

245 (11) (Comm. in Antim.) ἐν τῶι $\overline{X}$: Hom. X 410 ἔcτιν εὑρεῖν post ἐν τῶι $\bar{\epsilon}$ habet Π, traiecit Vogliano θανατοι[legit Vogliano, θανατου[J. Schwartz p. 164. 3

(Schol. Ap. Rhod.) ἵν αὐτῶι post Bastium Rzach: possis etiam ἑαυτῶι finem versus refinxerunt Palaeocappa, ὅτε μέλλοι ὀλέcθαι, et Peppmüller ὅθ' ἕλοιτ' ἀπολέcθαι in eodem scholio in Apollonium, brevi post intervallo, laudantur αἱ Μεγάλαι Ἠοῖαι, fr. 260

ΜΕΓΑΛΑΙ ΗΟΙΑΙ

TESTIMONIUM

Pausan. ix. 31. 5 (cf. ante fr. 1) *καὶ ἃς μεγάλας ἐπονομάζουσιν Ἠοίας.* cf. F. Leo, Ausgewählte kleine Schriften ii. 348 sqq.

---

246 Pausanias ii. 16. 4

Ὅμηρος δὲ ἐν Ὀδυσσείαι γυναικὸς Μυκήνης . . . ἐμνήσθη (*β* 120) *. . . ταύτην εἶναι θυγατέρα Ἰνάχου, γυναῖκα δὲ Ἀρέστορος τὰ ἔπη λέγει ἃ δὴ Ἕλληνες καλοῦσιν Ἠοίας μεγάλας.*

247 Pausanias ii. 26. 2

κατὰ . . . τὰ ἔπη τὰς μεγάλας Ἠοίας ἦν Ἐπιδαύρωι πατὴρ Ἄργος ὁ Διός.

248 Anonymus, comm. in Aristot. Eth. Nicom. iii. 7 (Comm. in Aristot. Graec. xx. 155. 4)

ὅτι, φασί, τὸ πονηρὸς ἐπὶ τοῦ ἐπιπόνου τάττεται καὶ δυστυχοῦς, ἱκανὸς Ἡσίοδος παραστῆσαι ἐν ταῖς μεγάλαις Ἠοίαις τὴν Ἀλκμήνην ποιῶν πρὸς τὸν Ἡρακλέα λέγουσαν·

ὦ τέκος, ἦ μάλα δή σε πονηρότατον καὶ ἄριστον
Ζεὺς τέκνωσε πατήρ,

249 (pergit commentator)

καὶ πάλιν·

αἱ Μοῖραί σε πονηρότατον καὶ ἄριστον

---

246 (146) Mycene filia Inachi. cf. schol. Hom. *β* 120 *Μυκήνη Ἰνάχου θυγάτηρ καὶ Μελίας τῆς Ὠκεανοῦ, ἧς καὶ Ἀρέστορος Ἄργος, ὡς ἐν τῶι Κύκλωι φέρεται* (Kinkel p. 58; Allen p. 142, Nosti fr. xii; Bethe p. 191). de genealogiis Argivis cf. Ed. Meyer, Forschungen zur alten Geschichte i (1892) 88 sqq.

247 (137) Argus Iovis filius

248 (138) *τέκος* Voss: *τέκνον* cod. *ἐτέκνωσε* cod., corr. Voss

249 (139) *αἱ* delendum videtur initio verba *τέκνον ἐμόν* add. ed. Ald.

250 Schol. Pind. Isthm. vi. 53 (iii. 255. 16 Drachmann), "τὸν μὲν ἐν ῥινῶι λέοντος ϲτάντα (sc. Ἡρακλέα) κελήϲατο (sc. Τελαμών)"

τοῦτο ἰδίωϲ. οὐ γὰρ ὁ Τελαμὼν ἐκέλευϲε τῶι Ἡρακλεῖ ἐμβῆναι τῶι δέρματι καὶ εὔξαϲθαι, ἀλλ' αὐτὸϲ ὁ Ἡρακλῆϲ τοῦτο κατ' ἰδίαν ἔπραξε προαίρεϲιν. εἴληπται δὲ ἐκ τῶν μεγάλων Ἠοιῶν ἡ ἱϲτορία· ἐκεῖ γὰρ εὑρίϲκεται ἐπιξενούμενοϲ ὁ Ἡρακλῆϲ τῶι Τελαμῶνι καὶ ἐμβαίνων τῆι δορᾶι καὶ εὐχόμενοϲ οὕτωϲ, καὶ ὁ διόπομποϲ αἰετόϲ, ἀφ' οὗ τὴν προϲωνυμίαν ἔλαβεν Αἴαϲ.

251 (**a**) P. Oxy. 2498, ed. Lobel

ἣ τέκ' Ἀριϲταίχμ[ην τε καὶ Εὐαίχμην ῥοδόπηχυν.
τὰϲ δ' αὖ Βουτίδαι[ἀγάγοντο
Κήϋκοϲ ποτὶ δῶ[μα φιλοπτολέμου βαϲιλῆοϲ·
ἤτοι Π[ο]ụ[λ]υκόω[ν μὲν Ἀριϲταίχμην τανύπεπλον
ἤγαγε[θ'] ἵπποιϲ[ίν τε καὶ ἅρμαϲι κολλητοῖϲιν.
ἣ δέ οἱ ἐν μεγάρο[ιϲ θεοείκελα γείνατο τέκνα
Δηΐμαχον Ϲτέφανό[ν τε
τὴν δὲ Πολυκρεί[ων θαλερὴν ποιήϲατ' ἄκοιτιν
Εὐαίχμην, ἣ εἴδε[ι ἐκαίνυτο φῦλα γυναικῶν.
τὴν δ' ἄρα Χαιρεϲί[λαοϲ
Ἰαϲίδηϲ [ἵ]πποιϲ̣[ι καὶ ἅρμαϲι κολλητοῖϲι

251 (**b**) Pausanias iv. 2. 1

πυθέϲθαι δὲ ϲπουδῆι πάνυ ἐθελήϲαϲ οἵτινεϲ παῖδεϲ Πολυκάονι ἐγένοντο ἐκ Μεϲϲήνηϲ, ἐπελεξάμην τάϲ τε Ἠοίαϲ καλουμέναϲ καὶ τὰ ἔπη τὰ

---

250 (140) totus locus Pindari (Isthm. vi. 35–55) ex Ehoea sumptus. verba ἐν ῥινῶι λέοντος ϲτάντα significant Herculem pelle leonis indutum ad Telamonem venisse; quae male intellexit scholiasta (Wilamowitz, Pindaros 183). ἐμβαίνων τῆι δορᾶι olim fuit ἐμβάλλων τῆι δορᾶι, cf. schol. AB Hom. Ψ 821 (Severyns, Le cycle épique dans l'école d'Aristarque 327; J. Schwartz 391. 6) ἠοιῶν editio Brubachiana (1542): νυιῶν B: νόων D οὕτωϲ, καὶ Wilamowitz: καὶ οὕτωϲ codd.

251 (**a**) 1–9 filiae Hylli, Herculis filii; mater fortasse Ἰόλεια Euryti filia. sed quomodo Butidae cum Ceyce cohaereant, incertum 1–4 West 2 fort. Βουτεῖδαι 7 δηΐοχον, suprascr. μα Π 7–8 West 10–11 quam uxorem Chaeresilaus Iasii filius duxerit, nescimus. de Stratonica cogit. Lobel, cl. Plut. Quaest. Gr. 37 p. 299 et Pausan. ix. 20. 2 10 ἀνηγάγεθ' ὅνδε δόμονδε e.g. Merk.; nomen feminae fort. in versu 12 supplendum 11 ιϲιαδηϲ, suprascr. ιαϲιδηϲ Π

251 (**b**) (141) in fr. (a) Evaechmae coniunx Polycreon; Pulycoon sororem Evaechmae in matrimonium duxit

Ναυπάκτια, πρὸς δὲ αὐτοῖς ὁπόςα Κιναίθων καὶ Ἄςιος ἐγενεαλόγηςαν. οὐ μὴν ἔς γε ταῦτα ἦν ςφιςιν οὐδὲν πεποιημένον, ἀλλὰ Ὕλλου μὲν τοῦ Ἡρακλέους θυγατρὶ Εὐαίχμηι ςυνοικῆςαι Πολυκάονα υἱὸν Βούτου λεγούςας τὰς μεγάλας οἶδα Ἠοίας· τὰ δὲ ἐς τὸν Μεςςήνης ἄνδρα καὶ τὰ ἐς αὐτὴν Μεςςήνην παρεῖταί ςφιςι.

252 Pausanias ix. 40. 5–6

τὸ δὲ νῦν τοῖς Χαιρωνεῦςιν ὄνομα γεγονέναι (sc. λέγουςιν) ἀπὸ Χαίρωνος, ὃν Ἀπόλλωνός φαςιν εἶναι, μητέρα δὲ αὐτοῦ Θηρὼ τὴν Φύλαντος εἶναι. μαρτυρεῖ δὲ καὶ ὁ τὰ ἔπη τὰς μεγάλας Ἠοίας ποιήςας·

Φύλας δ' ὤπυιεν κούρην κλειτοῦ Ἰολάου
Λειπεφίλην, ἣ εἶδος Ὀλυμπιάδεςςιν ⟨ἔριζεν⟩.
†Ἱππότην δέ οἱ υἱὸν ἐνὶ μεγάροιςιν ἔτικτε
Θηρώ τ' εὐειδέα ἰκέλην φαέεςςι ςελήνης.
Θηρὼ δ' Ἀπόλλωνος ἐν ἀγκοίνηιςι πεςοῦςα
γείνατο Χαίρωνος κρατερὸν μένος ἱπποδάμοιο

253

Schol. Pind. Pyth. iv. 36c (ii. 102 Drachmann)	Schol. Pind. Pyth. iv. 61 (ii. 105 Drachmann)

(narraverat Pindarus Tritonem sive Eurypylum uni ex Argonautis, Euphemo, glebam dedisse)

ζητεῖται δέ, δι' ἣν αἰτίαν ὑπεδέξατο τὴν βῶλον ὁ Εὔφημος·	διατί δὲ Εὔφημος ἐδέξατο, πολλῶν ὄντων, ζητεῖται.
καὶ οἱ μέν, ὅτι πρωιρεὺς ἦν· . . .	καὶ οἱ μέν φαςι διὰ τὸ ἐγγύς· πρωιρεὺς γὰρ ἦν· . . .
οἱ δὲ διὰ τὴν ςυγγένειαν, ἀμφότεροι γὰρ Ποςειδῶνος, ὅ τε δοὺς καὶ ὁ λαβών·	οἱ δὲ διὰ ςυγγένειαν· . . .
ὁ δὲ Ἀςκληπιάδης	Ἀςκληπιάδης δέ φηςιν ὅτι καὶ Περικλύμενος καὶ Ἐργῖνος καὶ Ἀγκαῖος (sc. Ποςειδῶνος ἦςαν υἱοί)· τί οὖν οὐδεὶς εἰλήφει τούτων;
	φηςὶ γοῦν αὐτὸς δῶρον ἔχειν τὸν Εὔφημον παρὰ Ποςειδῶνος τὴν

---

252 (142) 1 κλειτὴν stirps L^1 2 ἔριζεν West: ὁμοίη Musurus: ὅμοιον stirps L^1: om. codd. ceteri   3 Ἱππότην stirps L^1: Ἱππότη codd. ceteri: Ἱπποτάδην Siebelis: Ἱππότεα Boissonade: Ἱππόθοον Koechly: alii aliter, Ἱππότης audit in Bibl. ii. [174] 8. 3   δέ: τέ Koechly: ἣ δέ οἱ Ἱππότε' υἱὸν Sylburg   4 εὐειδέα Rzach: εὐειδῆ codd.

253 (143)

θάλαccαν ἀπημάντως διαπορεύεcθαι ὡς διὰ γῆς. τὰ ἐν ταῖς μεγάλαις Ἠοίαις παρατίθεται·

ἤ' οἵη Ὑρίηι πυκινόφρων Μηκιονίκη,
ἣ τέκεν Εὔφημον γαιηόχωι Ἐννοσιγαίωι
μιχθεῖc' ἐν φιλότητι πολυχρύcου Ἀφροδίτης

cf. schol. Pind. Pyth. iv. 15b (ii. 99 Dr.) ὁ δὲ Εὔφημος γίνεται παῖς Ποσειδῶνος καὶ Μηκιονίκης τῆς Εὐρώτα θυγατρός, ὃς ἔγημε θυγατέρα Ἀλκμήνης Λαονόμην, et schol. Pind. Pyth. iv. 79b (ii. 108. 7 Dr.) γυναῖκα δὲ ἔcχεν ὁ Εὔφημος Λαονόμην Ἡρακλέους ἀδελφήν, Ἀμφιτρύωνος θυγατέρα καὶ Ἀλκμήνης.

254 Schol. Ap. Rhod. *B* 178 (p. 141. 12–15 Wendel)

πεπηρῶcθαι δὲ Φινέα φηcὶν Ἡcίοδος ἐν μεγάλαις Ἠοίαις, ὅτι Φρίξωι τὴν ὁδὸν ἐμήνυcεν, ἐν δὲ τῶι τρίτωι Καταλόγωι, ἐπειδὴ τὸν μακρὸν χρόνον τῆς ὄψεως προέκρινεν.

cf. supra fr. 157

255 Schol. Ap. Rhod. *B* 1122 (p. 206. 21 Wendel), "Ἄργος"

εἷς τῶν Φρίξου παίδων οὗτος. τούτους δὲ Ἡρόδωρός (31 F 39) φηcιν ἐκ Χαλκιόπης τῆς Αἰήτου θυγατρός, Ἀκουcίλαος (2 F 38) δὲ καὶ Ἡcίοδος ἐν ταῖς μεγάλαις Ἠοίαις φαcὶν ἐξ Ἰοφώccης τῆς Αἰήτου. καὶ οὗτος μέν φηcιν αὐτοὺς τέccαρας, Ἄργον Φρόντιν Μέλανα Κυτίcωρον, Ἐπιμενίδης (457 F 12; Vorsokr.[5] 3 B 12) δὲ πέμπτον προcτίθηcι Πρέcβωνα.

---

253 πυκινόφρων Μηκιονίκη codd. BGQ: πυκνόμορφον Μηκιονίκην cod. E τέκ' cod. B de hac Ehoea multi scripserunt; cf. Studniczka, Kyrene (1890) 107–8; Malten, Kyrene (1911) 154 sqq.; Wilamowitz, Pindaros (1922) 385–6 et Hellenist. Dicht. ii (1924) 233; Chamoux, Cyrène sous la monarchie des Battiades (1953) 84–85; J. Schwartz 466–8. de Argonautis cf. supra fr. 241

254 (151)

255 (152) οὗτος μέν φηcιν κτλ. haec utrum ad 'Hesiodum' an ad Apollonium (*B* 1155–6) referenda, incertum Κύτωρον cod. P, ut Strab. xii. 3. 10 p. 544 (ex Ephoro 70 F 185), cf. Hom. *B* 853: Κυτίccωρος Apollonius l.c.

256 Antoninus Liberalis 23, *Βάττος*

(Scholium:) ἱστορεῖ Νίκανδρος Ἑτεροιουμένων α′ καὶ Ἡσίοδος ἐν μεγάλαις Ἠοίαις καὶ Διδύμαρχος Μεταμορφώσεων γ′ καὶ Ἀντίγονος ἐν ταῖς Ἀλλοιώσεσι καὶ Ἀπολλώνιος ὁ Ῥόδιος ἐν ἐπιγράμμασιν, ὥς φησι Πάμφιλος ἐν α′.

(Textus:) Ἄργου τοῦ Φρίξου καὶ Περιμήλης τῆς Ἀδμήτου θυγατρὸς ἐγένετο Μάγνης. οὗτος ᾤκησεν ἐγγὺς Θεσσαλίας, καὶ τὴν γῆν ταύτην ἀπ᾽ αὐτοῦ Μαγνησίαν προσηγόρευσαν οἱ ἄνθρωποι. ἐγένετο δ᾽ αὐτῶι παῖς περίβλεπτος τὴν ὄψιν Ὑμέναιος. ἐπεὶ δὲ Ἀπόλλωνα ἰδόντα ἔρως ἔλαβε τοῦ παιδὸς καὶ οὐκ ἐξελίμπανε τὰ οἰκία τοῦ Μάγνητος, Ἑρμῆς ἐπιβουλεύει τῆι ἀγέληι τῶν βοῶν τοῦ Ἀπόλλωνος. αἳ δὲ ἐνέμοντο ἵναπερ ἦσαν αἱ Ἀδμήτου βόες. καὶ πρῶτα μὲν ἐμβάλλει ταῖς κυσίν, αἳ ἐφύλαττον αὐτάς, λήθαργον καὶ κυνάγχην· αἳ δὲ ἐξελάθοντο τῶν βοῶν καὶ τὴν ὑλακὴν ἀπώλεσαν. εἶτα δ᾽ ἀπελαύνει πόρτιας δώδεκα καὶ ἑκατὸν βοῦς ἄζυγας καὶ ταῦρον, ὃς ταῖς βουσὶν ἐπέβαινεν. ἐξῆπτε δὲ ἐκ τῆς οὐρᾶς πρὸς ἕκαστον ὕλην, ὡς ἂν τὰ ἴχνη τῶν βοῶν ἀφανίσηι, καὶ ἦγεν αὐτὰς ἐλαύνων διά τε Πελασγῶν καὶ δι᾽ Ἀχαΐας τῆς Φθιώτιδος καὶ διὰ Λοκρίδος καὶ Βοιωτίας καὶ Μεγαρίδος καὶ ἐντεῦθεν εἰς Πελοπόννησον διὰ Κορίνθου καὶ Λαρίσσης ἄχρι Τεγέας. καὶ ἐντεῦθεν παρὰ τὸ Λύκιον ὄρος ἐπορεύετο καὶ παρὰ τὸ Μαινάλιον καὶ τὰς λεγομένας Βάττου σκοπιάς. ὤικει δὲ ὁ Βάττος οὗτος ἐπ᾽ ἄκρωι τῶι σκοπέλωι· καὶ ἐπεὶ τῆς φωνῆς ἤκουσε παρελαυνομένων τῶν μόσχων, προελθὼν ἐκ τῶν οἰκίων ἔγνω περὶ τῶν βοῶν ὅτι κλοπιμαίας ἄγει, καὶ μισθὸν ἤιτησεν, ἵνα πρὸς μηδένα φράσηι περὶ αὐτῶν. Ἑρμῆς δὲ δώσειν ἐπὶ τούτοις ὑπέσχετο, καὶ ὁ Βάττος ὤμοσε περὶ τῶν βοῶν πρὸς μηδένα κατερεῖν. ἐπεὶ δὲ αὐτὰς Ἑρμῆς ἔκρυψεν ἐν τῶι πρηῶνι παρὰ τὸ Κορυφάσιον εἰς τὸ σπήλαιον εἰσελάσας ἄντικρυς Ἰταλίας καὶ Σικελίας, αὖθις ἀφίκετο πρὸς τὸν Βάττον ἀλλάξας ἑαυτὸν καὶ πειρώμενος, εἰ αὐτῶι συμμένειν ἐπὶ τοῖς ὁρκίοις ἐθέλει· διδοὺς δὲ μισθὸν χλαῖναν ἐπυνθάνετο παρ᾽ αὐτοῦ, μὴ κλοπιμαίας βοῦς ἔγνω παρελαθείσας. ὁ δὲ Βάττος ἔλαβε τὴν χλαμύδα καὶ ἐμήνυσε περὶ τῶν βοῶν. Ἑρμῆς δὲ χαλεπήνας, ὅτι διχόμυθος ἦν, ἐράπισεν αὐτὸν τῆι ῥάβδωι καὶ μετέβαλεν εἰς πέτρον. καὶ αὐτὸν οὐκ ἐκλείπει κρύος οὐδὲ καῦμα. λέγεται δὲ καὶ ὁ τόπος ⟨ὑπὸ τῶν⟩ παροδευόντων ἄχρι νῦν σκοπιαὶ Βάττου.

257 Pausanias ix. 36. 6–7

παρὰ . . . τὸν Ὀρχομενὸν βασιλεύοντα Ὕηττος ἀφίκετο ἐξ Ἄργους, φεύγων ἐπὶ τῶι Μολούρου φόνωι τοῦ Ἀρίσβαντος, ὅντινα ἀπέκτεινεν

---

256 (153) 3 ἐπιγράμμασι cod.: ἔπεσιν Sakolowski 4 Παμφίλη ci. Hecker 13 ὑλακὴν Jacobs: φυλακὴν cod. 18–19 Λαρίσσης et Λύκιον suspecta: Λυρκείας et Λύρκειον West 33 ὑπὸ τῶν add. Oder σκοπιαὶ Schneider: σκοπιὰ cod. perpauca hic Hesiodea esse vix monendum est. cf. Ovidium, Met. ii. 680–707; Holland, Rh. Mus. 75, 1926, 156; Radermacher, Der homerische Hermeshymnus (1931) 194

257 (144) Μολούρου det.: Μολύρου archetypus

ἐπὶ γυναικὶ ἑλὼν γαμετῆι· καὶ αὐτῶι τῆς χώρας ἀπένειμεν Ὀρχομενὸς ὅση νῦν περί τε Ὕηττόν ἐστι τὴν κώμην καὶ ἡ ταύτηι προσεχής. Ὑήττου δὲ ἐποιήσατο μνήμην καὶ ὁ τὰ ἔπη συνθεὶς ἃς μεγάλας Ἠοίας καλοῦσιν Ἕλληνες·

Ὕηττος δὲ Μόλουρον Ἀρίσβαντος φίλον υἱὸν
κτείνας ἐν μεγάροις εὐνῆς ἕνεχ' ἧς ἀλόχοιο
οἶκον ἀποπρολιπὼν φεῦγ' Ἄργεος ἱπποβότοιο,
ἷξεν δ' Ὀρχομενὸν Μινύηιον· καί μιν ὅ γ' ἥρως
δέξατο καὶ κτεάνων μοῖραν πόρεν ὡς ἐπιεικές

258 Pausanias ii. 2. 3

Κορινθίοις δὲ τοῖς ἐπινείοις τὰ ὀνόματα Λέχης καὶ Κεγχρίας ἔδοσαν, Ποσειδῶνος εἶναι καὶ Πειρήνης τῆς Ἀχελώιου λεγόμενοι· πεποίηται δὲ ἐν Ἠοίαις μεγάλαις Οἰβάλου θυγατέρα εἶναι Πειρήνην.

259 (**a**) Pausanias vi. 21. 10 sq.

ἀπέθανον δὲ ὑπὸ τοῦ Οἰνομάου κατὰ τὰ ἔπη τὰς μεγάλας Ἠοίας Ἀλκάθους ὁ Πορθάονος, δεύτερος οὗτος ἐπὶ τῶι Μάρμακι, μετὰ δὲ Ἀλκάθουν Εὐρύαλος καὶ Εὐρύμαχός τε καὶ Κρόταλος. τούτων μὲν οὖν γονέας τε καὶ πατρίδας οὐχ οἷά τε ἦν πυθέσθαι μοι· τὸν δὲ ἀποθανόντα ἐπ' αὐτοῖς Ἀκρίαν τεκμαίροιτο ἄν τις Λακεδαιμόνιόν τε εἶναι καὶ οἰκιστὴν Ἀκριῶν. ἐπὶ δὲ τῶι Ἀκρίαι Κάπετόν φασιν ὑπὸ τοῦ Οἰνομάου φονευθῆναι καὶ Λυκοῦργον Λάσιόν τε καὶ Χαλκώδοντα καὶ Τρικόλωνον . . . Τρικολώνου δὲ ὕστερον ἐπέλαβεν ἐν τῶι δρόμωι τὸ χρεὼν Ἀριστόμαχόν τε καὶ Πρίαντα, ἔτι δὲ Πελάγοντα καὶ Αἰόλιόν τε καὶ Κρόνιον.

Schol. Pind. Ol. i. 127b (i. 45 Drachmann), "τρεῖς τε καὶ δέκ' ἄνδρας ὀλέσαις"

οἱ ἀναιρεθέντες οὗτοί εἰσιν· Μέρμνης, Ἱππόθοος, Πέλοψ ὁ Ὀπούντιος, Ἀκαρνάν, Εὐρύμαχος, Εὐρύλοχος, Αὐτομέδων, Λάσιος, Χάλκων, Τρικόρωνος, Ἀλκάθους ὁ Πορθάονος, Ἀριστόμαχος, Κρόκαλος. τούτωι τῶι

---

257 1 Μόλουρον codd. 4 ἷξε δ' ἐς Ὀρχ. Koechly Μινύειον Hom. B 511, Theocr. 16. 104 Hyettus vicus erat prope Orchomenum

258 (145) Pirene Corinthia Oebali filia

259 (**a**) (147) proci Hippodamiae ab Oenomao occisi Παρθάονος in schol. Pind. pars codicum

ἀριθμῶι τῶν ἀπολομένων μνηστήρων καὶ Ἡcίοδος καὶ Ἐπιμενίδης μαρτυρεῖ.

259 (**b**) P. Oxy. 2499, ed. Lobel

]θεινον[
]μ̣ενκα̣[
Πορθά]ο̣νος υἱο[
]Ἀλκα[θο
π]ατρο[
]αζον[
Μά]ρμαχ['
].τολιπ[

260 Schol. Ap. Rhod. *Δ* 58 (p. 264. 9 Wendel)

τὸν δὲ Ἐνδυμίωνα Ἡcίοδος μὲν Ἀεθλίου τοῦ Διὸς καὶ Καλύκης, παρὰ Διὸς εἰληφότα τὸ δῶρον †ἐν αὐτῶι ταμίαν εἶναι θανάτου, ὅτε θέλοι ὀλέcθαι . . . ἐν δὲ ταῖς μεγάλαις Ἠοίαις λέγεται τὸν Ἐνδυμίωνα ἀνενεχθῆναι ὑπὸ τοῦ Διὸς εἰς οὐρανόν, ἐραςθέντα δὲ Ἥρας εἰδώλωι παραλογιςθῆναι νεφέλης, καὶ διὰ τὸν ἔρωτα ἐκβληθέντα κατελθεῖν εἰς Ἅιδου.

cf. supra fr. 245.

261 Schol. Ap. Rhod. *Α* 118–21 (p. 17. 5 Wendel), "... Πηρώ | Νηληΐς, τῆς ἀμφὶ δύην ἐμόγηςε βαρεῖαν | Αἰολίδης σταθμοῖςιν ἐν Ἰφίκλοιο Μελάμπους"

ἐν δὲ ταῖς μεγάλαις Ἠοίαις λέγεται, ὡς ἄρα Μελάμπους φίλτατος ὢν τῶι Ἀπόλλωνι ἀποδημήςας κατέλυςε παρὰ Πολυφόντηι. βοὸς δὲ αὐτῶι τεθυμένου, δράκοντος ἀνερπύςαντος παρὰ τὸ θῦμα, διαφθεῖραι αὐτὸν τοὺς θεράποντας τοῦ βαςιλέως· τοῦ δὲ βαςιλέως χαλεπήναντος τὸν Μελάμποδα λαβεῖν καὶ θάψαι, τὰ δὲ τούτου ἔγγονα τραφέντα ὑπὸ τούτου λείχειν τὰ ὦτα καὶ ἐμπνεῦςαι αὐτῶι τὴν μαντικήν.

Epimenides 457 F 14, Vorsokr.[5] 3 B 17

259 (b) 5 vel *θυγ]ατρό[ς* (West) 6 *ςφ]αζον[τ-* Lobel 7 *']ρμαχ[Π* 8 *]πτολιπ[ορθ-* vel *]ν̣το λιπ[* Lobel

260 (148) *ἐραςθέντα δὲ Ἥρας εἰδώλωι παραλογιςθῆναι τὸν ἔρωτα νεφέλης καὶ ἐκβληθέντα* cod. L (ubi *τὸν ἔρωτα* del. Keil): *καὶ ἐραςθέντα Ἥρας παραλογιςθῆναι εἰδώλωι νεφέλης διὰ τὸν ἔρωτα, καὶ ἐμβληθέντα ἐκεῖθεν* cod. P: *διὰ τὸν ἔρωτα* trai. Merk.

261 (149) *Πολυφόντηι* Wilamowitz e Bibl. ii. [180] 8. 5: *Πολυφάντηι* cod. *διαφθεῖραι αὐτὸν τοὺς θεράποντας*, servi serpentem occiderunt

	(cod. P., p. 16 Brunck–Schaefer)
διόπερ κλέπτοντα αὐτὸν τὰς βόας τοῦ Ἰφίκλου {εἰς Αἴγιναν τὴν πόλιν} περιληφθέντα δεθῆναι	κλέπτοντα δὲ τὸν Μελάμποδα τὰς βοῦς τοῦ Ἰφίκλου καὶ συλληφθέντα ὑπ' αὐτοῦ,
καὶ τοῦ οἴκου μέλλοντος πεσεῖν, ἐν ὧι ἦν ὁ Ἴφικλος, τῆι διακόνωι πρεσβύτιδι μηνῦσαι	ἐπειδὴ τὸ στέγος ἔμελλεν ὅσον οὔπω πεσεῖσθαι τῆς οἰκίας, κατανενοηκότα ὑπὸ μαντικῆς, ἐν δεσμωτηρίωι κατεχόμενον, εἰπεῖν τῆι θεραπαίνηι τοῦ Ἰφίκλου. παρ' ἧς Ἴφικλος μαθὼν τὸ πρόρρημα, αὐτός τε ἀπαλλάττεται τοῦ δεινοῦ,
καὶ τούτου χάριν ἀφεθῆναι τῶι Ἰφίκλωι.	καὶ Μελάμποδα αἰδεσθεὶς ἀπέλυσεν, ἐπιδοὺς αὐτῶι καὶ τὰς βοῦς ἃς ἀφίκετο κλέψαι.

262 Schol. Ap. Rhod. Δ 828 (p. 295. 21 Wendel), "Σκύλλης . . . ἣν τέκε Φόρκωι \| νυκτιπόλος Ἑκάτη, τήν τε κλείουσι Κράταιιν"

ἐν δὲ ταῖς μεγάλαις Ἠοίαις Φόρβαντος καὶ Ἑκάτης ἡ Σκύλλα.

De MAGNIS EHOEIS cf. etiam fr. 363A

---

261 διόπερ cod.: διὰ δὲ τὴν Πηρὼ H. Fränkel εἰς Αἴγιναν (Ἐχῖνον Keil) τὴν πόλιν ad scholium praecedens traiecit Wendel de Melampode serpentes sepeliente cf. ad fr. 270

262 (150)

ΚΗΥΚΟΣ ΓΑΜΟΣ

TESTIMONIA

Plut. Quaest. conviv. viii. 8. 4 p. 730 F (cf. fr. 267)

ὁ τὸν Κήυκοϲ γάμον εἰϲ τὰ Ἡϲιόδου παρεμβαλών.

Athen. ii. 32 p. 49 B (cf. fr. 266 (b))

Ἡϲίοδοϲ ἐν Κήυκοϲ γάμωι—κἂν γὰρ γραμματικῶν παῖδεϲ ἀποξενῶϲι τοῦ ποιητοῦ τὰ ἔπη ταῦτα, ἀλλ' ἐμοὶ δοκεῖ ἀρχαῖα εἶναι—κτλ.

egimus de hoc carmine in Rh. Mus. 108, 1965, 300 sqq.

---

263 Schol. Ap. Rhod. *A* 1289 (p. 116. 7 Wendel)

Ἀπολλώνιοϲ μὲν οὖν ἀπολελεῖφθαί φηϲιν τὸν Ἡρακλέα περὶ Κίον ἐκβάντα ἐπὶ τὴν Ὕλα ζήτηϲιν. . . . Ἡϲίοδοϲ ἐν τῶι Κήυκοϲ γάμωι ἐκβάντα φηϲὶν αὐτὸν ἐφ' ὕδατοϲ ζήτηϲιν τῆϲ Μαγνηϲίαϲ περὶ τὰϲ ἀπὸ τῆϲ ἀφέϲεωϲ αὐτοῦ Ἀφετὰϲ καλουμέναϲ ἀπολειφθῆναι. Ἀντίμαχοϲ δὲ ἐν τῆι Λύδηι (fr. 58 Wyss) φηϲὶν ὑπὸ τῶν ἡρώων ἐκβιβαϲθῆναι αὐτὸν διὰ τὸ καταβαρεῖϲθαι τὴν Ἀργώ. τούτωι δὲ καὶ Ποϲείδιπποϲ ὁ ἐπιγραμματογράφοϲ (fr. 4 Schott) ἠκολούθηϲε καὶ Φερεκύδηϲ (3 F 111) {Ἡϲιόδωι}.

264* Zenobius ii. 19 (Corp. Paroemiogr. Graec. i. 36–37 Leutsch-Schneidewin)

αὐτόματοι δ' ἀγαθοὶ ἀγαθῶν ἐπὶ δαῖταϲ ἵενται.

οὕτωϲ Ἡϲίοδοϲ ἐχρήϲατο τῆι παροιμίαι, ὡϲ Ἡρακλέουϲ ἐπιφοιτήϲαντοϲ ἐπὶ τὴν οἰκίαν Κήυκοϲ τοῦ Τραχινίου καὶ οὕτωϲ εἰπόντοϲ.

cf. etiam Zenob. ii. 46 et schol. Plat. conviv. 174 B (p. 56 Greene)

---

263 (154) περὶ cod. P: παρὰ cod. L   ἀπὸ τῆϲ ἀφέϲεωϲ τῆϲ Ἀργοῦϲ P   ὑπὸ τῶν ἡρώων — Ἀργώ P: ἐκβιβαϲθέντα τὸν Ἡρακλέα διὰ τὸ καταβαρεῖϲθαι τὴν Ἀργὼ ὑπὸ τοῦ ἥρωοϲ L   τούτωι δὲ P: om. L   Ἡϲιόδωι L: om. P (et Wendel)   cf. etiam Herodotum vii. 193

264 (155) ἵενται: ἴαϲιν Zenob. ii. 46, cf. Cratin. et Eupol. ll.cc. infra: ἴωϲιν schol. Plat.   Ἡϲίοδοϲ Schneidewin: Ἡράκλειτοϲ codd. editorum Gottingensium: ὁ Βακχυλίδηϲ Zenob. (cod. Athous) i. 15 (Miller, Mélanges de littérature grecque p. 350), cf. Athen. v. 5 (p. 178) = Bacchyl. fr. 4. 23 Snell[8]. de hoc fragmento cf. Crusium, Analecta ad paroemiogr. (= Supplementum ad paroemiogr., Hildesheim 1961) 52 sq.; etiam Cratinum, fr. 169 K. (ii. 111 Mein.), Eupolin fr. 289 (ii. 542 M.), Plat. conviv. 174 B

265 Natalis Comes, Mythologiae vii. 1 (p. 694 ed. Genav. 1612)

fama est Herculem in Triphyliam regionem Eleorum profectum habuisse controversiam de voracitate cum Lepreo Pyrgei filio, ut inquit Hesiodus in Ceycis nuptiis; atque cum uterque bovem in epulas occidisset, Lepreus nihilo fuit tardior aut imparatior edendo inventus. sed cum post epulas ventum esset ad pugnam ob indignationem aemulae virtutis, Lepreus cecidit ob vim Herculeam.

266 (**a**) P. Oxy. 2495 fr. 37, ed. Lobel

]ọụḳ.[ ]..[
].πονεοντες[
]ọὐ γὰρ ἄτερ τε[
]ϲ̣ωϲα
τρα]πέζας
τρίποδάς τε]καθ̣έδραϲ]]
]δ̣' ἔχον αἴϲαϲ
]ω̣ν
⌊αὐτὰρ ἐπεὶ δαιτὸϲ μὲν ἐίϲηϲ⌋ ἐξ ἔρον ἔντο
⌊μητέρα μητρὸϲ⌋ παιϲ]ὶ̣ṿ ἄγοντο
⌊ἀζαλέην τε καὶ ὀπταλέην ϲφετέροιϲι⌋ τέκεϲϲι
⌊τεθνάναι⌋[νιφετ]όν τε καὶ ὄμβ[ρον

266 (**b**) Athenaeus ii. 32 p. 49B

ὅτι Ἡϲίοδοϲ ἐν Κήυκοϲ γάμωι—κἂν γὰρ γραμματικῶν παῖδεϲ ἀποξενῶϲι τοῦ ποιητοῦ τὰ ἔπη ταῦτα, ἀλλ' ἐμοὶ δοκεῖ ἀρχαῖα εἶναι—τρίποδαϲ τὰϲ τραπέζαϲ φηϲί.

Pollux vi. 83

ἦϲαν δέ τινεϲ "πρῶται" τράπεζαι καὶ "δεύτεραι" καὶ "τρίται". καὶ "τρίποδεϲ" μὲν ἐφ' ὧν ἔκειντο, καὶ ἔϲτι τοὔνομα παρ' Ἡϲιόδωι καὶ ἐν Τελμηϲϲεῦϲιν Ἀριϲτοφάνουϲ (fr. 530 Kock; ii. 1160 Meineke–Bergk).

---

265 de Natali Comite vide ad fr. 122

266 (**a**) aenigmata in Ceycis nuptiis 2 si *πονέοντεϲ*, cf. Hom. *Ω* 444, *ρ* 258, *υ* 281: *κατὰ κό]λ̣πον ἐόντεϲ* e.g. West 3 *ἄτερ γε* Lobel: *ἄτερ τε[υ | ἀθανάτων]* (Hercule loquente) West 4 *ἔ]ϲωϲα* West 5 *τρίποδαϲ* Lobel, cf. fr. (b) *καθεδραϲ* deletum, *τρα]πεζαϲ* suprascriptum 7 vix *οἳ δ' ἐπ' ὀνείαθ' ἑτοῖμα προκείμενα χεῖραϲ ἴαλλον* 8–11 cf. fr. (c) 8].ο]] *εξερονεντο Π* 9 *δὴ τότε μητέρα μητρὸϲ ἑοῖϲ ϲὺν* West: *καὶ τότε μητέρα μητρὸϲ ἑῆϲ ἐπὶ* Merk. *παιϲὶν* Lobel 11 *νιφετ]όν* West

266 (**b**) (157)

266 (c) 'Trypho', De Tropis 23 (p. 246–7 West, Cl. Quart. 1965; Rhet. Gr. iii. 224–5 Spengel)

αἴνιγμά ἐστι φράσις διάνοιαν ἀποκεκρυμμένην καὶ ἀσύνετον πειρωμένη ποιεῖν, ὡς τὰ παρ' Ἡσιόδωι περὶ τῆς κύλικος λεγόμενα·

μηδέ ποτ' οἰνοχόην τιθέμεν κρητῆρος ὕπερθεν. (Op. 744)

⟨ ⟩

αὐτὰρ ἐπεὶ δαιτὸς μὲν ἐίσης ἐξ ἔρον ἕντο,
†οἷον οὐ† μητέρα μητρὸς ⟨ παισὶν⟩ ἄγοντο
⟨ἀζαλέην τε καὶ ὀπταλέην σφετέροισι τέκεσσι
τεθνάναι.

ἐνταῦθα "μητέρα μητρὸς" λέγει τὴν βάλανον· ἀπὸ ταύτης γὰρ γίνονται αἱ δρύες, ἀπὸ δὲ τῶν δρυῶν μυθικῶς τοὺς ἀνθρώπους λέγουσι γεγενῆσθαι.⟩ "ἀζαλέην καὶ ὀπταλέην", ἐπεὶ δοκεῖ πρῶτα μὲν ξηραίνεσθαι, εἶτα ὀπτᾶσθαι. "σφετέροισι τέκεσσι", τοῖς ἑαυτοῦ τέκνοις, λέγει δὲ τοῖς ξένοις. τὸ δὲ "τεθνάναι", καθὸ δοκεῖ ἐκ τῆς ὕλης ἐκκεκόφθαι.

267 Plutarchus, Quaest. conviv. viii. 8. 4 p. 730 EF (iv. 291. 18 Hubert)

καθάπερ οὖν τὸ πῦρ τὴν ὕλην, ἐξ ἧς ἀνήφθη, μητέρα καὶ πατέρ' οὖσαν, ἤσθιεν, ὡς ὁ τὸν Κήυκος γάμον εἰς τὰ Ἡσιόδου παρεμβαλὼν εἴρηκεν, οὕτως ὁ Ἀναξίμανδρος (Vorsokr.[5] 12 A 30) *τῶν ἀνθρώπων πατέρα καὶ μητέρα κοινὸν ἀποφήνας τὸν ἰχθῦν διέβαλεν πρὸς τὴν βρῶσιν.*

268 Schol. Hom. *Η* 76 (P. Oxy. 1087. 22 sq.), "*ἐπὶ μάρτυρος ἔστω*"

τὸ δὲ "μάρτυρος" παρώνυμον [τῆι γ]ε̣ν̣ι̣κ̣ῆ̣[ι] τοῦ πρωτοτύπου συμ[πέ]πτωκεν, ὡς τὸ Τροίζηνος, ἔνθεν [Τρο]ιζήνοιο (*Β* 847) . . . (50) *τὸ ἀπάτωρος, ἔνθεν ἐν τῶι Κ̣ή̣υ̣[κ]ο̣ς γ̣ά̣μ̣ωι εἴρηται τὸ*

ἀπάτωροι

---

266 (c) (158) 2 *περὶ* eL: *παρὰ* mb *κύλικος*: nihil in sequentibus de calice dicitur, sed potuit auctor de interpretatione versus falli: *ἀκύλου* Merk., versu proximo (quem habent eLm, om. b) non recepto; cf. Cl. Quart. 1961, 142–5 reliqua om. e 5 *δαιτὸς μὲν θίσης* B (*ἐίσης* collatio a Cramero facta): *δαιτὸς μὲν τεθείσης* Lm, inde *δ' αὐτοὶ μὲν κνίσσης* Palaeocappa 6 *οἷον οὐ* Lmb: *καὶ οὐ* Palaeocappa 7–10 ⟨*ἀζαλέην — γεγενῆσθαι*⟩ e.g. West 11 *ἀζαλέην* LB: *ἀγαλέην* M: *αὐαλέην* P ⟨*τε*⟩ *καὶ* Bergk 12 *σφετέροισι* Finckh: *ἐφ' ἑτέροισι* codd. *ἑαυτῆς* Klouček 13 *ξένοις* obscurum (|||*ξένοις* B): *ξύλοις* Cramer *τεθνᾶναι* M: *τεθνάμεναι* Bergk

267 (158)

268 (Z 1; 159b) ex eodem scholio ac fr. 179; fort. ex aenigmate de primis hominibus qui *nullos habuere parentes* (Iuv. 6. 13)

269 P. Oxy. 2495 fr. 38, ed. Lobel

]λ̣α̣κ(.).ο̣[
]ε̣πονεν[
].δ[..]οcο̣[

ΜΕΛΑΜΠΟΔΙΑ

TESTIMONIUM

Pausan. ix. 31. 5 (cf. ante fr. 1) *καὶ ἐc τὸν μάντιν Μελάμποδα*. carminis inscriptio *Μελαμποδία* secundum Athenaeum (tribus locis), schol. Lycophr., Tzetzam; *Μελαμπόδεια* praefert Rzach. cf. carminis cyclici nomen varium *ἡ Οἰδιποδία, ἡ Οἰδιποδεία, τὰ Οἰδιπόδια*. Melampodia in libros tres vel plures divisa est, cf. fr. 277. scripserunt nuper de ea J. Schwartz, pp. 210 sqq., et I. Löffler, Die Melampodie (Meisenheim 1963).

---

270 Schol. A in Hephaest. p. 109. 4 Consbruch

πίccηc τε δνοφερῆc καὶ κέδρου νηλέι καπνῶι.

οὗτοc ὁ cτίχοc ἐcτὶ μὲν Ἡcιόδου, λαμβάνεται δὲ καὶ δακτυλικὸc καὶ ἴαμβοc, ὅπωc τιc θέλει, διὰ τὰc κοινάc.

cf. schol. Tzetzae *περὶ μέτρ.* in Anecdot. Ox. iii. 318 (adn.) Cramer

271 Athenaeus xi. 99 p. 498 AB, de voce *cκύφοc*

Ἡcίοδοc δ' ἐν δευτέρωι Μελαμποδίαc cὺν τῶι π cκύπφον λέγει·

τῶι δὲ Μάρηc θοὸc ἄγγελοc ἦλθε δι' οἴκου,
πλήcαc δ' ἀργύρεον cκύπφον φέρε, δῶκε δ' ἄνακτι

hinc Eustath. in Hom. p. 900. 17 et 1775. 18

---

270 (215) schol. T Hom. *Ψ* 644 (vi. 433 Maass) laudat versum anonymum *cμύρνηc ἀκράτου καὶ κέδρου νηλέι καπνῶι*, ubi verba *cμύρνηc ἀκράτου* ex Empedocle (Vorsokr.[5] 31 B 128. 6 = Porphyr., De abst. ii. 21) invecta censet Morel (Philol. 83, 1928, 349 adn.) *κέδρου* Tzetzes: *κεδρίου* vel *κεδρινοῦ* vel *δενδρινοῦ* codd. schol. Hephaest.

Morel haec ad Iphicli servos rettulit, quos fumo suffivisse coniecit, ut serpentes necarent; cf. Bibl. i. [96] 9. 11 *Μελάμπους . . . ἐπὶ τῶν χωρίων διατελῶν, οὔcηc πρὸ τῆc οἰκήcεωc αὐτοῦ δρυὸc ἐν ᾗι φωλεὸc ὄφεων ὑπῆρχεν, ἀποκτεινάντων τῶν θεραπόντων τοὺc ὄφειc τὰ μὲν ἑρπετὰ ξύλα cυμφορήcαc ἔκαυcε κτλ.* cf. fr. 261. sed etiam prorsus aliter iudicare possis; de incendio navium agi ci. West

271 (165) *Μάριc* Wilamowitz (cl. Hom. *Π* 319, ubi tamen v.l. *Μάρηc*)

272 pergit Athenaeus

καὶ πάλιν

καὶ τότε μάντις μὲν δεcμὸν βοὸc αἴνυτο χερcίν,
Ἴφικλοc δ' ἐπὶ νῶτ' ἐπεμαίετο· τῶι δ' ἐπ' ὄπιcθεν
cκύπφον ἔχων ἑτέρηι, ἑτέρηι δὲ cκῆπτρον ἀείρας
ἔcτειχεν Φύλακοc καὶ ἐνὶ δμώεccιν ἔειπεν

273 Clemens Strom. vi. 2. 26 (ii. 442. 16 Stählin), de furtis poetarum Graecorum

Ἡcίοδόc τε ἐπὶ τοῦ Μελάμποδοc ποιεῖ

ἡδὺ δὲ καὶ τὸ πυθέcθαι, ὅcα θνητοῖcιν ἔνειμαν
ἀθάνατοι, δειλῶν τε καὶ ἐcθλῶν τέκμαρ ἐναργέc

καὶ τὰ ἑξῆc, παρὰ Μουcαίου (Vorsokr.[5] 2 B 7) λαβὼν τοῦ ποιητοῦ κατὰ λέξιν.

274 Athenaeus ii. 13 p. 40 F

ἡδύ ἐcτιν

ἐν δαιτὶ καὶ εἰλαπίνηι τεθαλυίηι
τέρπεcθαι μύθοιcιν, ἐπὴν δαιτὸc κορέcωνται,

Ἡcίοδοc ἐν τῆι Μελαμποδίαι φηcίν.

275 Ps. Apollod., Bibl. iii. [69–72] 6. 7 (p. 126–8 Wagner)

ἦν δὲ παρὰ Θηβαίοιc μάντιc Τειρεcίαc . . . οὗ περὶ τῆc πηρώcεωc καὶ τῆc μαντικῆc λέγονται λόγοι διάφοροι. . . . Ἡcίοδοc δέ φηcιν ὅτι θεαcάμενοc περὶ Κυλλήνην ὄφειc cυνουcιάζονταc καὶ τούτουc τρώcαc ἐγένετο ἐξ ἀνδρὸc γυνή, πάλιν δὲ τοὺc αὐτοὺc ὄφειc παρατηρήcαc cυνουcιάζονταc ἐγένετο ἀνήρ. διόπερ Ἥρα καὶ Ζεὺc ἀμφιcβητοῦντεc πότερον τὰc γυναῖκαc ἢ τοὺc ἄνδραc ἥδεcθαι μᾶλλον ἐν ταῖc cυνουcίαιc

---

272 (166) Melampus Iphiclum sanat μάντηc cod. (Μάντηc Meineke) βοὸc Hemsterhuis: βιοc cod. τῶι Musurus: τὸ cod. de Melampode Proetidas sanante cf. fr. 131

273 (164) τὰ O. Schneider πείθεcθαι cod., corr. Sylburg, cf. Callim. fr. 43. 84 ἔδειμαν cod., corr. Schneider, Marckscheffel

274 (163) ἥδιcτον δ' ἐν δαιτὶ Meineke, qui hoc fragmentum cum praecedenti coniunxit: ἡδὺ ⟨μέν⟩ ἐcτ' Peppmüller μύθοιc codd., corr. Musurus

275 (162) Tiresias

συμβαίνοι, τοῦτον ἀνέκριναν. ὁ δὲ ἔφη δεκαεννέα μοιρῶν περὶ τὰς συνουσίας οὐσῶν τὰς μὲν ἐννέα ἄνδρας ἥδεσθαι, τὰς δὲ δέκα γυναῖκας. ὅθεν Ἥρα μὲν αὐτὸν ἐτύφλωσε, Ζεὺς δὲ τὴν μαντικὴν αὐτῶι ἔδωκεν. τὸ ὑπὸ Τειρεσίου λεχθὲν πρὸς Δία καὶ Ἥραν·

οἴην μὲν μοῖραν δέκα μοιρέων τέρπεται ἀνήρ,
τὰς δὲ δέκ' ἐμπίπλησι γυνὴ τέρπουσα νόημα.

ἐγένετο δὲ καὶ πολυχρόνιος.

Schol. Hom. κ 494 (ii. 475 Dindorf), de Tiresia

φασὶν ὡς δράκοντας δύο ἐν Κιθαιρῶνι μιγνυμένους ἰδὼν ἀνεῖλε τὴν θήλειαν, καὶ οὕτως μεταβέβληται εἰς γυναῖκα· καὶ πάλιν ⟨. . .⟩ τὸν ἄρρενα, καὶ ἀπέλαβε τὴν ἰδίαν φύσιν. τοῦτον Ζεὺς καὶ Ἥρα κριτὴν εἵλοντο, τίς μᾶλλον ἥδεται τῆι συνουσίαι, τὸ ἄρρεν ἢ τὸ θῆλυ· ὁ δὲ εἶπεν· "οἴην μὲν μοῖραν δέκα μοιρῶν τέρπεται ἀνήρ, τὰς δέκα δ' ἐμπίπλησι γυνὴ τέρπουσα νόημα." διόπερ ἡ μὲν Ἥρα ὀργισθεῖσα ἐπήρωσεν, ὁ δὲ Ζεὺς τὴν μαντείαν δωρεῖται. cf. Eustath. in Hom. p. 1665. 42

Schol. Lycophr. 683 (ii. 226 Scheer), "ἀνδρῶν γυναικῶν εἰδότα ξυνουσίας"

λέγεται τὸν Δία τῆι Ἥραι ἐρίσαι φάσκοντα τὰς θηλείας ἤπερ τοὺς ἄνδρας ἥδεσθαι μᾶλλον τῆι πολλῆι συνουσίαι, καὶ χρήσασθαι τῶι Τειρεσίαι κριτῆι διὰ τὰς δύο αὐτοῦ μορφάς, τὸν δὲ εἰρηκέναι δέκα οὐσῶν τῶν πασῶν ἡδονῶν μίαν μὲν ἔχειν τοὺς ἄρρενας, τὰς δὲ λοιπὰς ἐννέα τὰς γυναῖκας. ὀργισθεῖσα δὲ ἡ Ἥρα ἐτύφλωσεν αὐτόν, ὁ δὲ Ζεὺς ἐχαρίσατο αὐτῶι μαντικὴν καὶ πολυχρόνιον ζωήν.

ὡς ὁ τῆς Μελαμποδίας ποιητής·

ἐννέα μὲν μοίρας, δεκάτην δέ τε μοῖραν τέρπεται ἀνήρ
τὰς δέκα δ' ἐμπίπλησι γυνὴ τέρπουσα νόημα.

cf. Tzetzam (in pag. eadem)

(Bibl.) ἀνέκρινον cod., corr. Heyne δέκα μοιρῶν . . . οὐσῶν τὴν μὲν μίαν ἄνδρας ἥδεσθαι, τὰς δὲ ἐννέα γυναῖκας Barth, sed auctori suus error relinquendus est τὸ ὑπὸ — νόημα adnotatio additiva; secl. Faber μοίρην cod. μοιρέων Meineke: μοιρῶν cod.: μοιράων Eustath. τὰς δέκα δ' recentiores et schol. Hom. νόημα schol. Hom.: νοήματα cod. Apollodori

(schol. Hom.) καὶ πάλιν ⟨ ⟩ Merk.: εἶτα συγκατενεγκὼν μετὰ καιρὸν καὶ Eustath.

(schol. Lycophr.) τῆι {πολλῆι} συνουσίαι Klouček ὡς ὁ τῆς Μελαμποδ. est adnotatio additiva, ad locum praecedentem (τὸν δὲ εἰρηκέναι κτλ.) pertinens. versus prior hic intruso glossemate corruptus; verum servavit Tzetzes. alteram recensionem responsionis Tiresiae posuit Rzach, quam sic refinxit Schenkl: ἐννέα μὲν μοίρας, δεκάτην δέ τε τέρπεται ἀνήρ

Phlegon, Mirab. iv p. 73–74 Keller (Rerum naturalium scriptores, 1877); F. gr. Hist. 257 F 36 (p. 1178)

ἱcτορεῖ δὲ καὶ Ἡcίοδοc καὶ Δικαίαρχοc (fr. 37 Wehrli) *καὶ Κλέαρχοc καὶ Καλλίμαχοc* (fr. 576) *καὶ ἄλλοι τινὲc περὶ Τειρεcίου τάδε. Τειρεcίαν τὸν Εὐήρουc ἐν Ἀρκαδίαι {ἄνδρα ὄντα} ἐν τῶι ὄρει τῶι ἐν Κυλλήνηι ὄφειc ἰδόντα ὀχεύονταc τρῶcαι τὸν ἕτερον καὶ παραχρῆμα μεταβαλεῖν τὴν ἰδέαν· γενέcθαι γὰρ ἐξ ἀνδρὸc γυναῖκα καὶ μιχθῆναι ἀνδρί. τοῦ δὲ Ἀπόλλωνοc αὐτῶι χρήcαντοc, ὡc ἐὰν τηρήcαc ὀχεύονταc ὁμοίωc τρώcηι τὸν ἕνα ἔcται οἷοc ἦν, παραφυλάξαντα τὸν Τειρεcίαν ποιῆcαι τὰ ὑπὸ τοῦ θεοῦ ῥηθέντα καὶ οὕτωc κομίcαcθαι τὴν ἀρχαίαν φύcιν. Διὸc δὲ ἐρίcαντοc Ἥραι καὶ φαμένου ἐν ταῖc cυνουcίαιc πλεονεκτεῖν τὴν γυναῖκα τοῦ ἀνδρὸc τῆι τῶν ἀφροδιcίων ἡδονῆι, καὶ τῆc Ἥραc φαcκούcηc τὰ ἐναντία, δόξαι αὐτοῖc μεταπεμψαμένοιc ἐρέcθαι τὸν Τειρεcίαν διὰ τὸ τῶν τρόπων ἀμφοτέρων πεπειρᾶcθαι. τὸν δὲ ἐρωτώμενον ἀποφήναcθαι, διότι τῶν μοιρῶν οὐcῶν δέκα τὸν ἄνδρα τέρπεcθαι τὴν μίαν, τὴν δὲ γυναῖκα τὰc ἐννέα. τὴν δὲ Ἥραν ὀργιcθεῖcαν κατανύξαι αὐτοῦ τοὺc ὀφθαλμοὺc καὶ ποιῆcαι τυφλόν, τὸν δὲ Δία δωρήcαcθαι αὐτῶι τὴν μαντικὴν καὶ βιοῦν ἐπὶ γενεὰc ἑπτά.*

276 Tzetzes in Lycophr. 682 (ii. 225 Scheer), "*νεκρόμαντιν πέμπελον*"

πέμπελον τὸν ὑπέργηρων . . . νῦν δὲ τὸν Τειρεcίαν λέγει, ἐπειδή φαcιν αὐτὸν ἑπτὰ γενεὰc ζῆcαι· (ἄλλοι δὲ ἐννέα· ἐπὶ γὰρ Κάδμου ἦν καὶ κατωτέρω Ἐτεοκλέουc καὶ Πολυνείκουc·) ὥc φηcι καὶ ὁ τῆc Μελαμποδίαc ποιητήc· παρειcάγει γὰρ τὸν Τειρεcίαν λέγοντα·

Ζεῦ πάτερ, εἴθε μοι †εἴθ' ἧccω μ'† αἰῶνα βίοιο
ὤφελλεc δοῦναι καὶ ἴcα φρεcὶ μήδεα ἴδμεν
θνητοῖc ἀνθρώποιc· νῦν δ' οὐδέ με τυτθὸν ἔτιcαc,
ὃc μακρόν γέ μ' ἔθηκαc ἔχειν αἰῶνα βίοιο
ἑπτά τ' ἐπὶ ζώειν γενεὰc μερόπων ἀνθρώπων

cf. Tzetzam, Schol. exeg. Iliad. p. 149. 1 Hermann

---

275 (Phlegon) 1 *Κλέαρχοc* C. Müller: *Κλείταρχοc* cod. (cf. F. gr. Hist. 137 F 37) 3 *Εὐήρουc* Meursius: *Εὐμάρουc* cod. *ἄνδρα ὄντα* del. Jacoby (*ἄνδρα* iam Nauck) 4 *ἕτερον* cod.: *ἕνα* Merk. 7 *ἕνα* cod.: *ἄρρενα* West, cf. sch. Hom.: *ἕτερον* Merk. 8 *ἀνακομίcαcθαι* Nauck 10 *τῆι — ἡδονῆι* Hercher: *τῆc — ἡδονῆc* cod.

276 (161) Tiresias in fine vitae, post Thebas ab Epigonis captas, queritur; cf. Immisch, Jahrb. für class. Philol. Suppl. 17 (1890) 169 *ἐπὶ* (*γὰρ Κάδμου*) ex schol. in Lycophr. sumptum: *ἀπὸ* Tz. 1 *Ζεὺc* Tz. in Lyc. *εἴθ' ἧccω μ'* Tz. in Lyc.: *εὖθ' ἧccω μ'* Tz. schol. exeg.: *ἧccον' ἔχειν* Boissonade: *εἶτ' ἶcόν τ'* O. Schneider 2 *ὤφελεc* Tz. in Lyc. *δοῦναι καὶ ἴcα μήδεα* Tz. in Lyc.: *δοῦναι* [......] *φρεcὶ μήδεα* Tz. schol. exeg. 4 *ὃc μακρόν γέ μ'* Rossbach: *ὅc γε μακρόν με* Tz. in Lyc.: *μ]ακρόν γε* Tz. schol. exeg.: *ὅc γέ με μακρὸν* Boissonade 5 *τ'* Kinkel: *μ'* Tz.: *δ'* Goettling *ἐπὶ* cod. γ^{1}: *ἔτι* codd. ceteri septem aetates sunt Cadmi Polydori Labdaci Laii Oedipodis Eteoclis Laodamantis

277 Athenaeus xiii. 89 p. 609 E

Ἡcίοδος δ' ἐν τρίτωι Μελαμποδίας τὴν ἐν Εὐβοίαι Χαλκίδα "καλλιγύναικα" εἶπεν.

cf. Eustathium in Hom. p. 875. 52

278 Strabo xiv. 1. 27 p. 642, de Colophone disserens

λέγεται δὲ Κάλχας ὁ μάντις μετ' Ἀμφιλόχου τοῦ Ἀμφιαράου κατὰ τὴν ἐκ Τροίας ἐπάνοδον πεζῆι δεῦρο ἀφικέcθαι, περιτυχὼν δ' ἑαυτοῦ κρείττονι μάντει κατὰ τὴν Κλάρον Μόψωι τῶι Μαντοῦς τῆς Τειρεcίου θυγατρός, διὰ λύπην ἀποθανεῖν. Ἡcίοδος μὲν οὖν οὕτω πως διαcκευάζει τὸν μῦθον· προτεῖναι γάρ τι τοιοῦτο τῶι Μόψωι τὸν Κάλχαντα·

θαῦμά μ' ἔχει κατὰ θυμόν, ἐρινεὸς ὅccον ὀλύνθων
οὗτος ἔχει, μικρός περ ἐών· εἴποις ἂν ἀριθμόν;

τὸν δ' ἀποκρίναcθαι·

μύριοί εἰcιν ἀριθμόν, ἀτὰρ μέτρον γε μέδιμνος·
εἷς δὲ περιccεύει, τὸν ἐπενθέμεν οὔ κε δύναιο.
ὣς φάτο, καί cφιν ἀριθμὸς ἐτήτυμος εἴδετο μέτρου.
καὶ τότε δὴ Κάλχανθ' ὕπνος θανάτοιο κάλυψεν.

Φερεκύδης (3 F 142) *δέ φηcιν ὗν προβαλεῖν ἔγκυον τὸν Κάλχαντα, πόcους ἔχει χοίρους, τὸν δ' εἰπεῖν ὅτι "δέκα, ὧν ἕνα θῆλυν"· ἀληθεύcαντος δ', ἀποθανεῖν ὑπὸ λύπης. οἱ δὲ τὸν μὲν Κάλχαντα προβαλεῖν τὴν ὗν φαcι, τὸν δὲ τὸν ἐρινεόν, καὶ τὸν μὲν εἰπεῖν τἀληθές, τὸν δὲ μή, ἀποθανεῖν δὲ ὑπὸ λύπης καὶ κατά τι λόγιον.*

---

277 (167) finis versus *Χαλκίδα καλλιγύναικα* fuisse videtur; cf. etiam fr. 64. 2

278 (160) Calchantis et Mopsi certamen; cf. Immisch, Jahrb. für class. Philol. Suppl. 17 (1890) 160 sqq. 1 *Ἀντιλόχου* codd., corr. Xylander 6 *ὅccον ὀλύνθων* Xylander: *ὅcους ὀλύνθους* codd.: *ὅccος ὀλύνθος* Sittl (cf. Scut. 302 *λαγός*) 7 *cμικρὸς* Sittl 10 *ἐπενθέμεν* Spohn: *ἐπελθέμεν* codd. 11 *εἴcατο* dubitans Goettling post *μέτρου* lac. stat. Immisch 12 *Κάλχαντα τέλος* Nauck 13–14 *τὸν Κάλχαντα ⟨καὶ ἐρωτῆcαι⟩ πόcους κτλ.* ante Kramerum editores *δέκα* (= ῑ) J. Schwartz: *τρεῖc* (= γ̄) codd.

cf. Ps. Apollod. Bibl. epit. Vatic. (Tzetzae) 6. 3–4 (p. 214–15 Wagner) *ὁ Μόψος περὶ μαντικῆς ἤριcε Κάλχαντι. καὶ Κάλχαντος ἀνακρίναντος ἐρινεοῦ ἑcτώcης, πόcους ὀλύνθους φέρει, ὁ Μόψος "μυρίους, ἔφη, καὶ μέδιμνον, καὶ ἕνα ὄλυνθον περιccόν"· καὶ εὑρέθηcαν οὕτω. Μόψος δὲ cυὸς οὔcης ἐπιτόκου ἠρώτα, πόcους κατὰ γαcτρὸς ἔχει καὶ πότε τέκοι· τοῦ δὲ μηδὲν εἰπόντος αὐτὸς ἔφη δέκα χοίρους ἔχειν καὶ τὸν ἕνα τούτων ἄρρενα, τέξεcθαι δὲ αὔριον. ὧν γενομένων Κάλχας ἀθυμήcας τελευτᾶι.* sim. Epit. Sabbait. (in pag. eadem), schol. et Tzetzes in Lycophr. 427 et 980 (ii. 157–8 et 308–9 Scheer)

279 Strabo xiv. 5. 16–17 p. 675–6

πλησίον δὲ καὶ Μαλλός . . ., κτίσμα Ἀμφιλόχου καὶ Μόψου τοῦ Ἀπόλλωνος καὶ Μαντοῦς, περὶ ὧν πολλὰ μυθολογεῖται· καὶ δὴ καὶ ἡμεῖς ἐμνήσθημεν αὐτῶν ἐν τοῖς περὶ Κάλχαντος λόγοις καὶ τῆς ἔριδος, ἣν ἤρισαν περὶ τῆς μαντικῆς ὅ τε Κάλχας καὶ ὁ Μόψος· (Strab. xiv. 1. 27, supra fr. 278) . . . *οὐ μόνον δὲ τὴν περὶ τῆς μαντικῆς ἔριν μεμυθεύκασιν, ἀλλὰ καὶ τῆς ἀρχῆς. τὸν γὰρ Μόψον φασὶ καὶ τὸν Ἀμφίλοχον ἐκ Τροίας ἐλθόντας κτίσαι Μαλλόν· εἶτ' Ἀμφίλοχον εἰς Ἄργος ἀπελθεῖν, δυσαρεστήσαντα δὲ τοῖς ἐκεῖ πάλιν ἀναστρέψαι δεῦρο, ἀποκλειόμενον δὲ τῆς κοινωνίας συμβαλεῖν εἰς μονομαχίαν πρὸς τὸν Μόψον, πεσόντας δ' ἀμφοτέρους ταφῆναι μὴ ἐν ἐπόψει ἀλλήλοις·* . . . *ὑπέρκειται δὲ τῆς παραλίας ταύτης Ἀλήϊον πεδίον* . . . *Ἡσίοδος δ' ἐν Σόλοις ὑπὸ Ἀπόλλωνος ἀναιρεθῆναι τὸν Ἀμφίλοχόν φησιν, οἱ δὲ περὶ τὸ Ἀλήϊον πεδίον, οἱ δ' ἐν Συρίαι, ἀπὸ τοῦ Ἀληΐου ἀπιόντα διὰ τὴν ἔριν.*

---

279 (168) de Amphilochi morte Hesiodus testis laudatur, de ceteris rebus non item. sed cum Apollo Mopsi pater Amphilochum interfecerit, inimicitiae inter Amphilochum et Mopsum fortasse iam Melampodiae inerant

Μαντοῦς Xylander: *Λητοῦς* codd.

ΠΕΙΡΙΘΟΥ ΚΑΤΑΒΑΣΙΣ

TESTIMONIUM

Pausan. ix. 31. 5 (cf. ante fr. 1)

καὶ ὡς Θηςεὺς ἐς τὸν Ἅιδην ὁμοῦ Πειρίθωι καταβαίη.

carminis inscriptio recta ignota est.

---

280 P. Ibscher col. i, ed. Merkelbach

.... ὀλ]ἔcαι με βίηφί τε δ̣ουρί̣ τ̣ε̣ μακρῶι,
ἀλλά με Μοῖρ' ὀλο]ὴ̣ καὶ Λητοῦc ὤλεc̣ε̣[ν υἱός.
ἀλλ' ἄγε δή μοι ταῦτα δι]α̣μπερέωc ἀγό̣[ρευcον·
....]ν̣δε κατή̣λυθεc [εἰc Ἀΐδαο
....] ἅμ' ἕcπετο π̣ι̣c̣[τὸc] ἑ̣[ταῖροc
....]ε̣ι̣ τί κατὰ χρ̣έ̣ο̣c̣ ω[......]ι̣c̣;
.... π]ρ̣ότ̣ε̣ρ̣ό̣[c] τ̣' ἀ̣π̣[ὸ] μ̣ῦθον ἔειπε[
....]α̣c ἐ̣c̣ ποιμένα λ̣αῶν
.... .θ]εὰ δαcπλῆτιc Ἐρ̣ι̣νύ̣c̣
διογεν]ὲ̣c̣ [Μελ]έ̣αγ̣[ρε δαΐ]φρονοc Οἰνέο̣c̣ υ̣ἱ̣έ,
τοιγὰρ ἐγώ τοι] τ̣αῦτ̣[α μ]άλ̣' ἀτρεκέωc κ̣ατ̣α̣λ̣έξω.
.....].ε̣ν̣ω̣ε̣υ̣δ̣ε̣[....] ἀγαυὴν Φερcεφό̣ν̣ειαν
.....]....α̣c̣ φαc̣.[...]α̣ι̣ Δ[ία] τερπικέ̣ραυ̣νον
ἀθανά]των τε νό̣μ̣οιc ἵνα ἑδνώcει̣ε̣ν̣ ἄ̣κ̣[ο]ιτιν
.....] ἐκείνουc φαcὶ καcιγνήταc μεγ̣[...]..ε̣ι̣c̣

---

280 (S) Thesei cum Meleagro colloquium apud inferos. fragmentum aut carmini Hesiodeo de Thesei et Pirithoi descensu tribuendum videtur aut Minyadi (cf. Paus. x. 28. 2 = Miny. fr. 1 Kinkel) 1 'nemo me inter homines potuit vincere' 2 cf. *Π* 849, Bacchyl. 5. 121 4 *τίπτ' ἄρ' ὁδὸν τοccή]νδε* Page 5 –⏑⏑ *τίc δέ coι οὗτοc]* vel sim. 6]ε̣ι̣: vel]η̣ *χρέοc* Latte; *τί κατὰ χρ⟨ε⟩ῲ̣ ζ̣ω[ὸc ἱκάνε]ιc;* Page 7 e.g. *τὸν δ' αὖτε προcέφη* 8 init. *Θηcεύc* Merk. *ειc̣ Π* 9 *ὧc οἱ ἐνὶ φρεcὶ θῆκε θ]εὰ* Latte (debuit *ἐπὶ φρ.*); versum post 11 transp. West (duce Maas), supplens e.g. *Πειρίθοον μεγάλ' ἇcε* 11 *ατρακεωc Π* 12 *ε̣υ̣δ̣ε̣[*: vix *ε̣ὔ̣ζ̣ω̣[νον] Φερcεφόνειαν*: cf. ad fr. 185. 4 13 *φὰc ν̣[εῦc]α̣ι̣* West, cf. *Β* 350: *φαcι.[...]ν̣* Merk. 15 *καὶ γὰρ]* Merk. *φηcὶ* ci. Maas *μεγ̣[ακ]υ̣δ̣εῖc* Latte

μνησ]τ̣εύειν, γαμέειν δὲ φίλων ἀπ̣ά̣ν̣[ευθε τοκήων
. . . .]α̣ι ἐκ̣ μακ̣ά̣ρων γάμον ὄρνυται ἑδ̣ν̣ώ̣σασθαι
αὐτοκ]ασιγνήτην ὁμοπάτριον· ἐγγυτ̣έρω γάρ
φήσ' εἶ]ν̣αι γεγαὼς αὐτὸς μεγάλου Ἀΐδαο
Φερσεφ]ό̣νηι κούρηι Δημήτερος ἠυκόμ̣ο̣ι̣ο̣·
αὐτὸς] μὲν γάρ φ̣ησι κασίγνητος καὶ ὄπατρος
. . . . . .]εν]] Ἀΐδην δὲ φίλον πάτρωα τ̣ε̣τύχθαι·
τοῦ δ' ἕν]ε̣κεν̣ φ̣ά̣το βῆμεν ὑπὸ ζόφον ἠερόε̣ντ̣α̣."
ὣς ἔφατ'·] Οἰνε̣ΐ̣δ̣η̣ς̣ δ̣ὲ κατέστυγε μῦθον ἀκού̣σ̣α̣ς̣,
καί μιν] ἀ̣μ̣[ειβό]μενος προσεφώνει μειλιχίοισι·[
"Θησεῦ Ἀθην]α̣ί̣ων βουληφόρε θωρηκ̣τ̣άων,
. . . .]δ̣άμεια περίφρων ἦν παρ̣ά̣[κοι]τ̣ι̣ς̣
. . . . μ]ε̣γ̣α̣θ̣ύμ̣ο̣υ Πειριθόοιο;
]α̣π̣οντ̣α̣[
] . . . . . [
]ο̣υ̣σ̣κ̣[
] . . [. . . . .]ρ̣ε̣μ̣α̣[
] . . [

281 P. Ibscher col. ii

ωσε[
σε̣μ̣ . [
. . α̣ . [
[
ε̣ξ̣α̣[
ημε̣[
[
.]ζ̣η[
ει̣μ̣ . [
α̣ψ̣ . [

---

280 16 δὲ: τε? Merk. finem suppl. Maas 17 ὧδε κ]αὶ Merk. ἐγγυάασθαι ci. Maas (non scriptum est) 18–19 Latte 22 supra]εν]] legitur]με̣ τῆς ἔμεναι Merk. πατρωια Π 23 Maas 27 incertum utrum Hippodamia (Β 742) an Deidamia (Plut. Thes. 30. 3); e.g. οὐ γὰρ Δηϊ]-δάμεια vel ἦ ῥ' οὐχ 'Ιππο]δάμεια 29 θερ]άποντα[Merk.

281 (S) 1 fort. ὣς ἔ[φατ' (Merk.), sc. Meleager 2 σεμν-? 5 possis Ἀ[ΐδεω, ἐξα[ῦτις, alia 6 praeter multa alia possis ἤμε[λλεν et 9 εἰ μὴ[

τον̣[
κει̣[
μιδ[
ειϲε.[
γα̣[
[
θ̣ε̣ι̣η̣[
..[
______
[
[
ε̣[
α̣.[

---

13 nempe μειδ- 14 εἰ ϲε- vel εἰϲ ε- vel εἶϲε 15 possis γα[ι-, γα[μβρ-

ΙΔΑΙΟΙ ΔΑΚΤΥΛΟΙ

TESTIMONIUM

Suda η 583 (cf. ante fr. 1) in recensu carminum Hesiodi:

περὶ τῶν Ἰδαίων Δακτύλων.

---

282 Plinius, Nat. Hist. vii. 197

aes conflare et temperare Aristoteles (fr. 602 Rose) *Lydum Scythen monstrasse, Theophrastus Delam Phrygem putant, aerariam fabricam alii Chalybas, alii Cyclopas, ferrum Hesiodus in Creta eos qui vocati sunt Dactyli Idaei.*

Clemens, Strom. i. 16. 75 (ii. 48–49 Stählin–Früchtel)

Κέλμις τε αὖ καὶ Δαμναμενεὺς οἱ τῶν Ἰδαίων Δακτύλων πρῶτοι σίδηρον εὗρον ἐν Κύπρωι, Δέλας δὲ ἄλλος Ἰδαῖος εὗρε χαλκοῦ κρᾶσιν, ὡς δὲ Ἡσίοδος, Σκύθης.

Clementem exscripsit Eusebius, praep. ev. x. 6. 5 (i. 576. 9 Mras)

cf. etiam fr. 334

---

282 (176) *Lydum*: *Lyncum* Knaack

Δαμναμενεὺς Eusebius: *Δαμνανεὺς* Clementis cod. *Δακτύλων* Kaibel: δάκτυλοι cod. de δύο τῶν Ἰδαίων Δακτύλων ⟨σοφοί⟩ cogit. Kaibel; οἱ Ἰδαῖοι Δάκτυλοι Sittl *Δέλας δὲ* Eusebius: ὁ δὲ Clementis cod. Ἰδαῖος: Λύδιος ci. Kaibel (Gött. Nachr. 1901, 505, adn. 2) ceterum exspectes e.g. Κέλμις . . . καὶ Δαμναμενεὺς . . . πρῶτοι σίδηρον εὗρον ἐν Κύπρωι, ⟨ὡς δὲ Ἡσίοδος, ἐν Κρήτηι,⟩ Δέλας δὲ ἄλλος Ἰδαῖος εὗρε χαλκοῦ κρᾶσιν, ὡς δὲ ⟨Ἀριστοτέλης⟩, Σκύθης

ΧΕΙΡΩΝΟΣ ΥΠΟΘΗΚΑΙ

TESTIMONIA

Quintilianus Inst. i. 1. 5 (v. ad fr. 285) *is* (sc. Aristophanes grammaticus) *primus* Ὑποθήκας . . . *negavit esse huius poetae* (sc. Hesiodi)

Pausan. ix. 31. 5 (cf. ante fr. 1)

παραινέσεις τε Χείρωνος ἐπὶ διδασκαλίαι δὴ τῆι Ἀχιλλέως.

Suda χ 267 (iv. 803. 3 Adler)

Χείρων· Κένταυρος, ὃς πρῶτος εὗρεν ἰατρικὴν διὰ βοτανῶν. ⟨ἔγραψε δὲ⟩ Ὑποθήκας δι' ἐπῶν, ἃς ποιεῖται πρὸς Ἀχιλλέα· καὶ Ἱππιατρικόν· διὸ καὶ Κένταυρος ὠνομάσθη.

de Chirone mulomedicinae inventore cf. Corp. Hippiatr. Gr. i. 4. 8, 10. 7, ii. 83. 16, et 'Mulomedicinam Chironis'. num haec in carmine Hesiodeo tractata sit, licet dubitare. namque et alii praecepta in Chironis persona ediderunt, ut Chaeremon in Chirone suo (Arist. Poet. 1447^b21; P. Hibeh 224).

carmen respicere videtur Pindarus, Pyth. vi. 21–27

τά ποτ' ἐν οὔρεσι φαντὶ μεγαλοσθενεῖ Φιλύρας υἱὸν ὀρφανιζομένωι Πηλεΐδαι παραινεῖν· μάλιστα μὲν Κρονίδαν, βαρυόπαν στεροπᾶν κεραυνῶν τε πρύτανιν, θεῶν σέβεσθαι· ταύτας δὲ μή ποτε τιμᾶς ἀμείρειν γονέων βίον πεπρωμένον.

fort. etiam Nem. iii. 43–49 (v. ad fr. 285) et 56–63

νύμφευσε δ' αὖτις (Χείρων) ἀγλαόκολπον Νηρέος θύγατρα, γόνον τέ οἱ φέρτατον ἀτίταλλεν ἐν ἀρμένοισι πᾶσι θυμὸν αὔξων, ὄφρα θαλασσίαις ἀνέμων ῥιπαῖσι πεμφθεὶς ὑπὸ Τροΐαν δορίκτυπον ἀλαλὰν Λυκίων τε προσμένοι καὶ Φρυγῶν Δαρδάνων τε, καὶ ἐγχεσφόροις ἐπιμείξαις Αἰθιόπεσσι χεῖρας, ἐν φρασὶ πάξαιθ' ὅπως σφίσι μὴ κοίρανος ὀπίσω πάλιν οἴκαδ' ἀνεψιὸς ζαμενὴς Ἑλένοιο Μέμνων μόλοι.

quocum conferendus Bacchylides carm. 27 Sn.[8], 34–38

ξανθᾶς νιν εὔβ[ο]υλ[ο]ς θαμ[ὰ Φ]ιλλυρί[δας] ψαύων κεφ[αλ]ᾶς ἐνέπει· φατί νιν [δινᾶ]ντα φοινίξειν Σκά[μανδρον] κτείνον[τα φιλ]οπτολέμους Τρῶας.

quem sequitur Horatius, epod. 13. 11–18.

saepius carmen luserunt comici; reputa Pherecratis Chironem (v. ante fr. 286), et Cratini Chirones, in quibus stetit versus (fr. 235 K.)

σκῆψιν μὲν Χείρωνες ἐλήλυμεν, ὡς ὑποθήκας . . .

veri simile est carmen Hesiodeum illudi etiam in his fragmentis, quae sunt ex eadem fabula:

fr. 232 K. *ἄγε δὴ πρὸς ἕω πρῶτον ἁπάντων ἵστω καὶ λάμβανε χερσὶν σχῖνον μεγάλην.*

fr. 234 K. *ἐξ ἀσαμίνθου κύλικος λείβων.*

non omittenda est denique Arctini sive Eumeli Titanomachia, fr. vi Allen (e Clemente, Strom. i. 15. 73): (Chiron primus)

εἴς τε δικαιοσύνην θνητῶν γένος ἤγαγε δείξας
ὅρκους καὶ θυσίας ἱλαρὰς καὶ σχήματ' Ὀλύμπου.

in vase Berol. 2322 ex Euphronii fabrica (*c.* 500 a.C.) depingitur liber, cui inscriptum est ΧΙΡΟΝΕΙΑ; sed subter libro legitur ΚΑΛΕ, unde ambigitur utrum Chironia puella sit an poesis. cf. Beazley, A.J.A. 52, 1948, 337; Attic Red-Figure Vase-Painters² p. 329 no. 134; J. Schwartz p. 232.

praeter fragmenta 283–5 cf. ad fr. 41, 304, 321, 323, 325, 338

---

283 Schol. Pind. Pyth. vi. 22 (ii. 197 Drachmann)

τὰς δὲ Χείρωνος ὑποθήκας Ἡσιόδωι ἀνατιθέασιν, ὧν ἡ ἀρχή·

Εὖ νῦν μοι τάδ' ἕκαστα μετὰ φρεσὶ πευκαλίμῃσι
φράζεσθαι· πρῶτον μέν, ὅτ' ἂν δόμον εἰσαφίκηαι,
ἔρδειν ἱερὰ καλὰ θεοῖς αἰειγενέτῃσιν

284 Phrynichus Eclog. p. 91 Lobeck (73 p. 175 Rutherford)

"ἀκεστής" λέγουσιν οἱ παλαιοί, οὐκ "ἠπητής". ἔστι μὲν ἠπήσασθαι ἅπαξ παρ' Ἀριστοφάνει ἐν Δαιταλεῦσι, παίζοντι τὰς Ἡσιόδου Ὑποθήκας "καὶ κόσκινον ἠπήσασθαι". σὺ δὲ λέγε "ἀκέσασθαι" τὸ ἱμάτιον.

---

283 (170) *νῦν* Heyne: *νυ* codd. *μοι*: *τοι* cod. unus *τὰ ἕκαστα* Buttmann *ὅταν εἰς σὸν δόμον* codd., corr. Marckscheffel

284 (172) Aristophanis fr. 227 Kock, ii. 1044 Meineke–Bergk *ἐν Δαιταλεῦσι . . . τὸ ἱμάτιον*: aliter cod. Paris. suppl. gr. 70 (Bachmann, Anecdota Graeca ii. 385), *ἐν Δαιταλεῦσι· "καὶ κόσκινον ἠπήσασθαι". σὺ δὲ λέγε ἀκέσασθαι τὸ ἱμάτιον· παίζων γὰρ τὰς Ἡσιόδου Ὑποθήκας Ἀριστοφάνης εἶπε τοῦτο.*

285 Quintilianus Inst. i. 1. 15

quidam litteris instruendos, qui minores septem annis essent, non putaverunt, quod illa primum aetas et intellectum disciplinarum capere et laborem pati posset. in qua sententia Hesiodum esse plurimi tradunt, qui ante grammaticum Aristophanem fuerunt; nam is primus Ὑποθήκας, *in quo libro scriptum hoc invenitur, negavit esse huius poetae.*

---

285 (173) *Aristophanem*: p. 247 sq. Nauck ad rem cf. Pind. Nem. iii. 43 sqq. *ξανθὸς δ' Ἀχιλεὺς τὰ μὲν μένων Φιλύρας ἐν δόμοις παῖς ἐὼν ἄθυρε μεγάλα ἔργα· χερσὶ θαμινὰ βραχυσίδαρον ἄκοντα πάλλων ἶσα τ' ἀνέμοις μάχαι λεόντεσσιν ἀγροτέροις ἔπρασσεν φόνον, κάπρους τ' ἔναιρε . . . ἑξέτης τὸ πρῶτον, ὅλον δ' ἔπειτ' ἂν χρόνον* de Chirone quasi ludi magistro cf. Ov. Art. Am. i. 11–16; Iuv. vii. 210–12

ΜΕΓΑΛΑ ΕΡΓΑ

TESTIMONIUM

Athenaeus viii. 66 p. 364

οἱ δὲ νῦν προσποιούμενοι θεοῖς θύειν καὶ cυγκαλοῦντες ἐπὶ τὴν θυcίαν τοὺc φίλουc καὶ τοὺc οἰκειοτάτουc καταρῶνται μὲν τοῖc τέκνοιc, λοιδοροῦνται δὲ ταῖc γυναιξί, κλαυθμυρίζουcι τοὺc οἰκέταc, ἀπειλοῦcι τοῖc πολλοῖc, μονονουχὶ τὸ τοῦ Ὁμήρου λέγοντεc (*B* 381)

> *νῦν δ' ἔρχεcθ' ἐπὶ δεῖπνον, ἵνα ξυνάγωμεν Ἄρηα,*

ἐπὶ νοῦν οὐ λαμβάνοντεc τὰ εἰρημένα ὑπὸ τοῦ τὸν Χείρωνα πεποιηκότοc, εἴτε Φερεκράτηc ἐcτὶν εἴτε Νικόμαχοc ὁ ῥυθμικὸc ἢ ὅcτιc δήποτε,

> *μηδὲ cύ γ' ἄνδρα φίλον καλέcαc ἐπὶ δαῖτα θάλειαν*
> *ἄχθου ὁρῶν παρεόντα· κακὸc γὰρ ἀνὴρ τόδε ῥέζει·*
> *ἀλλὰ μάλ' εὔκηλοc τέρπου φρένα τέρπε τ' ἐκεῖνον.*[1]

νῦν δὲ τούτων μὲν οὐδ' ὅλωc μέμνηνται· τὰ δὲ ἑξῆc αὐτῶν ἐκμανθάνουcιν, ἅπερ πάντα ἐκ τῶν εἰc Ἡcίοδον ἀναφερομένων μεγάλων Ἠοιῶν καὶ[2] *μεγάλων Ἔργων πεπαρώιδηται·*

> *ἡμῶν δ' ἤν τινά τιc καλέcηι θύων ἐπὶ δεῖπνον,*
> *ἀχθόμεθ', ἢν ἔλθηι, καὶ ὑποβλέπομεν παρεόντα,*
> *χὤττι τάχιcτα θύραζ' ἐξελθεῖν βουλόμεθ' αὐτόν.*
> *εἶτα γνούc πωc τοῦθ' ὑποδεῖται· κᾆτά τιc εἶπε*
> *τῶν ξυμπινόντων· "ἤδη cύ; τί οὐχ ὑποπίνειc;*
> *οὐχ ὑπολύcειc cαυτόν;" ὁ δ' ἄχθεται αὐτὸc ὁ θύων*
> *τῶι κατακωλύοντι καὶ εὐθὺc ἔλεξ' ἐλεγεῖα·*
> *"Μηδένα μήτ' ἀέκοντα μένειν κατέρυκε παρ' ἡμῖν,*
> *μηδ' εὕδοντ' ἐπέγειρε, Cιμωνίδη."*[3] *οὐ γὰρ ἐπ' οἴνοιc*
> *τοιαυτὶ λέγομεν δειπνίζοντεc φίλον ἄνδρα;*[4]

ἔτι δὲ καὶ ταῦτα προcτίθεμεν·

> *μηδὲ πολυξείνου δαιτὸc δυcπέμφελον εἶναι*
> *ἐκ κοινοῦ· πλείcτη τε χάριc δαπάνη τ' ὀλιγίcτη.*[5]

(1) Pherecr. fr. 152 Kock, ii. 335 Meineke (2) verba *μεγάλων Ἠοιῶν καὶ* delenda videntur (3) Theognis 467+469 (4) Pherecr. fr. 153 Kock (5) Hesiodi Op. 722–3

286 Anonymus, comm. in Aristot. Eth. Nicom. v. 8 (Comm. in Aristot. gr. xx. 222. 22), "... τὸ Ῥαδαμάνθυος δίκαιον· εἴ κε πάθοι τά τ' ἔρεξε, δίκη κ' ἰθεῖα γένοιτο"

καὶ νῦν δ' αὐτὸς σαφῶς ἐδήλωσε παραθέμενος τὸ τοῦ Ῥαδαμάνθυος. τὸ μέντοι ἔπος ἐστὶ παρ' Ἡσιόδωι ἐν τοῖς μεγάλοις Ἔργοις οὕτως ἔχον·

εἰ κακά τις σπείραι, κακὰ κέρδεά ⟨κ'⟩ ἀμήσειεν·
εἴ κε πάθοι, τά τ' ἔρεξε, δίκη κ' ἰθεῖα γένοιτο

vs. 2 laudant Aristoteles (vide supra); Michael Ephesius in Eth. Nic., Comm. in Aristot. gr. xxii. 3. 31. 31; Heliodorus, Eth. Nic. paraphr., Comm. in Aristot. gr. xix. 2. 94. 32; Seneca, Apocolocyntosis 14; schol. Aesch. Suppl. 436 (p. 156. 25 Dindorf); Iulianus, conviv. p. 314 A; Suda αι 165 (ii. 167. 25 Adler); Isaac Porphyrog. ('Polemonis declamationes' ed. H. Hinck, 1873) p. 70. 19; Appendix proverbiorum ii. 12 (Corp. paroemiogr. gr. i. 396)

287 Schol. in Hes. Op. 128 (p. 55. 14 Pertusi), "γένος ... ἀργύρεον"

τὸ δ' ἀργύρεον ἔνιοι τῆι γῆι οἰκειοῦσι λέγοντες ὅτι ἐν τοῖς μεγάλοις Ἔργοις τὸ ἀργύριον τῆς Γῆς γενεαλογεῖ.

---

286 (174) lex Rhadamanthyis; cf. notam Pfeifferi ad Call. fr. (dub.) 528a et A. Dihle, Die goldene Regel (1962) 14 παραθέμενος Brandis: περιθέμενος codd. 1 κ' add. Rose 2 αἴ κε Seneca, schol. Aesch., Iulianus, Suda: εἰ δὲ Ludwich πάθοι Aristoteles, Heliodorus, Suda: πάθηι schol. Aesch., Iulianus, Isaac τά τ' Schneidewin: τά κ' Aristot., Anonymus, schol. Aesch., Iulianus, Heliod., Suda: ἅ κ' Isaac: τά γ' App. prov. δ' ἰθεῖα schol. Aesch., Anonymus, Suda, codd. aliquot Iuliani: τ' ἰθεῖα Isaac, codd. cett. Iuliani

similes versus laudantur in schol. Plat. Phaedr. 260 D (p. 84 Greene) "καρπὸν ὧν ἔσπειρας θέριζε", ἐπὶ τῶν τοιαῦτα πασχόντων οἷα ἔδρασαν. παρῆκται δὲ ἀπὸ τοῦ στίχου·

εἰ δὲ κακὰ σπείραις, κακά κεν ἀμήσαιο

καὶ πάλιν·

ὃς δὲ κακὰ σπείρει, θεριεῖ κακὰ κήδεα παισίν

(ubi κακὰ κέρδεά κ' ἀμήσαιο Ludwich, et κακὰ κέρδεα παισίν Peppmüller). schol. Plat. exscripsit Greg. Cypr. (cod. Leid.) ii. 57 (Corp. paroemiogr. gr. ii. 77)

287 (175) οἰκειοῦσι Lobeck: ἀκούουσι codd. ἀργύριον: ἀργύρεον cod. Q: ἀργυροῦν γένος (om. τῆς Γῆς) cod. R

ΑΣΤΡΟΝΟΜΙΑ

TESTIMONIA

Plato, Epinomis 990 A

ὅτι σοφώτατον ἀνάγκη τὸν ἀληθῶς ἀστρονόμον εἶναι, μὴ τὸν καθ' Ἡσίοδον ἀστρονομοῦντα καὶ πάντας τοὺς τοιούτους, οἷον δυσμάς τε καὶ ἀνατολὰς ἐπεσκεμμένον, ἀλλὰ κτλ.

Callim. epigr. 27

Ἡσιόδου τό τ' ἄεισμα καὶ ὁ τρόπος· οὐ τὸν ἀοιδὸν
ἔσχατον, ἀλλ' ὀκνέω μὴ τὸ μελιχρότατον
τῶν ἐπέων ὁ Σολεὺς ἀπεμάξατο. χαίρετε λεπταὶ
ῥήσιες, Ἀρήτου σύμβολον ἀγρυπνίης.

Plut. de Pyth. orac. 18 p. 402 F

οὐδ' ἀστρολογίαν ἀδοξοτέραν ἐποίησαν οἱ περὶ Ἀρίσταρχον καὶ Τιμόχαριν καὶ Ἀρίστυλλον καὶ Ἵππαρχον καταλογάδην γράφοντες, ἐν μέτροις πρότερον Εὐδόξου καὶ Ἡσιόδου καὶ Θαλοῦ γραφόντων (εἴ γε Θαλῆς ἐποίησεν ὡς ἀληθῶς εἰπεῖν τὴν εἰς αὐτὸν ἀναφερομένην Ἀστρολογίαν).

Georgius Monachus (Hamartolus), Chron. i. 10 (i. 40 de Boor)

καὶ πρῶτος κατελθὼν (sc. ὁ Ἀβραὰμ) εἰς Αἴγυπτον ἀριθμητικὴν καὶ ἀστρονομίαν Αἰγυπτίους ἐδίδαξε· πρῶτοι γὰρ εὑρεταὶ τούτων οἱ Χαλδαῖοι γεγένηνται, παρὰ δὲ τῶν Ἑβραίων ἔλαβον Φοίνικες. ἀφ' ὧν ὁ μὲν Κάδμος ταῦτα μετήγαγεν εἰς τοὺς Ἕλληνας, ὁ δὲ Ἡσίοδος εὖ μάλα συντάξας εὐφυῶς ἐξελλήνισεν.

Tzetzes, Chil. xii. 163–8

Ἡσίοδος δ' ὁ πρότερος κατά τινας Ὁμήρου,
κατά τινας δ' ἰσόχρονος, ὕστερος καθ' ἑτέρους,
κατὰ ἡμᾶς τὸν Τζέτζην δέ, τὰς τζόχας μου τὰς μίας,
ὀλίγον ὑστερούτζικος χρόνοις τετρακοσίοις,
οὐ γράφει βίβλον ἀστρικήν; ἧς τὴν ἀρχὴν οὐκ οἶδα·
ἐν μέσωι τοῦ βιβλίου δὲ τὰ ἔπη κεῖνται ταῦτα·

(sequitur fr. 291)

carminis titulus rectus incertum utrum Ἀστρονομία fuerit an Ἀστρολογία (ita Plinius, fr. 290). de hoc opere cf. Robert, Eratosthenis catast. reliquiae (1878) 237; Rehm, Mythographische Untersuchungen zu griech. Sternsagen (1896) 36; Nilsson, Rhein. Mus. 60 (1905) 180 = Opusc. ii. 781

288 Athenaeus xi. 80 p. 491 CD ex Asclepiade Myrleano, de Pliadibus

ὁ τὴν εἰς Ἡσίοδον δὲ ἀναφερομένην ποιήσας Ἀστρονομίαν αἰεὶ Πελειάδας αὐτὰς λέγει·

τὰς δὲ βροτοὶ καλέουσι Πελειάδας

289 (pergit Athenaeus)

καὶ πάλιν·

χειμέριαι δύνουσι Πελειάδες

290 (pergit Athenaeus)

καὶ πάλιν·

τῆμος ἀποκρύπτουσι Πελειάδες

Plinius, Nat. Hist. xviii. 213

occasum matutinum Vergiliarum Hesiodus—nam huius quoque nomine exstat Astrologia—tradidit fieri, cum aequinoctium autumni conficeretur.

291 Schol. in Aratum 172 (p. 369–70 Maass), de Hyadibus

ἡ δὲ προσωνυμία, ὅτι τὸν Διόνυσον ἀνεθρέψαντο· Ὕης δὲ ὁ Διόνυσος . . . κληθῆναι δὲ οὕτω δι' ἣν προείπομεν αἰτίαν· Ἡσίοδος γάρ φησι περὶ αὐτῶν·

νύμφαι Χαρίτεσσιν ὁμοῖαι,
Φαισύλη ἠδὲ Κορωνὶς ἐυστέφανός τε Κλέεια
Φαιώ θ' ἱμερόεσσα καὶ Εὐδώρη τανύπεπλος,
ἃς Ὑάδας καλέουσιν ἐπὶ χθονὶ φῦλ' ἀνθρώπων

Tzetzes in Hes. Op. 384 (p. 206 Gaisford), "*Πληϊάδων Ἀτλαγενέων*"

ἄλλοι δέ τινες δώδεκα θυγατέρας φασὶ γενέσθαι τῶι Ἄτλαντι, καὶ υἱὸν Ὕαντα, ὃν ἐν Λιβύηι θηρῶντα ὄφις ἀνεῖλεν. καὶ αἱ μὲν πέντε τὸν ἀδελφὸν τοῦτον θρηνοῦσαι ἀπώλοντο· Ζεὺς δὲ ἀστέρας ταύτας πεποίηκε, τὰς λεγομένας Ὑάδας, ὧν τὰ ὀνόματα ὁ Ἀσκραῖος οὗτος Ἡσίοδος ἐν τῆι ἀστρικῆι αὐτοῦ βίβλωι διδάσκει λέγων· "νύμφαι—ἀνθρώπων". unde schol. in Aratum 254–5 (p. 386. 13 Maass).

cf. Tzetzam, Chil. xii. 168 sqq.

288–90 (177–9; Vorsokr.[5] 4 B 1–4) ante fr. 288 nomina Pliadum fuerunt, sicut in fr. 169; de fragmentis coniungendis cogit. Marckscheffel

291 (180; Vorsokr.[5] 4 B 5) 3 *καὶ*: *ἴδ'* cod. M in schol. Arati 172 4 *νύμφαι, ἃς Ὑάδας καλέουσιν φῦλ' ἀνθρώπων* Tzetzes utroque loco

292 Schol. Callim. Aet. fr. 110. 67 (P. Oxy. 2258c fr. 1, ed. Lobel)

(a) in marg. infer.

πρόcθε μὲν ἐρχομεν.. μ̣ε̣τ̣οπωρ̣ι̣ν̣(όν)· κοινῆι̣ [τὸ ἐρχομεν- ἐπί] τ̣ε τῆc ἀ̣ν̣[α]τ̣ο̣λῆc κ(αὶ) τῆc δύcεωc. ἀνατέλλ[ει] μὲν γάρ, φ(ηcιν), ὁ Πλόκαμοc πρ̣[ὸ τῆc μετοπωρινῆc ἰcημερίαc, δύνε]ι δὲ μετὰ [τὴ]ν̣ ἐαρινὴν ἰ̣c̣ημερίαν.

(b) in marg. dext.

πρόc]θε μὲν ἐρχ(ομεν-)· ...[ ].ν.ε.[τῆι μὲν] μετ̣(οπωρ)ινῆι ἰcημερία[ι] ἕωθεν ἀνατέλλοντα̣, [τροπῆι δὲ τῆι] θ̣ερινῆι ἕωθεν δύνον̣τ̣[α, πλάγιον μέν, ὡc] Ἡcίοδοc, ἀν(α)τ(έλλοντα), κατ' εὐθεῖα̣[ν] δὲ δύνοντα̣.

293 Servius in Verg. Georg. i. 244–5 (iii. 1. 188. 9 Thilo–Hagen), '*maximus hic flexu sinuoso elabitur Anguis | circum perque duas in morem fluminis Arctos*'

Hesiodus

ποταμῶι ῥείοντι ἐοικώc

Astronomiae etiam alia fragmenta possis ascribere (148, 149, 163, 169, 170); cf. denique fr. (spur.) 394

---

292 (Z 4) Callimachi versus erat πρόcθε μὲν ἐρχομεν-.. μ̣ε̣τ̣οπωρ̣ι̣ν̣(ὸν) [Ὠκ]ε̣α̣νό̣ν̣δε, de Coma Berenices quae ante Booten oritur occiditque; cf. versionem Catulli lxvi. 67–68

(Schol. (a)) [τὸ ἐρχομεν- ἐπί] West: [νόει ἐπί] Rehm μετοπωρινῆc ἰcημερίαc Pfeiffer

(Schol. (b)) de Boote loquitur. lacunarum mensura incerta [τροπῆι δὲ τῆι] θ̣ερινῆι erratum: πρὸ τροπῆc (δὲ?)] θερινῆ⟨c⟩ Rehm: θ̣ερινη Π πλάγιον μέν, ὡc] Pfeiffer λοξὰ μὲν — φ(ηcὶν)] Ἡcίοδοc — ἀντ(έλλοντα), κατ' εὐθεῖα[ν] δὲ δύ{ν}οντα versiculum finxerant Pfeiffer et Merk., sed verba κατ' εὐθεῖαν haud poetica. 'Hesiodus' potuit dicere e.g. ὀρθὸc μὲν δύνει, ἀτὰρ ὕπτιοc αὖτ' ἐπιτέλλει ad rem cf. schol. E Hom. ε 272; Arat. 581 et schol.

293 (263) ῥείοντι Lobeck: ῥέοντι Servius fragmentum Astronomiae tribuerunt Franz (Leipziger Stud. 12, 1890, 351), Maass (Aratea, 1892, 270), Nilsson (Opusc. ii. 782) 'Hesiodum' imitatus est Aratus 45 sq., Aratum Nonnus Dion. xxv. 402, Vergilius, Manil. i. 305, Seneca Thyest. 869. Servius exscripsit scholium in Aratum nobis perditum

ΗΣΙΟΔΟΥ Η ΚΕΡΚΩΠΟΣ ΑΙΓΙΜΙΟΣ

Athen. xi. 109 p. 503 D (cf. infr. fr. 301)

ὁ τὸν Αἰγίμιον . . . ποιήϲαϲ, εἴθ' Ἡϲίοδόϲ ἐϲτιν ἢ Κέρκωψ ὁ Μιλήϲιοϲ.

TESTIMONIA DE CERCOPE POETA

Diog. Laert. ii. 46

τούτωι (sc. *Cωκράτει*) *τιϲ, καθά φηϲιν Ἀριϲτοτέληϲ ἐν τρίτωι περὶ ποιητικῆϲ* (fr. 75 Rose), *ἐφιλονείκει Ἀντίλοχοϲ Λήμνιοϲ καὶ Ἀντιφῶν ὁ τερατοϲκόποϲ, ὡϲ Πυθαγόραι Κύλων Κροτωνιάτηϲ, καὶ Cύαγροϲ Ὁμήρωι ζῶντι, ἀποθανόντι δὲ Ξενοφάνηϲ ὁ Κολοφώνιοϲ, καὶ Κέρκωψ Ἡϲιόδωι ζῶντι, τελευτήϲαντι δὲ ὁ προειρημένοϲ Ξενοφάνηϲ· καὶ Πινδάρωι Ἀμφιμένηϲ ὁ Κῶιοϲ, κτλ.*

Cic. Nat. Deor. i. 107 (Orph. test. 13 Kern)

Orpheum poetam docet Aristoteles (fr. 7 R.) *numquam fuisse, et hoc Orphicum carmen Pythagorei ferunt cuiusdam fuisse Cercopis.*

Clem. Strom. i. 21. 131 (ii. 81. 11 St.; Orph. test. 222 K.)

Ἐπιγένηϲ ἐν τοῖϲ περὶ τῆϲ εἰϲ Ὀρφέα ⟨ἀναφερομένηϲ⟩ ποιήϲεωϲ Κέρκωποϲ εἶναι λέγει τοῦ Πυθαγορείου τὴν εἰϲ Ἅιδου κατάβαϲιν καὶ τὸν Ἱερὸν Λόγον.

Suda s.v. *Ὀρφεύϲ* (iii. 564. 27 Adler; Orph. test. 223 K.)

ἔγραψε . . . Ἱεροὺϲ Λόγουϲ ἐν ῥαψωιδίαιϲ κδ'· λέγονται δὲ εἶναι Θεογνήτου τοῦ Θεϲϲαλοῦ, οἱ δὲ Κέρκωποϲ τοῦ Πυθαγορείου.

carmen in libros duo vel plures divisum est, v. fr. 296, 300

---

294 Schol. Eur. Phoen. 1116 (i. 366. 4 Schwartz), "*Ἱππομέδων ἄναξ | ἔϲτειχ' ἔχων ϲημεῖον ἐν μέϲωι ϲάκει | ϲτικτοῖϲ Πανόπτην ὄμμαϲιν δεδορκότα*"

ὁ δὲ τὸν Αἰγίμιον ποιήϲαϲ φηϲί·

καί οἱ ἐπὶ ϲκοπὸν Ἄργον ἵει κρατερόν τε μέγαν τε
τέτραϲιν ὀφθαλμοῖϲιν ὁρώμενον ἔνθα καὶ ἔνθα,

---

294 (188; cf. 187) Ius fabula; Iuno Argum *τὸν πανόπτην* custodem vaccae facit 2 cf. Hermiam in Plat. Phaedr. 246 E (p. 138. 14 Couvreur; Orph. fr. 76 Kern): *εἴη ἂν μονὰϲ μὲν ὁ Αἰθήρ, δυὰϲ δὲ τὸ Χάοϲ, τριὰϲ δὲ τὸ ὠιόν . . ., τετρὰϲ δὲ ὁ Φάνηϲ, ὡϲ καὶ Ὀρφεύϲ φηϲι· "τέτραϲιν ὀφθαλμοῖϲιν ὁρώμενοϲ ἔνθα καὶ ἔνθα"*

ἀκάματον δέ οἱ ὦρϲε θεὰ μένοϲ, οὐδέ οἱ ὕπνοϲ
πῖπτεν ἐπὶ βλεφάροιϲ, φυλακὴν δ' ἔχεν ἔμπεδον αἰεί

cf. Tzetzam, schol. in exeges. Iliad., p. 153. 21 Hermann (= Colonna, Accademia nazionale dei Lincei, Bollettino per la preparazione dell'edizione dei classici N.S. fasc. 3 p. 8)

Ps. Apollod., Bibl. ii. [6] 1. 3 (p. 52. 2–6 Wagner; cf. supra fr. 124)

Ἥρα δὲ αἰτηϲαμένη παρὰ Διὸϲ τὴν βοῦν φύλακα αὐτῆϲ κατέϲτηϲεν Ἄργον τὸν πανόπτην, ὃν Φερεκύδηϲ (3 F 67) μὲν Ἀρέϲτοροϲ λέγει, Ἀϲκληπιάδηϲ (12 F 16) δὲ Ἰνάχου, Κέρκωψ δὲ Ἄργου καὶ Ἰϲμήνηϲ τῆϲ Ἀϲωποῦ θυγατρόϲ· Ἀκουϲίλαοϲ (2 F 27) δὲ γηγενῆ αὐτὸν λέγει.

295 Philodemus, π. εὐϲεβείαϲ p. 5 et 14 Gomperz; Hercul. voll. coll. altera ii. 32a et 42

P. Hercul. 242 i
1 τουϲ[
2 ἕνα{ι} δὲ ὀ[φθαλμὸν
3 καὶ ὀδόν̣[τα μόνον ἐ-
4 χούϲαϲ [πάϲαϲ Αἰϲ-
5 χύλοϲ ἐν [Φορκίϲιν
6 λέγει καὶ [ὁ τὸν Αἰγί-
7 μιον ποι[ήϲαϲ· παρὰ
8 δ' οὖν Ἡϲ̣ιό̣[δωι τῶν
9 Φόρκου γε[γοννι-

P. Hercul. 247 i
1 ῶν Μέδου]ϲα μὲν ἔ-
2 τεκε ...]ν̣εντανα
3 ..χρυϲ]οῦν ἄο[ρ ἐν
4 ταῖϲ χερ]ϲ[ί]ν [ἔχο]ντ̣',
5 ὁ δὲ Γηρ]υόν[ην κτλ.

---

294 4 φυλακὴν M: φυλακῇ TAB Tz. ἔχεν MA: ἔϲχεν TB ἔμπεδον M: ἔμπεδοϲ TAB Tz. αἰέν Tzetzes
(Bibl.) Κέρκωψ Aegius: Κέκροψ cod.

295 textum dedimus secundum recensionem Schoberi (Regimontii 1923) typis non impressam; papyros 242 et 247 coniungendas esse ille agnovit. haec ad Ius errores (cf. Aesch. Prom. 790 sqq.) vel ad Persei fabulam (Bibl. ii. [39] 4. 2) referenda videntur. grypas in Ius erroribus memorat Aesch. Prom. 803: cf. fr. 152
2 sq. Robert 3 οδοϲ[delineator 4 sq. Buecheler Aesch. fr. 459d Mette 6 sq. G. Schmid 8 ηοιο̣[delineator Theog. 270 sqq. 9 δορκου delineator post 9 finis columnae in pap. 242, 1 initium columnae in pap. 247 4]να delineator

296 Stephanus Byz. p. 3. 1 Meineke

Ἀβαντίc· ἡ Εὔβοια· ὡc Ἡcίοδοc ἐν Αἰγιμίου δευτέρωι περὶ Ἰοῦc·

νήcωι ἐν Ἀβαντίδι δίηι·
τὴν πρὶν Ἀβαντίδα κίκληcκον θεοὶ αἰὲν ἐόντεc,
Εὔβοιαν δὲ βοόc μιν ἐπώνυμον ὠνόμαcε Ζεύc

297 Ps. Apollod., Bibl. ii. [23] 1. 5 (p. 57. 13 Wagner)

Ἀμυμώνη δὲ ἐκ Ποcειδῶνοc ἐγέννηcε Ναύπλιον . . . ἔγημε δέ, ὡc μὲν οἱ τραγικοὶ λέγουcι, Κλυμένην τὴν Κατρέωc, ὡc δὲ ὁ τοὺc νόcτουc γράψαc, Φιλύραν, ὡc δὲ Κέρκωψ, Ἡcιόνην, καὶ ἐγέννηcε Παλαμήδην Οἴακα Ναυcιμέδοντα.

298 Plutarchus, Theseus 20 (i. 1. 18 Lindskog, i. 1. 17 Ziegler)

πολλοὶ δὲ λόγοι . . . ἔτι λέγονται καὶ περὶ τῆc Ἀριάδνηc . . . οἱ μὲν γὰρ ἀπάγξαcθαί φαcιν αὐτὴν ἀπολειφθεῖcαν ὑπὸ τοῦ Θηcέωc, οἱ δ' εἰc Νάξον ὑπὸ ναυτῶν κομιcθεῖcαν Ὠνάρωι τῶι ἱερεῖ τοῦ Διονύcου cυνοικεῖν, ἀπολειφθῆναι δὲ τοῦ Θηcέωc ἐρῶντοc ἑτέραc·

δεινὸc γάρ μιν ἔτειρεν ἔρωc Πανοπηΐδοc Αἴγληc.

τοῦτο γὰρ τὸ ἔποc ἐκ τῶν Ἡcιόδου Πειcίcτρατον ἐξελεῖν φηcιν Ἡρέαc ὁ Μεγαρεύc (486 F 1) . . . χαριζόμενον Ἀθηναίοιc.

Athenaeus xiii. 4 p. 557 A, de Thesei amoribus

. . . νομίμωc δ' αὐτὸν γῆμαι Μελίβοιαν τὴν Αἴαντοc μητέρα. Ἡcίοδοc δέ φηcιν καὶ Ἵππην καὶ Αἴγλην, δι' ἣν καὶ τοὺc πρὸc Ἀριάδνην ὅρκουc παρέβη, ὥc φηcι Κέρκωψ.

cf. supra fr. 147

---

296 (186) *Αἰγιμί* vel *Αἰγι* codd., corr. Gronovius *Εὔβοιαν — Ζεύc* Wilamowitz: *τὴν τότε ἐπώνυμον Εὔβοιαν βοὸc ὠνόμαcέν νιν Ζεύc* codd.: *δὴ τότε γ' Εὔβοιάν μιν ἐπώνυμον ὠνόμαcε Ζεύc* Meineke: *Εὔβοιαν δὲ βοὸc τότ' ἐπώνυμον ὠνόμαcεν Ζεύc* Hermann cf. Strabonem x. 1. 3 p. 445 (de nomine Euboeae insulae) *τάχα δ', ὥcπερ βοὸc αὐλὴ λέγεταί τι ἄντρον ἐν τῆι πρὸc Αἰγαῖον τετραμμένηι παραλίαι, ὅπου τὴν Ἰώ φαcι τεκεῖν Ἔπαφον, καὶ ἡ νῆcοc ἀπὸ τῆc αὐτῆc αἰτίαc ἔcχε τοὔνομα*, et Etymol. magn. s.v. *Εὔβοια . . . ὅτι τῆι Ἴcιδι* (i.e. *Ἰοῖ*) *εἰc βοῦν μεταβληθείcηι ἐκεῖcε πολλὰc βοτάναc ἡ γῆ ἀνεβλάcτηcε . . . ἢ ὅτι ἐν αὐτῆι βοῦc γενομένη καλλίcτη διέτριψεν ἡ Ἰώ*, et Steph. Byz. *Ἄργουρα· . . . ἔcτι καὶ τόποc τῆc Εὐβοίαc Ἄργουρα, ὅπου δοκεῖ τὸν Πανόπτην Ἑρμῆc πεφονευκέναι*

297 Ius genealogia decurrit usque ad Amymonen Danai filiam *οἱ τραγικοί*: cf. Nauck, Trag. gr. fr. p. 502 Nostorum fr. 1 Kinkel, Allen, Bethe *Κέρκωψ* Aegius: *Κέκροψ* cod.

298 (105) *Ὠνάρωι* codd. plurimi: *Οἰνάρωι* C: *Ὠλιάρωι* Wilamowitz *δεινῶc* vel *αἰνῶc*? West *ἔροc* Baumeister

299 Schol. Ap. Rhod. *Γ* 587 (p. 235–6 Wendel) de Aeeta et Phrixo, "*οὐδὲ γὰρ Αἰολίδην Φρίξον μάλα περ χατέοντα | δέχθαι ἐνὶ μεγάροιcιν ἐφέcτιον, . . . | . . . | εἰ μή οἱ Ζεὺc αὐτὸc ἀπ' οὐρανοῦ ἄγγελον ἧκεν | Ἑρμείαν, ὥc κεν προcκηδέοc ἀντιάcειεν*"

ἄγγελόν φηcιν Ἑρμῆν ὑπὸ τοῦ Διὸc πεμφθῆναι κελεύοντα δέξαcθαι τὸν Φρίξον, ἵνα τὴν Αἰήτου θυγατέρα γήμηι. ὁ δὲ τὸν Αἰγίμιον ποιήcαc διὰ ⟨τὸ⟩ δέραc αὐτὸν αὐθαιρέτωc φηcὶ προcδεχθῆναι. λέγει δέ, ὅτι μετὰ τὴν θυcίαν ἁγνίcαc τὸ δέραc οὕτωc ἔcτειχεν εἰc τοὺc Αἰήτου δόμουc, τὸ κῶαc ἔχων.

300 Schol. Ap. Rhod. *Δ* 816 (p. 293. 20 Wendel), de ira Thetidis in Peleum, "*τί τοι χόλοc ἐcτήρικται;*"

ὁ τὸν Αἰγίμιον ποιήcαc ἐν δευτέρωι φηcίν, ὅτι ἡ Θέτιc εἰc λέβητα ὕδατοc ἔβαλλεν τοὺc ἐκ Πηλέωc γεννωμένουc, γνῶναι βουλομένη εἰ θνητοί εἰcιν, ἕτεροι δὲ εἰc πῦρ (*ὡc Ἀπολλώνιόc* (*Δ* 869–79) *φηcι*)· *καὶ δὴ πολλῶν διαφθαρέντων ἀγανακτῆcαι τὸν Πηλέα καὶ κωλῦcαι τὸν Ἀχιλλέα ἐμβληθῆναι εἰc λέβητα.*

301 Athenaeus xi. 109 p. 503 CD

Νίκανδροc δ' ὁ Θυατειρηνὸc καλεῖcθαί φηcι "ψυκτήρια" καὶ τοὺc ἀλcώδειc καὶ cυcκίουc τόπουc τοὺc τοῖc θεοῖc ἀνειμένουc, ἐν οἷc ἐcτιν ἀναψύξαι . . . καὶ ὁ τὸν Αἰγίμιον δὲ ποιήcαc, εἴθ' Ἡcίοδόc ἐcτιν ἢ Κέρκωψ ὁ Μιλήcιοc,

ἔνθά ποτ' ἔcται ἐμὸν ψυκτήριον, ὄρχαμε λαῶν

---

299 (184) *τὸ* add. cod. deterior

300 (185) *ἕτεροι* Koechly: *ἑτέρουc* cod. L cod. P haec praebet: *τὴν Θέτιν . . . τοὺc . . . παῖδαc, τοὺc μὲν εἰc λέβητα ἐμβάλλειν ζέοντα, τοὺc δὲ εἰc τὸ πῦρ* (omissis verbis *ὡc Ἀπολλώνιόc φηcι*) in fine P haec addit: *καὶ διὰ τοῦτο καταλιπεῖν τὴν Θέτιν αὐτόν*

301 (190) haec verba Herculem dixisse Aegimio coniecit O. Müller, Die Dorier[2] (1844) ii. 464, cf. i. 29 sq.

ΚΑΜΙΝΟΣ sive ΚΕΡΑΜΕΙΣ

TESTIMONIA

302 Ps. Herodotus, vita Homeri 32

τῆι δὲ ἑcαύριον ἀποπορευόμενον ἰδόντες κεραμέες τινὲς κάμινον ἐγκαίοντες κεράμου λεπτοῦ, προσεκαλέσαντο αὐτόν, πεπυσμένοι ὅτι σοφὸς εἴη, καὶ ἐκέλευόν σφιν ἀεῖσαι, φάμενοι δώσειν αὐτῶι τοῦ κεράμου καὶ ὅτι ἂν ἄλλο ἔχωσιν· ὁ δὲ Ὅμηρος ἀείδει αὐτοῖς τὰ ἔπεα τάδε, ἃ καλεῖται *Κάμινος*. (sequitur carmen.)

minime discrepat Suda s.v. Ὅμηρος, iii. 529 Adler.

Suda s.v. Ὅμηρος, iii. 526. 6 Adler in recensu carminum Homeri: *Κεραμεῖς* (*Κεραμίς* codd. plerique).

Pollux x. 85

τοῖς δ' ἀγγείοις προσαριθμητέον . . . κάναστρα, μαζονομεῖα, τὰ μὲν μαζονομεῖα Ἀριστοφάνους εἰπόντος ἐν Ὁλκάσι (fr. 417 Kock), τὰ δὲ κάναστρα τοῦ ποιήσαντος τοὺς Κεραμέας, οὕς τινες Ἡσιόδωι προσνέμουσιν· λέγει γοῦν· (cit. v. 3).

Εἰ μὲν δώσετε μισθὸν ἀοιδῆς, ὦ κεραμῆες,
δεῦρ' ἄγ' Ἀθηναίη, καὶ ὑπέρσχεθε χεῖρα καμίνου,
εὖ δὲ μελανθεῖεν κότυλοι καὶ πάντα κάναστρα,
φρυχθῆναί τε καλῶς, καὶ τιμῆς ὦνον ἀρέσθαι,
πολλὰ μὲν εἰν ἀγορῆι πωλεύμενα, πολλὰ δ' ἀγυιαῖς,
πολλὰ δὲ κερδῆναι †ἡμῖν δὲ δὴ ὥς σφι νοῆσαι.†

---

302 carmen vetus Atticum, quod Hesiodo ascripserunt quidam teste Polluce l.c., nempe quia ille operariis cecinisset, vel etiam propter Op. 25 καὶ κεραμεὺς κεραμεῖ κοτέει. traditur in ps. Herodoti vita Homeri et in Suda ll. cc. vitae codices primarii sunt: R = Paris. gr. 2766; V = Vat. gr. 305

titulus: *Κάμινος* vita, *Κεραμεῖς* Pollux, alterum altero loco Suda   1 ἀοιδῆς ὦ Suda: ἀοιδήσω, ἀειδήσω, ἀείσω ὦ vitae codd.   2 ἀγαθὴ γαίη Suda   ὑπέρσχεθε Suda: ὑπερσχέγε R: ὑπερέχε γε V   3 cit. Pollux l.c.   μελανθεῖεν vita: μαρανθεῖεν Suda: περανθεῖεν Pollux   κάναστρα Pollux: μάλ' ἱ(ε)ρά Suda, vita: ἀλάβαστρα R. M. Cook   4 ὦνον ἀρέσθαι vita: ὄναρ (ὄνεαρ, ὄνειαρ) ἑλέσθαι Suda   5 πολλὰ δ' Suda: πολλὰ δ' ἐν vita: πόλλ' ἐν Ludwich   6 δὲ δὴ ὥς V, Suda (cf. *I* 245 ἡμῖν δὲ δὴ αἴσιμον εἴη): δὲ δ' ἂν ὥς R: δ' ἡδέως Wilamowitz   σφι νοῆσαι vita: σφιν ἀεῖσαι Suda (quae verba paullo ante in vitae narratione leguntur, ubi Suda σφίσιν ἀεῖσαι): ὑμῖν δὲ δὴ ὥς σφιν ἄεισα Ludwich: ἡμᾶς δὲ δὴ ἶσον ὀνῆσαι Cook

ἢν δ' ἐπ' ἀναιδείην τρεφθέντες ψεύδε' ἄρηςθε,
ςυγκαλέω δὴπειτα καμίνων δηλητῆρας,
Cύντριβ' ὁμῶς Cμάραγόν τε καὶ Ἄςβολον ἠδὲ Cαβάκτην
'Ωμόδαμόν θ', ὃς τῆιδε τέχνηι κακὰ πολλὰ πορίζει·
†πεῖθε πυραίθουςαν καὶ δώματα, ςὺν δὲ κάμινος
πᾶςα κυκηθείη, κεραμέων μέγα κωκυςάντων.
ὡς γνάθος ἱππείη βρύκει, βρύκοι δὲ κάμινος
πάντ' ἔντοςθ' αὐτῆς κεραμήϊα λεπτὰ ποιοῦςα.
  δεῦρο καὶ 'Ηελίου θύγατερ πολυφάρμακε Κίρκη,
  ἄγρια φάρμακα βάλλε, κάκου δ' αὐτούς τε καὶ ἔργα·
  δεῦρο δὲ καὶ Χείρων ἀγέτω πολέας Κενταύρους,
  οἵ θ' 'Ηρακλῆος χεῖρας φύγον, οἵ τ' ἀπόλοντο·
  τύπτοιεν τάδε ἔργα κακῶς, πίπτοι δὲ κάμινος,
  αὐτοὶ δ' οἰμώζοντες ὁρώιατο ἔργα πονηρά·
  γηθήςω δ' ὁρόων αὐτῶν κακοδαίμονα τέχνην.
ὃς δέ χ' ὑπερκύψηι, περὶ τούτου πᾶν τὸ πρόςωπον
φλεχθείη, ὡς πάντες ἐπίςτωντ' αἴςιμα ῥέζειν.

---

7 ςτρεφθέντες Suda: τραφθέντες Ludwich ψεύδη R, Suda 8 καμίνωι vita 9 ςύντριβ' ὁμοςμάραγόν vita, (ὁμ)ῶς sscr. C. Lascaris (cod. Matr. 4629): ςυντρίψω ςμάραγον Suda (ςυντρῖψαι dett.) ςφάραγον cod. Matr. Ἄςβολον (fuligo; et nomen Centauri) West: ἄςβεςτον vita et Suda: Ἄςβετον Stephanus ςαβάκτην Suda: γ' ἄβακτον V: γ' ἄμακτον R 10 πορίζοι vitae codd. dett. 11 πεῖθε vita: ςτεῖλαι Suda: πέρθε Scaliger: πρῆθε Portus: ςτεῖβε Wilamowitz: exspectatur 'venite' πυραίθουςαν: cf. πυραιθεῖα et αἴθουςα καὶ: κατὰ Ludwich 14 αὐτοῦ vita ποοῦςα v.l.: ἀπολοῦςα Cook 15–21 ab altero poeta insertos esse vidit Wilamowitz 15 θυγάτηρ R 18 'Ηρακλείους vitae codd. dett. 19 τύπτοι δὲ κάμινον V 21 ὁράων Suda 22 ὑπερκύψηι Sudae cod. C: -οι Sudae codd. plerique: -ει vita ad rem cf. G. M. Richter, The Craft of Athenian Pottery, 76–77 περὶ: πυρὶ Barnes τούτου Suda (τούτων cod. S): ταύτην R: ταῦτα V: possis τούτωι 23 φλεχθῆι ὅπως Suda ἐπίςταντ' V

CARMINA ALIA

TESTIMONIA

1. *Ὀρνιθομαντεία*

Schol. Hes. Op. 828 τούτοις δέ ἐπάγουσί τινες τὴν Ὀρνιθομαντείαν ἅτινα Ἀπολλώνιος ὁ Ῥόδιος ἀθετεῖ.

⟨καὶ ἄλλ⟩α τινὰ ⟨ἃ⟩ West

Pausan. ix. 31. 5 (cf. ante fr. 1) καὶ ὅσα ἐπὶ Ἔργοις τε καὶ Ἡμέραις. huc fortasse referenda sunt fr. 312, 332, 355.

2, 3.

Pausan. ibid. καί ἐστιν ἔπη μαντικά . . . καὶ ἐξηγήσεις ἐπὶ τέρασιν. conicias Pausaniam *Μελαμποδίαν* et *Ὀρνιθομαντείαν*, quas ambas paullo ante recensuit, in animo habere.

4. *ἐπικήδειον εἰς Βάτραχον*

Suda η 583 (cf. ante fr. 1) ἐπικήδειον εἰς Βάτραχόν τινα ἐρώμενον αὐτοῦ.

ἡ καλουμένη γῆς περίοδος (Ephorus 70 F 42 ap. Strab. vii. 3. 9 p. 302) non erat proprium carmen sed pars Catalogi (cf. fr. 150 sqq.); item 'epithalamium in Peleum et Thetidem' quod laudat Tzetzes, prol. ad Lycophr. p. 4. 13 Scheer (cf. fr. 211).

FRAGMENTA INCERTAE SEDIS

303 Clemens, Strom. v. 14. 129 (ii. 414 Stählin–Früchtel)

ἀλλὰ καὶ Ἡcίοδος δι' ὧν γράφει cυνάιδει τοῖc προειρημένοιc·

μάντιc δ' οὐδ' εἷc ἐcτιν ἐπιχθονίων ἀνθρώπων
ὅcτιc ἂν εἰδείη Ζηνὸc νόον αἰγιόχοιο

Clementem exscripsit Eusebius, praep. ev. xiii. 13. 57 (ii. 225 Mras)

304 Plutarchus, De defectu oraculorum 11 p. 415 (iii. 71–72 Paton–Pohlenz)

ὁ δ' Ἡcίοδοc οἴεται καὶ περιόδοιc τιcὶ χρόνων γίγνεcθαι τοῖc δαίμοcι τὰc τελευτάc· λέγει γὰρ ἐν τῶι τῆc Ναΐδοc προcώπωι καὶ τὸν χρόνον αἰνιττόμενοc·

ἐννέα τοι ζώει γενεὰc λακέρυζα κορώνη
ἀνδρῶν ἡβώντων· ἔλαφοc δέ τε τετρακόρωνοc·
τρεῖc δ' ἐλάφουc ὁ κόραξ γηράcκεται· αὐτὰρ ὁ φοῖνιξ
ἐννέα τοὺc κόρακαc· δέκα δ' ἡμεῖc τοὺc φοίνικαc
νύμφαι ἐυπλόκαμοι, κοῦραι Διὸc αἰγιόχοιο.

τοῦτον τὸν χρόνον εἰc πολὺ πλῆθοc ἀριθμοῦ cυνάγουcιν οἱ μὴ καλῶc δεχόμενοι τὴν γενεάν. ἔcτι γὰρ ἐνιαυτόc· ὥcτε γίγνεcθαι τὸ cύμπαν ἐννακιcχίλια ἔτη καὶ ἑπτακόcια καὶ εἴκοcι τῆc τῶν δαιμόνων ζωῆc, ἔλαττον μὲν οὗ νομίζουcιν οἱ πολλοὶ τῶν μαθηματικῶν . . . ἔτι δ' αὐτοῦ λέγοντοc Δημήτριοc ὑπολαβὼν "πῶc, ἔφη, λέγειc . . . γενεὰν ἀνδρὸc εἰρῆcθαι τὸν ἐνιαυτόν; οὔτε γὰρ "ἡβῶντοc" οὔτε "γηρῶντοc", ὡc ἀναγιγνώcκουcιν ἔνιοι, χρόνοc ἀνθρωπίνου βίου τοcοῦτόc ἐcτιν. ἀλλ' οἱ μὲν "ἡβώντων" ἀναγιγνώcκοντεc ἔτη τριάκοντα ποιοῦcι τὴν γενεάν . . ., οἱ δὲ "γηρώντων" πάλιν, οὐχ "ἡβώντων" γράφοντεc ὀκτὼ καὶ ἑκατὸν ἔτη νέμουcι τῆι γενεᾶι . . . καὶ ὁ λόγοc ὅλοc ἠινίχθαι δοκεῖ τῶι Ἡcιόδωι πρὸc τὴν ἐκπύρωcιν."

---

303 (169) ad Melampodiam rettulit Rzach

304 (171) ad Chironis praecepta rettulit Bergk, Naida Chironis uxorem (fr. 42) loqui arbitratus   1 *τοι* Plut. : *τε* Philoponus : *μὲν* schol. Verg. : *γὰρ* schol. Aristoph., schol. Hom., Etymologica, Tzetzes   *ζῶcιν* schol. Hom. *γενεὰc ζώει* Philoponus, schol. Aristoph. (cod. Ven.)   2 *ἡβώντων* : *γηράντων* Et. magn. (s.v. *γηράc*), quod verum videtur : *γηρώντων* 'quidam' teste Plutarcho, Proclus, Etymol. s.v. *ἀγροτέραc ἐλάφουc*, Tzetzes : *φθινόντων* Philoponus : . . . *ον-των* schol. Verg.   *τε* om. Philoponus   4 *ἐννέα μὲν* C. G. Müller *δέκα φοίνικαc δέ τοι ἡμεῖc* Rzach

1–3 κόραξ laudat Ioannes Philoponus, De opif. mundi vi. 2 p. 231 Reichardt. 1–2 schol. Veron. Verg. Ecl. vii. 30 (iii. 2. 400 Thilo–Hagen); Etymol. Gud. et magn. s.v. ἀγροτέρας ἐλάφους; Tzetzes, schol. exeg. Iliad., p. 149. 26 Hermann (= Colonna, Accademia nazionale dei Lincei, Bollettino per la preparazione dell'edizione dei classici N.S. fasc. 3 p. 7). respicit etiam Proclus in Plat. remp. ii. 13. 26 Kroll. 1 schol. Aristoph. Aves 609; partim schol. B Hom. Δ 60; schol. T Hom. Δ 101. 2 partim Etymol. magn. s.v. γηράς (ἡ γενικὴ γηράντος . . . γηράντων ἀνδρῶν) et Aristophanes, Hist. Anim. epit. ii. 492 Lambros (Suppl. Aristot. i. 1. 128. 3).

Ausonius, eclog. 5 (p. 93 Peiper), Anthol. Lat. 647 Riese

De aetatibus animantium, Hesiodion

Ter binos deciesque novem super exit in annos
iusta senescentum quos implet vita virorum.
hos novies superat vivendo garrula cornix,
et quater egreditur cornicis saecula cervus.
alipedem cervum ter vincit corvus, et illum
multiplicat novies Phoenix reparabilis ales.
quem nos perpetuo decies praevertimus aevo,
Nymphae Hamadryades, quarum longissima vita est.
haec cohibet finis vivacia fata animantum.
cetera secreti novit deus arbiter aevi,
tempora quae Stilbon volvat, quae saecula Phaenon,
quos Pyrois habeat, quos Iuppiter igne benigno
circuitus, quali properet Venus alma recursu,
qui Phoeben, quanti maneant Titana labores,
donec consumpto magnus qui dicitur anno
rursus in antiquum veniant vaga sidera cursum,
qualia disposita steterant ab origine mundi.

11 Stilbon est Mercurius, Phaenon Saturnus, Pyrois Mars

Epigramm. Bobiens. 62

Ex Hesiodo translatum

Rauca novem cornix vivendo saecula vincit,
quattuor at volucer cornicis tempora cervus.
corvus Apollineus potis est tres vivere cervos,
unicus at phoenix ter ternos denique corvos.
et nos bis quinos numero phoenicas obimus
montivagae nymphae, magni Iovis umida proles.

cf. etiam Auson., Id. xi. 11–17; Plin., Nat. Hist. vii. 153; Achill. Tat. iv. 4; Plut., Bruta ratione uti 5 p. 989A; Tzetzam in Lycophr. 794; Callim. fr. 260. 42; Arat. 1022; Ovid., Am. ii. 6. 36

305 Schol. T Hom. Σ 570 (vi. 279. 16 Maass), "λίνον"

καὶ Ἡσίοδος·

Οὐρανίη δ' ἄρ' ἔτικτε Λίνον πολυήρατον υἱόν·
ὃν δή, ὅσοι βροτοί εἰσιν ἀοιδοὶ καὶ κιθαρισταί,
πάντες μὲν θρηνεῦσιν ἐν εἰλαπίναις τε χοροῖς τε,
ἀρχόμενοι δὲ Λίνον καὶ λήγοντες καλέουσιν

cf. Eustath. in Hom. p. 1163. 62

306 Clemens, Strom. i. 4. 25 (ii. 16. 13 Stählin–Früchtel)

Ἡσίοδος γὰρ τὸν κιθαριστὴν Λίνον

παντοίης σοφίης δεδαηκότα

εἰπὼν καὶ ναύτην οὐκ ὀκνεῖ λέγειν σοφόν, "οὔτέ τι ναυτιλίης σεσοφισμένον" γράφων.

307 Schol. Hom. δ 231 (i. 196. 3 Dindorf)

διαφέρει ὁ Παιήων Ἀπόλλωνος, ὡς καὶ Ἡσίοδος μαρτυρεῖ·

εἰ μὴ Ἀπόλλων Φοῖβος ὑπὲκ θανάτοιο σαώσαι
ἢ αὐτὸς Παιήων, ὃς ἁπάντων φάρμακα οἶδεν

cf. schol. δ 232 (i. 196. 8 Dindorf) et Eustath. in Hom. p. 1494. 12

---

305 (192) apud Pausan. ix. 29. 6 (ubi de Musarum sacello in Helicone sito refert) Linus filius Uraniae et Amphimari Neptuni filii 1 ἄρ' Eustath.: om. schol. T 2 ὅσοι Eustath.: σοι T 3 θρηνοῦσιν Eustath. et T, corr. Rzach εἰλαπίναις ἠδὲ χοροῖσιν Eustath. 4 δὲ Eustath.: τε T

306 (193) παντοίας σοφίας cod., corr. Hermann: cf. anon. P. Oxy. 1015. 20 (= Page, Select Pap. iii. 130; Heitsch, Dichterfragm. xvi), Maneth. 3. 102 καὶ ναύτην κτλ. Op. 649 οὔτέ τι ναυτιλίης σεσοφισμένος

307 (194) fort. de serpentum letifero morsu, cf. Ap. Rhod. Δ 1511 σαώσαι Dindorf: σαῶσαι codd. MT ad 232: σάωσεν cod. V ibid.: σαώσει codd. BHQ ad 231: σώσει Eustath. αὐτὸς om. Eustath.: καὶ Hermann ἁπάντων codd. MV ad 232: πάντων Eustath.: πάντα τε codd. BQ ad 231: πάντα cod. H ad 231 et cod. T ad 232

308 Clemens, Protr. 7. 73. 3 (i. 55. 25 Stählin)

ταύτῃ δὲ καὶ ὁ Ἀσκραῖος αἰνίττεται Ἡσίοδος τὸν θεόν·

> *αὐτὸς γὰρ πάντων βασιλεὺς καὶ κοίρανός ἐστιν*
> *ἀθανάτων τέ οἱ οὔ τις ἐρήρισται κράτος ἄλλος*

cf. Clementem, Strom. v. 14. 112 (ii. 402. 10 Stählin), unde Euseb. praep. ev. xiii. 13. 39 (ii. 214 Mras)

309 Epimerism. alphab. in Hom., Anecd. Ox. i. 148. 23 Cramer

καὶ Ὅμηρος· "ἀλλὰ μάλα Σκύλλης σκοπέλωι πεπλημένος εἶναι" (μ 108). *τούτου γὰρ ἀπαρέμφατον Δωριστὶ πλῆσθαι, ἐνεστῶτος ὡς αἱρῆσθαι· Ἡσίοδος·*

> *δῶρα θεῶν μακάρων πλῆσθαι χθονί*

310 Clemens, Strom. i. 6. 36 (ii. 24. 2 Stählin–Früchtel)

καὶ Ἡσίοδος·

> *Μουσάων, αἵ τ' ἄνδρα πολυφραδέοντα τιθεῖσι*
> *θέσπιον αὐδήεντα*

εὔπορον μὲν γὰρ ἐν λόγοις τὸν πολυφράδμονα λέγει, δεινὸν δὲ τὸν αὐδήεντα, καὶ θέσπιον τὸν ἔμπειρον καὶ φιλόσοφον καὶ τῆς ἀληθείας ἐπιστήμονα.

311 Hyginus, fab. 152 (*Phaethon*)

Phaethon Solis et Clymenes filius cum clam patris currum conscendisset et altius a terra esset elatus, prae timore decidit in flumen Eridanum. hunc Iuppiter cum fulmine percussisset, omnia ardere coeperunt. Iovis ut omne genus mortalium cum causa interficeret, simulavit id velle extinguere;

---

308 (195) versum ex Aristobulo falsario haustum esse posse monet Sittl, Wien. Stud. 12, 1890, 59   ἐσσι | ἀθανάτων· τέο δ' Sittl   τέ οἱ Buttmann: τε ὅδ' cod. Clementis Protrept.: σέο δ' cod. Clementis Strom.: δέ οἱ? Rzach: τῶι δ' Goettling

309 (196) αἱρῆσθαι Ahrens: ἡιρῆσθαι cod.

310 (197) τιθεῖσαι cod.

311 (199) de Phaethonte Hesiodeo cf. Knaack, Quaest. Phaethont. (1886) 1–12 et in Roscheri lex. mythol. iii. 2179 sqq.; Robert, Herm. 18, 1883, 434 sqq.; J. Schwartz 301 sqq.; Sittl, Wien. Stud. 12, 1890, 58
in Hygini fab. 152 complura valde mira, cf. Knaackium et notas Rosii. initium fab. 154 ex Ovidii Met. ii. 227 sqq. sumptum non repetimus. de Heliadum lacrimis cf. supra fr. 150. 24. post Heliadas qui memoratur Cygnus item ex Ovidio sumptus

amnes undique irrigavit, omneque genus mortalium interiit praeter Pyrrham et Deucalionem. at sorores Phaethontis, quod equos iniussu patris iunxerant, in arbores populos commutatae sunt.

Hyginus, fab. 154 (*Phaethon Hesiodi*)

. . . *harum lacrimae, ut Hesiodus indicat, in electrum sunt duratae; Heliades tamen nominantur. sunt autem Merope Helie Aegle Lampetie Phoebe Aetherie Dioxippe.*

Lactantius Placidus, Narrat. fabul. Ovid. Met. ii fab. 2–3 p. 638. 7–10 Magnus

sorores Phaethontis Phaethusa Lampetie Phoebe casum fratris cum deflent, deorum misericordia in arbores populos mutatae sunt. lacrimae earum, ut Hesiodus et Euripides (p. 601 Nauck) *indicant, in electrum conversae sunt ac fluxisse dicuntur.*

312 Aelianus, Var. hist. xii. 20 (ii. 128. 3 Hercher)

λέγει Ἡcίοδοc τὴν ἀηδόνα μόνην ὀρνίθων ἀμελεῖν ὕπνου καὶ διὰ τέλουc ἀγρυπνεῖν· τὴν δὲ χελιδόνα οὐκ εἰc τὸ παντελὲc ἀγρυπνεῖν, καὶ ταύτην δὲ ἀπολωλέναι τοῦ ὕπνου τὸ ἥμιcυ. τιμωρίαν δὲ ἄρα ταύτην ἐκτίνουcι διὰ τὸ πάθοc τὸ ἐν Θράικηι κατατολμηθὲν τὸ ἐc τὸ δεῖπνον ἐκεῖνο τὸ ἄθεcμον.

313 Ps. Ammonius, De adf. vocab. diff. 354 p. 92 Nickau (s.v. ὄρθροc)

πρωῒ δέ, ἡ πρὸ τοῦ καθήκοντοc καιροῦ (sc. ὥρα) . . . καὶ Ἡcίοδοc τελευτῆcαί φηcί τινα

πρωῒ μάλ' ἠΐθεον,

τουτέcτι πρόωρον.

---

311 Schol. Strozz. in Germanici Aratea p. 174. 6 Breysig haec de Fluvio sive Eridano caeli signo praebent: *Hesiodus autem dicit inter astra conlocatum propter Phaethonta* (praeterimus sequentia ex Hygini fabulis sumpta). quibuscum conferenda schol. in Aratum 355 p. 412. 17 Maass ἔστι γάρ τι cύcτημα νεφελῶδεc ἐξ ἀcτέρων, ὕδατοc ῥύcιν μιμούμενον, ὅπερ φηcὶν Ἠριδανοῦ εἶναι λείψανον· καὶ γὰρ ἐκεραυνώθη μεταcχὼν τοῦ κεραυνοῦ τοῦ Φαέθοντοc· εἰc αὐτὸν γὰρ κατηνέχθη ὁ Φαέθων ὑπὸ Διὸc καταφλεχθεὶc διὰ τὸ ἐπιβῆναι τῶι τοῦ Ἡλίου ἅρματι.

Schol. Strozz. in Germanici Aratea p. 185. 4 Breysig *Phaethontem Solis et Clymenes filium esse dixerunt et quia paternos currus adfectans sibi atque mundo concremationis detrimenta conflixerit et a Iove fulmine percussus in Eridanum deciderit fluvium —sic Hesiodus refert—et a Sole patre inter sidera conlocatus.*

312 (203) haec ad Procnen et Philomelam referenda videntur (Marckscheffel) et fortasse ex Ornithomantia sumpta sunt (West, cl. Aesch. Prom. 488 sqq.) ἀμελεῖν: ἀμοιρεῖν Dukerus ἀγρυπνεῖν, ἀποβεβληκέναι δὲ καὶ ταύτην τοῦ ὕπνου Hercher et Rzach cf. Ibycum (Melici 303b Page)

313 (204) de Eurygye (fr. 146) intellexit Ruhnken

314 Schol. A Hom. *Λ* 155 (i. 379. 15 Dindorf), "ὡς δ' ὅτε πῦρ ἀΐδηλον ἐν ἀξύλωι ἐμπέσηι ὕληι"

(ἡ διπλῆ) πρὸς τὴν ἄξυλον, ὅτι πολλὰς ἐκδοχὰς ἔσχηκεν. οἱ μὲν γὰρ τὴν θρυώδη ἀποδεδώκασιν, οἱ δὲ τὴν πολύξυλον· βέλτιον δὲ ἀφ' ἧς οὐδεὶς ἐξυλίσατο, ὡς Ἡσίοδος·

τῆλε γὰρ ἀξυλίηι κατεπύθετο κήλεα νηῶν

315 Etymol. gen. s.v. λαρόν (Wendel, Schol. in Ap. Rhod. p. 41 adn.)

λαρόν· . . . λέγεται δὲ καὶ ἐπὶ τοῦ ἁπαλοῦ. Ἡσίοδος·

†οὐκέτι δὴ βαίνουσι λαροῖς ποσίν.†

ἢ τὸ κατὰ γεῦσιν, ἢ τὸ κατ' ὄψιν θελητόν.

Schol. Ap. Rhod. *Α* 456 (p. 41 Wendel), "λαρόν"

Ἡσίοδος δέ φησι "λαροῖς ποσίν" τοῖς κατ' ὄψιν ἡδέσιν.

cf. Lex. Vindob. (Andreas Lopadiotes) p. 119. 17 Nauck

316 Schol. A Hom. *Ω* 624 (ii. 294 Dindorf), "ὤπτησάν τε περιφραδέως, ἐρύσαντό τε πάντα"

σημειοῦνταί τινες, ὅτι Ἡσίοδος ἐποίησεν·

ὤπτησαν μὲν πρῶτα, περιφραδέως δ' ἐρύσαντο.

οὐδεὶς δὲ περιφραδέως ἐξέλκει κρέα, ἀλλὰ μᾶλλον ὀπτᾶι.

317 Galenus, De placitis Hippocr. et Plat. i. 265. 7 Müller (= Chrysippus fr. 906, Stoic. Vet. Fr. ii. 254. 11 v. Arnim)

τῶν δ' ἐξ Ἡσιόδου παραγραφέντων ὑπὸ Χρυσίππου, παμπόλλων καὶ αὐτῶν ὄντων, ἀρκέσει μοι δυοῖν ἢ τριῶν ἐπιμνησθῆναι παραδειγμάτων ἕνεκα·

τοῦ{δε} γὰρ ἀέξετο θυμὸς ἐνὶ στήθεσσι φίλοισι

---

314 (206) κήλεα: κήελα West: νήϊα κῆλα Sittl (debuit κᾶλα), cl. Op. 808

315 (207) δὴ cod. B: δὲ cod. A (οὐκ ἐπειδὴ Lex. Vindob.) prima syllaba vocis λαρός longa est. igitur aut βαίνουσι traiciendum aut lacuna post hanc vocem statuenda in schol. Apollonii per contractionem error in explicatione verborum Hesiodeorum ortus

316 (208) de cena in Ceycis nuptiis cogitare possis

317 (210) παραδείγματος Müller τοῦ γὰρ Nauck et Müller; τοῦδε γὰρ codd.

318 (pergit Galenus)

καὶ

οἷον ἐνὶ cτήθεccι χόλον θυμαλγέ' ἔχουcα

319 Strabo vii. 7. 10 p. 327

οἱ δὲ Πελαcγοὶ τῶν περὶ τὴν Ἑλλάδα δυναcτευcάντων ἀρχαιότατοι λέγονται· καὶ ὁ ποιητὴc φηcιν οὕτω· "Ζεῦ ἄνα Δωδωναῖε Πελαcγικέ" (Π 233), ὁ δ' Ἡcίοδοc

Δωδώνην φηγόν τε, Πελαcγῶν ἕδρανον, ἦιεν

320 Schol. Ap. Rhod. Α 757 (p. 65 Wendel), "ἄξονοc ἐν πλήμνηιcι"

διαφέρει πλήμνη καὶ πλήμη· ἡ μὲν γὰρ τὴν χοινικίδα cημαίνει τοῦ τροχοῦ, ἡ δὲ πλήμη τὴν πλήμυραν τοῦ ποταμοῦ. διόπερ παρ' Ἡcιόδωι οὕτωc ἀναγνωcτέον·

αὐτὸc δ' ἐν πλήμηιcι διιπετέοc ποταμοῖο,

καὶ οὐχ, ὥc τινεc, "ἐν πλήμνηιcι". εἰ μὴ ἄρα ἔξωθεν προcλάβοιμεν τὴν cὺν πρόθεcιν, "cὺν πλήμηιcιν".

321 Harpocratio p. 133. 18 Dindorf

ἔργα νέων. τοῦτο καὶ Ὑπερείδηc ἐν τῶι κατ' Αὐτοκλέουc Ἡcιόδου φηcὶν εἶναι. παροιμία τίc ἐcτιν, ἣν ἀνέγραψε καὶ Ἀριcτοφάνηc ὁ γραμματικὸc οὕτωc ἔχουcαν·

ἔργα νέων, βουλαὶ δὲ μέcων, εὐχαὶ δὲ γερόντων

cf. Apostolium vii. 90 et Macarium iv. 11 (Corp. paroemiogr. Gr. ii. 419 et 167); Eur. Melanipp. fr. 508; vers. parod. ap. Strab. xiv. 5. 14 pp. 674–5

---

318 (211) ἔχουcα cod. H: ἔχουcι cod. L

319 (212) ἦιεν Boissonade: ἦεν codd.: ἧκεν Casaubonus: ἷκεν Cobet haec fortasse ad Argum, Phrixi filium, pertinent, cf. Bibl. i. [110] 9. 16, vel ad Anium, cf. Euphorionem (fr. 2 Powell) apud Steph. Byz. p. 248. 6 Mein. Εὐφορίων . . . ἐν Ἀνίωι "ἷκτο μὲν ἐc Δωδῶνα Διὸc φηγοῖο προφῆτιν"

320 (217) πλήμη et πλήμηιcι West, cl. [Ammonio] p. 102 Nickau: πλήcμη et πλήcμηιcι codd. αὐτὸc δ' ἐν πλή(c)μηιcι: variam lectionem αὐτὸc δὲ πλή(c)μηιcι e verbis postremis elicuit Marckscheffel Διειπετέοc Sittl cὺν πλήμηιcι Merk.: cὺν πλήμνηιcι codd.

321 (220) Hyperides fr. 57 Jensen; Aristoph. Byz. p. 237 Nauck, cf. Aristoph. π. ὀνομαcίαc ἡλικιῶν p. 87 Fresenius (De λέξεων Aristophanearum et Suetonianarum excerptis Byzantinis, Aquis Mattiacis 1875) versus, quem Aristophanes non ut Hesiodeum laudavit, fortasse in Chironis praeceptis collocandus

322 Porphyrius, De abstinentia ii. 18 (p. 148. 13 Nauck)

καὶ τὸν Ἡσίοδον οὖν εἰκότως τὸν τῶν ἀρχαίων θυσιῶν νόμον ἐπαινοῦντα εἰπεῖν·

ὥς κε πόλις ῥέζῃσι, νόμος δ' ἀρχαῖος ἄριστος

323 Schol. Nicandr. Ther. 452 (p. 36. 22 Keil), "κτίλα"

τὰ κτίλα ἐπὶ τῶν ἡμέρων καὶ τιθασῶν τίθεται . . . καὶ Ἡσίοδος·

χρὴ δέ σε πατρὶ ⟨ ⟩ κτίλον ἔμμεναι

324 Ps. Plato, Epist. xi p. 359 A

συμβουλεῦσαι μέντοι ἔχω σοί τε καὶ τοῖς οἰκισταῖς, ὃ εἰπόντος μὲν ἐμοῦ, φησὶν Ἡσίοδος, δόξαι ἂν εἶναι φαῦλον,

χαλεπὸν δὲ νοῆσαι

325 Photius, Bibl. p. 535 b 38 Bekker (ex Helladio)

τὸ δὲ "κνισᾶν ἀγυιάς" παρὰ Ἡσιόδωι τοῖς θεοῖς θύειν λέγει.

326 Pollux iii. 19

"ἀγαπητή" θυγάτηρ ἡ μονογενὴς καθ' Ἡσίοδον.

327 Audacis Excerpta, Gramm. Lat. vii. 332 Keil

qui primum his observationibus in componendis carminibus usi sunt? Phemonoe dicitur Apollinis vates prima per insaniam ita locuta, cuius Hesiodus meminit.

---

322 (221) in Magnis Operibus pro Op. 337 sq. haec scripta fuisse conicere possis καδ δύναμιν δ' ἔρδειν ἱέρ' ἀθανάτοισι θεοῖσιν | ὥς κε πόλις ῥέζῃσι κτλ.

323 (222) Chironis Praeceptis adsignat J. Schwartz p. 112 δέ σε cod. G: δὲ codd. PV: om. cod. K ⟨φίλωι⟩ A. Zimmermann, Berl. phil. Woch. 42, 1922, 455

324 (223) εἰπόντος μὲν ἐμοῦ φαῦλον, χαλεπὸν δὲ νοῆσαι integrum versum esse contendit Wilamowitz (Platon ii. 407)

325 (224) ad Chironis praecepta rettulit Sittl, cl. Aristoph. Av. 1233 et Eq. 1320; certe Aristophanes Hesiodum ludit

326 (225)

327 (226) *Hesiodus*: *Heliodorus* Sittl

328 Schol. AT Hom. Φ 528 (ii. 228. 25 Dindorf, vi. 367. 5 Maass), "πεφυζότες"

ὅθεν

ἄφυζαν

τὸν λέοντα Ἡσίοδος εἶπεν.

cf. schol. B in locum eundem: ὅθεν ἀφύζαν Ἴωνες ἐκάλουν τὸν λέοντα.

329 Strabo viii. 5. 3 p. 364

τῶν δ' ὑφ' Ὁμήρου καταλεγομένων τὴν μὲν Μέσσην (B 582) οὐδαμοῦ δείκνυσθαί φασι . . . ἔνιοι δὲ κατὰ ἀποκοπὴν δέχονται τὴν Μεσσήνην· . . . παραδείγμασι δὲ χρῶνται τοῦ μὲν ποιητοῦ τῶι κρῖ καὶ δῶ καὶ μάψ . . ., Ἡσιόδου δέ, ὅτι τὸ βριθὺ καὶ βριαρὸν

βρῖ

λέγει.

Eustathius in Hom. p. 295. 3 Strabonem exscripsit

330 Tzetzes, Exeges. Iliad. p. 4. 9 Hermann

καὶ ἕτεροι δὲ πλεῖστοι, ὥσπερ καὶ Ποσειδώνιος ὁ Ἀπολλωνιάτης ὁ τῶι Ἡσιόδωι μέμψιν ἐπάγων ὡς παραφθείραντί τινας τῶν Ὁμήρου λέξεων τὸν Ὀιλέα "Ἰλέα" εἰπόντι (fr. 235) καὶ τὸν νήδυμον

ἥδυμον

καὶ ἄλλα ἄττα τοιαῦτα, τῆς Ὁμηρικῆς ἐπεμελήθησαν ἐξηγήσεως.

331 Schol. in Philostrati Heroic. p. 464 Boissonade (de voce ὅτις)

εὑρίσκεται δὲ καὶ παρ' Ἡσιόδωι μόνωι καὶ γενικὴ τῶν πτώσεων πληθυντικῶν ἐν χρήσει,

ὅτων

καὶ ὧντινων.

---

328 (235) ἄφυζαν A: ἀφύζαν BCE^{3}E^{4}T εἶπεν T: φησιν A τὴν λέαιναν ci. Dindorf erravit qui hoc fr. in P. Oxy. 221 fr. (e) sibi visus est agnovisse, F. Lasserre, Mus. Helv. 5, 1948, 6–7; vide B. Snell, Philologus 97, 1948, 336

329 (236) haec ex Apollodoro fluxisse videntur

330 (237) Posidonius Aristarchi discipulus fuisse videtur, cf. Blau, De Aristarchi discipulis (Jenae 1883) 40 et Wendel, R. E. xxii. 826

331 (238) ὅτων καὶ ὧντινων, i.e. ὅτων ἀντὶ τοῦ ὧντινων, quod praebet Phavorinus, Lexicon s.v. ὅτου

332 Epimerism. alphab. in Hom., Anecd. Ox. i. 46. 31 Cramer

Ἡcίοδοc δὲ τὸ

Πρόκριν

παρὰ τὸ κρίcιc, πρόκριcιc, πρόκριcιν, καὶ ἐν cυγκοπῆι Πρόκριν.

333 Pollux i. 231

ἐπὶ φυτῶν καὶ δένδρων καρποφόρων ἐρεῖc . . . μαραίνεται, cβέννυται, ἀπανθεῖ, φυλλορροεῖ, γυμνοῦται, ψιλοῦται· καὶ

φυλλοχόοc μήν

ὁ ταῦτα ποιῶν, ὡc Ἡcίοδοc.

cf. Himerium or. 45 (p. 183 Colonna) et Eustath. in Hom. p. 631. 4, 1555. 8

334 Schol. A Hom. *K* 431 (i. 363. 31 Dindorf), "Μήιονεc"

(ἡ διπλῆ,) ὅτι Ὅμηροc οὐκ οἶδεν καλουμένουc Λυδούc, ἀλλὰ Μήιοναc. πρὸc τὰ περὶ ἡλικίαc Ἡcιόδου.

335 Anon. π. τῶν cολοικοφανῶν cχημάτων in cod. Matr. 7211 fol. 154, cod. Taur. 271 (B. VI. 10) fol. 29ᵛ

Εὐβοεῖc τοῖc θηλυκοῖc ὀνόμαcιν ἀρcενικὰ cυντάττουcιν ἐπίθετα, ὡc τὸ παρ' Ὁμήρωι "κλυτὸc Ἱπποδάμεια" (*B* 742) καὶ "θερμὸc ἀυτμή" (Hymn. Merc. 110) καὶ "ἁλὸc πολιοῖο" (*Y* 229, ε 410, ι 132) καὶ παρ' Ἡcιόδωι

δαϊζομένοιο πόληοc

inde Phavorinus Camers, Lexicon (Romae 1523) p. 308 s.v. κλυτὸc Ἱπποδάμεια; Ps. Philemon (Iacobus Diassorinus) s.v. εὐφυήc (p. 62 Osann)

336 Etymol. gen. s.v. ζαῆν ἄνεμον

τὸν cφοδρῶc πνέοντα . . . ὥcπερ παρὰ τὸ πέτω γίνεται πετήν· ὡc παρ' Ἡcιόδωι,

†ὃc αἰὲν μὴ πετῆνα γενέcθαι†

---

332 (239) 'suspicari pronum est poetam Hesiodeum in explicatione fabulae Procridis nomen ipsi a προκρίcει inditum dixisse' Schneidewin; cf. Eustath. in Hom. p. 1688. 30 ἀπὸ τοῦ προκεκρίcθαι ἡ . . . Πρόκριc ἐτυμολογεῖcθαι δοκεῖ. tenemus fortasse fragmentum Ornithomantiae, cf. ad fr. 312

333 (240) φυλλοχόοc μείc Rzach (ut Callim. fr. 260. 12)

334 (241) cf. fr. 282

335 (248) δαϊζομένοιο Ruhnken: δαϊζομένου codd. πόλεωc cod. Taur.: πόλιοc Bortoli (in ed. Phavorini, Ven. 1712)

336 (262) ὡc παρ' Ἡcιόδωι — γενέcθαι om. cod. B μή: με Hermann; Antonin. Lib. 18. 3 confert West. Lobeck, Paralip. Gramm. Graec. 159 not,

οὕτως καὶ παρὰ τὸ ἄω (τὸ πνέω) γίνεται ἀήν, καὶ μετὰ τοῦ ζα μορίου ζαῆν. τὸ γὰρ τέλειον ζαῆνα, ὡς πετῆνα, εἰ μὴ κατ' ἔκθλιψιν γέγονεν. Ὧρος.

337 Schol. E Hom. η 104 (i. 332. 10 Dindorf), "αἳ μὲν ἀλετρεύουσι μύλης ἔπι μήλοπα καρπόν"

οἱ δέ, ὅτι τὸ ἔριον . . . ἔστρεφον . . . καὶ Ἡσίοδος γάρ φησι τό

ἀλετρεύουσι μύλης ἔπι μήλοπα καρπόν,

ἐπὶ τῆς ἠλακάτης τῆς στρεφομένης δίκην μύλης· μήλοπα γὰρ τὸν τῶν προβάτων καρπόν, ἤτοι τὸν μαλλόν.—"ἀλετρεύουσι"· κλώθουσι.

338 Plutarchus, De Stoicorum repugnantiis 8, p. 1034 E (vi. 2. 6 Pohlenz)

πρὸς τὸν εἰπόντα

μηδὲ δίκην δικάσῃς, πρὶν ἄμφω μῦθον ἀκούσῃς

ἀντέλεγεν ὁ Ζήνων . . .

Aristophanes, Vesp. 725

ἦ που σοφὸς ἦν, ὅς τις ἔφασκεν, πρὶν ἂν ἀμφοῖν μῦθον ἀκούσῃς οὐκ ἂν δικάσαις.

Cicero ad Attic. vii. 18. 4

ego autem etsi illud ψευδησιόδειον—*ita enim putatur*—*observo*, μηδὲ δίκην, *praesertim in te, a quo nihil umquam vidi temere fieri, tamen illius querela movebar.*

sed cf. Theophrastum in schol. Eur. Hipp. 264 (ii. 39. 8 Schwartz) ὁ δὲ Θεόφραστος· "ὡς τὰ Σισύφου λεγόμενα καὶ Πιτθέως, οἷον μηδὲν ἄγαν, μηδὲ δίκαν δικάσῃς"; Ps. Phocyl. 87; Corp. Paroemiogr. Graec. ii. 759. 14 (Mantissa proverb. ii. 6) "μηδὲ δίκην — ἀκούσῃς"· Δημοκρίτου ἡ ὑποθήκη.

---

13 dicit: 'nemo hinc colligat Hesiodum adiectivo inaudito et abnormi πετήν usum esse. sed grammatici hoc more tralaticio fingunt ex composito ἀπτήν' οὕτως cod. B: οὗ cod. A ⟨οὐ⟩ γέγονεν Merk.

337 (264) μύλης: sive μύλῃς Homerus haec de Aretae ancillis dicit; cf. fr. 222. aenigma e Ceycis Nuptiis esse censet Merk., cf. Rh. Mus. 108, 1965, 314 sq.

338 (271) ad Chironis praecepta rettulit Schneidewin πρὶν ἄμφω Plut., Ps. Phocylid., pars codicum Luciani: πρὶν ἂν ἀμφοῖν Aristoph. et schol. in Aristoph.: πρὶν ἀμφοῖν testes ceteri cf. Wackernagel, Vorles. über Syntax i. 237

Lucianus, Calumniae non temere credendum 8 *ποιητὴν . . . τὸν ἄριϲτον* versum fecisse dicit. sine auctoris nomine afferunt schol. Aristoph. Vesp. 725 (p. 152 Dübner); Ps. Plato, Demodoc. p. 383 c; schol. Aesch. Eum. 428 (p. 140. 5 Dindorf); schol. Eur. Androm. 957 (ii. 308. 16 Schwartz, *παροιμία*); schol. Thucydid. i. 44 (p. 41. 22 Hude)

339 Etymol. magn. p. 44. 29

ἀκαλόϲ· ἔϲτιν ἦκα τὸ ἠρέμα· ἐκ τούτου γίνεται παράγωγον ἤκαλοϲ . . . καὶ κατὰ ϲυϲτολὴν ἀκαλόϲ, ὁ ἥϲυχοϲ . . . ἐκ τοῦ οὖν ἀκαλὸϲ γίνεται ⟨ἀκαλά, ὡϲ ὁμαλὸϲ ὁμαλά, ὡϲ παρ' Ἡϲιόδωι⟩

ἀκαλὰ προρέων,

ἀντὶ τοῦ ἡϲύχωϲ· ἐκ τοῦ οὖν ἀκαλὰ γίνεται ἀκαλαρρείτηϲ.

Etymol. Symeonis cod. Voss. (Gaisford ad Etym. magn. 44. 29)

ἀκαλαρείτηϲ· . . . ἐκ τοῦ ἦκα γίνεται ἤκαλοϲ, ὁ ἥϲυχοϲ . . . ἐκ δὲ τοῦ ἤκαλοϲ ἀκαλόϲ . . . ἐκ τοῦ ἀκαλὸϲ οὖν γίνεται ἀκαλά, ὡϲ ὁμαλὸϲ ὁμαλά, ὡϲ παρ' Ἡϲιόδωι

ἀκαλὰ προχέων,

ἀντὶ τοῦ ἡϲύχωϲ· ἐκ τούτου γίνεται ἀκαλαρείτηϲ . . . οὕτωϲ ὁ Χοιροβοϲκὸϲ εἰϲ τὴν ὀρθήν.

incertum est, num haec ad versum spectent, quem laudat Steph. Byz. p. 503. 21 Meineke

Παρθένιοϲ· ποταμὸϲ ἐν μέϲωι τῆϲ Ἀμαϲτριανῶν πόλεωϲ ῥέων. ἐκλήθη δὲ . . . διὰ τὸ ἠρεμαῖον καὶ παρθενῶδεϲ τοῦ ῥεύματοϲ·

ὣϲ ἀκαλὰ προρέων ὡϲ ἁβρὴ παρθένοϲ εἶϲιν

340 Strabo xiii. 1. 12 p. 587 (de Priapo)

ἀπεδείχθη δὲ θεὸϲ οὗτοϲ ὑπὸ τῶν νεωτέρων· οὐδὲ γὰρ Ἡϲίοδοϲ οἶδε Πρίαπον.

---

339 (218) (Etymol. magn.) *ἀκαλὰ* — *Ἡϲιόδωι* ob homoeoteleuton omissum e cod. Voss. supplevimus
(Etymol. Sym.) *προχέων* cod. Voss. in textu: *προρρέων* cod. Voss. in margine

340 (242)

341 Schol. Hom. τ 34 (ii. 670 Dindorf), "λύχνον"

λέγει δὲ τὴν δᾶιδα κυρίως. τῶι δὲ παρ' ἡμῖν καλουμένωι λύχνωι τοὺς ἥρωας χρωμένους ὁ ποιητὴς οὐκ εἰσάγει οὐδὲ Ἡσίοδος μέμνηται.

342 Argumentum ii in Soph. Oed. Reg.

ὅτι δὲ νεώτερον τὸ τοῦ "τυράννου" ὄνομα δῆλον· οὔτε γὰρ Ὅμηρος οὔτε Ἡσίοδος οὔτε ἄλλος οὐδεὶς τῶν παλαιῶν τύραννον ἐν τοῖς ποιήμασιν ὀνομάζει.

---

341 (243) τοῦ . . . καλουμένου λύχνου codd., corr. Ludwich   οὐδὲ Marckscheffel: καὶ οὔτε codd.   de lucerna cf. Aristonicum in Etymol. Orionis p. 94. 15, Et. gen., Et. magn. s.v. λύχνος (Pfeiffer, Ausgewählte Schr. 2 sq.)

342 (244)

FRAGMENTA DUBIA

343 Galenus, De placitis Hippocr. et Plat. iii. 8 p. 318 Müller (= Chrysippus fr. 908, Stoic. Vet. Fr. ii. 256 v. Arnim)

φαcὶ δ' οἱ μὲν οὕτωc ἁπλῶc, ἐκ τῆc τοῦ Διὸc κεφαλῆc αὐτὴν (sc. *τὴν Ἀθηνᾶν*) *γενέcθαι, οὐδὲ προcιcτοροῦντεc τὸ πῶc ἢ κατὰ τίνα λόγον. ὁ δὲ Ἡcίοδοc ἐπὶ πλέον λέγει ἐν ταῖc †θεογονίαιc, τινῶν μὲν ἐν τῆι Θεογονίαι γραφόντων τὴν γένεcιν αὐτῆc, πρῶτον μὲν Μήτιδι cυγγενομένου τοῦ Διόc, δεύτερον δὲ Θέμιδι, τινῶν δὲ ἐν ἑτέροιc ἄλλωc γραφόντων {τὴν γένεcιν αὐτῆc}, ὡc ἄρα γενομένηc ἔριδοc τῶι Διὶ καὶ τῆι Ἥραι γεννήcειεν ἡ μὲν Ἥρα δι' ἑαυτῆc τὸν Ἥφαιcτον, ὁ δὲ Ζεὺc τὴν Ἀθηνᾶν ἐκ τῆc Μήτιδοc καταποθείcηc ὑπ' αὐτοῦ . . . λέγεται δ' ἐν μὲν τῆι Θεογονίαι οὕτω·*

(citat Theog. 886–900, omissis vv. 891–9 per homoeoteleuton).

εἶτα προελθών φηcιν οὕτωc· (citat Th. 924–6). *cτήθεcι γὰρ αὐτοῖc ἔνδον εὔδηλον ὅτι ἀπέθετο τὴν Μῆτιν, καὶ οὕτωc φηcὶν αὐτὴν γεννῆcαι κατὰ τὴν κεφαλήν. ἐν δὲ τοῖc μετὰ ταῦτα, πλείω διεληλυθότοc αὐτοῦ, τοιαῦτ' ἐcτὶ τὰ λεγόμενα·*

ἐκ ταύτηc ἔριδοc ἣ μὲν τέκε φαίδιμον υἱὸν
Ἥφαιcτον †τέχνηιcιν ἄνευ Διὸc αἰγιόχοιο
ἐκ πάντων παλάμηιcι κεκαcμένον Οὐρανιώνων·
αὐτὰρ ὅ γ' Ὠκεανοῦ καὶ Τηθύοc ἠυκόμοιο
κούρηι νόcφ' Ἥρηc παρελέξατο καλλιπαρήου
ἐξαπαφὼν Μῆτιν καίπερ πολύιδριν ἐοῦcαν·
cυμμάρψαc δ' ὅ γε χερcὶν ἑὴν ἐγκάτθετο νηδύν,

---

343 Vulcani et Minervae natales. de fragmento plenius egit Sigrid Kauer, Die Geburt der Athena im altgr. Epos, Diss. Coloniae, 1959. Melampodiae tribuerit West (dubitanter), cl. fr. 275 H = cod. Berol. gr. 270 (Hamiltonianus), qui est archetypus in hoc Galeni loco *θεογονίαιc* m. rec. insertum in H; *θεογαμίαιc* Kretschmer post *Θέμιδι* lacunam stat. Usener *τὴν γένεcιν αὐτῆc* secl. Hermann

1 *ταύτηc* ⟨δ'⟩ Peppmüller 2 *κλυτότεχνον* Herwerden, sed est glossema ad *παλάμηιcι* ut vid.: *φιλότητοc ἄτερ* Rzach 3 (= Theog. 929) *κεκαcμένον* Ruhnken: *κεκλημένοc* H 5 *κούρην* (ex *κάρην*) *νόcφ' Ἥραc παρεδέξατο* H, corr. Ruhnken *καλλιπαρήωι* idem 6 *πολύιδριν ἐοῦcαν* Ruhnken: *πολὺ δινεύουcαν* H: *πολυδήνε' ἐοῦcαν* Bergk 7 *ἐcκάτθετο* Schoemann, cf. v.l. in Theog. 487, 890, 899

δείcας μὴ τέξῃ κρατερώτερον ἄλλο κεραυνοῦ·
τούνεκά μιν Κρονίδης ὑψίζυγος αἰθέρι ναίων
κάππιεν ἐξαπίνης. ἣ δ' αὐτίκα Παλλάδ' Ἀθήνην
κύcατο· τὴν μὲν ἔτικτε πατὴρ ἀνδρῶν τε θεῶν τε
πὰρ κορυφήν, Τρίτωνος ἐπ' ὄχθῃcιν ποταμοῖο.
Μῆτις δ' αὖτε Ζηνὸc ὑπὸ cπλάγχνοις λελαθυῖα
ἧcτο, Ἀθηναίης μήτηρ, τέκταινα δικαίων,
πλεῖcτα θεῶν εἰδυῖα καταθνητῶν τ' ἀνθρώπων.
†ἔνθα θεὰ παρέλεκτο Θέμις† παλάμαις περὶ πάντων
ἀθανάτων ἐκέκαcθ' οἳ 'Ολύμπια δώματ' ἔχουcιν,
αἰγίδα ποιήcαcα φοβέcτρατον ἔντος Ἀθήνης·
cὺν τῇ ἐγείνατό μιν, πολεμήϊα τεύχε' ἔχουcαν.

344 Bacchylides v. 191–4

Βοιωτὸc ἀνὴρ τᾶιδε φών[ηcεν, γλυκειᾶν
'Ηcίοδος πρόπολος
Μουcᾶν, ὃν ⟨ἂν⟩ ἀθάνατοι τι[μῶcι, τούτωι
καὶ βροτῶν φήμαν ἕπ[εcθαι.

345 Philodemus, π. εὐcεβ είας p. 7 Gomperz; Philippson, Hermes 55, 1920, 269; Hercul. voll. coll. alt. ii. 34 (fragm. superius, col. ii)

5 ['Ω-
6 ρίωνα δὲ 'Ḥc̣ίο̣[δος
7 λέγει καὶ ὁ̣ τὴ[ν Μι-
8 ν̣υάδα γράψ[ας
9 πα[

---

343 12 κορυφῆc Goettling 13 λελαθηκυῖα H 14 Ἀθηναίη et τέκτηνα H, corr. Ruhnken 15 cf. Theog. 887 16–19 alienos duxit Bergk; 16–18 secl. Peppmüller 16 θεὰν παρέδεκτο Aly, deinde ἥτιc Merk. 17 ἐκέκαcτο 'Ολ. H, οἳ add. Ruhnken ἐχόντων Charterius 18 ἐντὸc H, corr. Boissonade Ἀθήνηc Bergk: -η H: -ῃ Ruhnken

344 (202) ad Theog. 81–97 referenda videntur

345 Hesiodi nomen Philippson coniectura prorsus incerta restituit: cνο̣[delineator: "Ομη[ροc Gomperz, Schober de Orione cf. fr. 148 7 ὁ: ε delineator 8 ουαδα delineator 9 ante πα[spatium 7 litterarum vacuum, secundum delineatorem, ut litterae πα[subscriptio esse videantur. aliter senserunt Philippson (ὑπο cκορπίου] πλ[ηγῆναι) et Schober (ἀποθανεῖν ὑ]π' Ἀ[ρτέμιδοc) Minyas fr. 6 Kinkel

346 Philodemus, π. εὐcεβείαc p. 60 Gomperz (Hercul. voll. coll. alt. ii. 147)

]οc Ἀκταίωνι καὶ
]ν καὶ καθάπερ
]ενηοια[..]ετ

347 Plinius, Nat. Hist. xv. 3

Hesiodus quoque in primis culturam agrorum docendam arbitratus vitam, negavit oleae satorem fructum ex ea percepisse quemquam; tam tarda tunc res erat.

348 Plinius, Nat. Hist. xxii. 67 et 73

asphodelum de clarissimis herbarum, ut quod heroion aliqui appellaverint, Hesiodus et in silvis nasci dixit . . . asphodelum ab Hesiodo quidam alimon appellari existimavere, quod falsum arbitror; est enim suo nomine alimon, non parvi et ipsum erroris inter auctores.

349 Theophrastus, Hist. Plant. ix. 19. 2

καὶ ὡc δή φαcι τὸ τριπόλιον καθ' Ἡcίοδον καὶ Μουcαῖον (Vorsokr.[5] 2 B 19) εἰc πᾶν πρᾶγμα cπουδαῖον χρήcιμον εἶναι, δι' ὃ καὶ ὀρύττουcιν αὐτὸ νύκτωρ cκηνὴν πηξάμενοι.

Plinius, Nat. Hist. xxi. 145

polio Musaeus et Hesiodus perungui iubent dignationis gloriaeque avidos; polium tractari, coli, polium contra venena haberi, contra serpentes substerni, uri, portari, in vino decoqui recens vel aridum inlinique.

Plinius, Nat. Hist. xxi. 44 (de saliunca)

vestibus interponi eam gratissimum, sicut apud Graecos polium herbam inclutam Musaei et Hesiodi laudibus ad omnia utilem praedicantium superque cetera ad famam etiam ac dignitates prorsusque miram, si modo, ut tradunt, folia eius mane candida, meridie purpurea, sole occidente caerulea aspiciuntur.

---

346 (131) 3 ἐν Ἠοία[ιc Gomperz: *Κ*]ε[ι]νηcία[c Schober, qui initium sic refinxit, Philippsonem secutus ἀπέθανον ὑπ' Ἀρτέμιδ]οc Ἀκταίων{ι} καὶ [Ὠρίω]ν καὶ καθάπερ [φηcὶ *Κ*]ε[ι]νηcία[c

347 (227) Herodot. v. 82. 2 contulit Goettling (λέγεται δὲ καὶ ὡc ἐλαῖαι ἦcαν ἄλλοθι γῆc οὐδαμοῦ κατὰ χρόνον κεῖνον ἢ Ἀθήνηcι)

348 (228 et 255) *alimon*: v.l. *halimon* ad Op. 41 refert Sittl; cf. fr. 370

349 (229, 230) omnia ad Op. 41 refert Sittl *polium tractari, ⟨contra vitia⟩ coli* Mayhoff *portari*: v.l. *potari*

Plinius, Nat. Hist. xxv. 12

Musaeus et Hesiodus polium herbam in quantum mirati sint diximus.—Orpheus et Hesiodus suffitiones commendavere.

350 Servius in Verg. Georg. iii. 280 (iii. 1. 297. 27 Thilo) '*hippomanes vero quod nomine dicunt | pastores*'

scit lectum esse apud Hesiodum, herbam esse quandam, quae hippomanes vocatur, quasi ἵππου μανία: si enim eam comederint equi, furore quatiuntur.

351 Lactantius Placidus, Narrat. fabul. Ovid. Met. iv fab. 5 p. 647–8 Magnus

Sol praelatam Leucothoen ex Eurynome et Orchamo, Achaemeniae principe, origine Beli genitam, Clymenae ac Rhodo, Circae matri, et Clytiae, quarum pulchritudine ante sollicitum animum egerat, dilexit. et cupiens, ut in antedictis, cupiditatem sedare, in speciem matris puellae Eurynomes conversus virginem deceptam dolo vitiavit. cuius adulterio Clytie incensa, qua nondum satiatus erat Sol, parenti puellae indicavit. quam ille cum terrae defodisset, vitiator admissi misericordiam exhibens, diducto solo, cui subiecta fuerat, pro ea virgam tinctam nectare, quae gratissima diis hominibusque esset, extulit, quae turea appellatur. hoc Hesiodus indicat.

352 Lactantius Placidus, Narrat. fabul. Ovid. Met. xi fab. 4 p. 691–2 Magnus

Pan, cum Tmolo monte Lydiae frequentius fistula se oblectaret, elatus gloria agrestium nympharum Apollinem in certamen devocavit. iudice ergo Tmolo, cuius mons erat, cum Apollini victoria esset adiudicata, Midae regi supradicto adsidenti soli displicuit. quam ob causam Apollo ob eandem stultitiam, quam et supra gesserat in Liberi patris voluntate, iratus deus aures eius in asininas, ut essent sempiterno, effecit, cuius iudicium nulli rei facerent. qui tamen fertur Midas esse Matris Magnae filius. sic enim cum Hesiodo consentit Ovidius.

353 Lactantius Placidus, Narrat. fabul. Ovid. Met. xiii fab. 3 p. 701 Magnus

Memnon, Tithoni et Aurorae filius, Priamo ferens auxilium ab Achille occiditur. mater ergo precibus pro assiduo officio inducendae lucis ab Iove

---

349 (Plin. Nat. Hist. xxv) *suffitiones* non iam ad polium referendae videntur. cf. etiam fr. 270

350 (232) *Hesiodum*: *Theocritum* Masvicius, cf. Theocr. 2. 48

351 (250)

352 (251) *facerent*: v.l. *faceret*

353 (252)

impetrat, ut in cineres eius adusto rogo sorores convertantur in volucres Memnonides nomine. quae memores belli cum quotannis ad sepulcrum eius conveniunt, et inter se dimicantes sanguine suo manibus eius frequentia parentant et ipsa mater eius matutinis temporibus lacrimas desiderio filii sui Memnonis transmutat in rorem. quod tamen monumentum in Phrygia constituit patruus eius, ut Hesiodus vult.

354 Lactantius Placidus, Narrat. fabul. Ovid. Met. ii fab. 5–6 p. 639 Magnus, de Callisto

paelicatu eius accensa (sc. *Iuno*) . . . *in ursam eam transfiguravit. quae a Iove cum Arcade filio, quem erat enixa, inter sidera conlocatur. a Graecis autem Helice, a nostris septemtrio nuncupatur et a Tethy et Oceano ob Iunonis iram inter cetera sidera liquore non tinguitur, ut auctor Hesiodus indicat.*

355 Stat. Theb. iii. 482 sqq.

mirum unde, sed olim
hic honor alitibus, superae seu conditor aulae
sic dedit effusum chaos in nova semina texens,
seu quia mutatae nostraque ab origine versis
corporibus subiere notos, seu purior axis
amotumque nefas et rarum insistere terris
vera docent.

Schol. ad loc. (p. 169. 23 Jahnke)

rationem redditurus est, unde concessum sit avibus futura praedicere. quod Virgilius (G. i. 415–16) *quasi philosophus explicat Epicureus, hic quasi Platonicus. prima opinio est ab Hesiodo: futura praedicere quia supernus conditor orbis, cum chaos figuraret in semina, hanc illis potestatem concessit.*

356 Iosephus, Antiqu. Iud. i. 108 (i. 25 Niese)

Ἡcίοδόc τε καὶ Ἑκαταῖοc (1 F 35) καὶ Ἑλλάνικοc (4 F 202) καὶ Ἀκουcίλαοc (2 F 46) καὶ πρὸc τούτοιc Ἔφοροc (70 F 238) καὶ Νικόλαοc (90 F 141) ἱcτοροῦcι τοὺc ἀρχαίουc ζήcανταc ἔτη χίλια.

e Iosepho hauserunt Eusebius, praep. ev. ix. 13 (i. 499 Mras); Ioannes Laur. Lydus, De mens. iii. 5 (p. 39. 18 Wünsch); Syncellus p. 78 Dindorf; Simeon. Logoth., Anecd. Par. i. 14 Cramer

---

cui tamen Muncker, fort. recte

354 (260) cf. fr. 163 et Hom. Σ 489, ε 275

355 (fals. 16) aliquid huiusmodi in Ornithomantia fortasse dictum est

356 (256) testimonium dubiae fidei; Op. 130 confert Kinkel, fr. 1. 11 West

357 Schol. Pind. Nem. ii. 1 (iii. 31 Drachmann)

Φιλόχορος δὲ (328 F 212) *ἀπὸ τοῦ ϲυντιθέναι καὶ ῥάπτειν τὴν ᾠδὴν οὕτω φηϲὶν αὐτοὺϲ* (sc. *τοὺϲ ῥαψῳδούϲ*) *προϲκεκλῆϲθαι. δηλοῖ δὲ ὁ Ἡϲίοδοϲ λέγων·*

ἐν Δήλωι τότε πρῶτον ἐγὼ καὶ Ὅμηροϲ ἀοιδοὶ
μέλπομεν, ἐν νεαροῖϲ ὕμνοιϲ ῥάψαντεϲ ἀοιδήν,
Φοῖβον Ἀπόλλωνα χρυϲάορον, ὃν τέκε Λητώ

cf. Eustath. in Hom. p. 6. 14

358 Paraphrasis Lycophr. 822 (i. 71 Scheer)

πρῶτοϲ Ἡϲίοδοϲ περὶ τῆϲ Ἑλένηϲ τὸ εἴδωλον παρήγαγε.

359 Iulianus, Misopogon 369 B

ἀπὸ τῆϲ Αἰγύπτου κομιϲθέντα μοι ϲῖτον ἔδωκα τῆι πόλει, πραττόμενοϲ ἀργύριον, οὐ κατὰ δέκα μέτρα ἀλλὰ πεντεκαίδεκα, τοϲοῦτον ὅϲον ἐπὶ τῶν δέκα πρότερον. εἰ δὲ τοϲαῦτα μέτρα θέρουϲ ἦν παρ' ὑμῖν τοῦ νομίϲματοϲ, τί προϲδοκᾶν ἔδει τηνικαῦτα, ἡνίκα φηϲὶν ὁ Βοιώτιοϲ ποιητὴϲ χαλεπὸν γενέϲθαι τὸν λιμὸν ἐπὶ †τῶι δράχματι; ἆρ' οὐ πέντε μόγιϲ καὶ ἀγαπητῶϲ, ἄλλωϲ τε καὶ τηλικούτου χειμῶνοϲ ἐπιγενομένου;

---

357 (265) 1 *τότε*: *τὸ* Paulson 3 cf. Op. 771

358 (266) haec potius de Stesichoro accipienda (Marckscheffel; aliter iudicavit Murray, The Rise of the Greek Epic[4] 205, 3)

cf. Anon. comm. in poetas melicos, P. Oxy. 2506 fr. 26 col. i de Stesichoro (Melici 193 Page): *[μέμ]φεται τὸν Ὅμηρο[ν ὅτι Ἑλέ]νην ἐποίηϲεν ἐν Τ[ροίαι] καὶ οὐ τὸ εἴδωλον αὐτῆ[ϲ, ἔν] τε τ[ῆι] ἑτέραι τὸν Ἡϲίοδ[ον] μέμ[φετ]αι. διτταὶ γάρ εἰϲι παλινωιδ⟨ίαι δια⟩λλάττουϲαι· καὶ ἔϲτιν τῆϲ μὲν ἡ* (*ἔϲτιν ἡ μὲν Π*, corr. E. Fraenkel) *ἀρχή·* "*δεῦρ' αὖτε θεὰ φιλόμολπε*", *τῆϲ δέ·* "*χρυϲόπτερε παρθένε*", *ὡϲ ἀνέγραφε Χαμαιλέων. αὐτὸ[ϲ δ]έ φηϲ[ιν ὁ] Cτηϲίχορο[ϲ] τὸ μὲν ε[ἴδωλο]ν ἐλθεῖ[ν ἐϲ] Τροίαν, τὴν δ' Ἑλένην π[αρὰ] τῶι Πρωτεῖ καταμεῖν[αι.*

(Paraphr. Lycophr.) *περὶ* del. Bücheler: *περὶ τῆϲ Ἑλένηϲ ⟨λέγων⟩* Geel

359 (269) *ὁ Βοιώτιοϲ ποιητήϲ*, cf. Op. 479 sqq., 496 sq., 557–60 in sequentibus Hertlein et Bergk fragmentum Hesiodeum agnoscere sibi visi sunt, quod sic refingebatur: *χαλεπὸϲ δ' ἐπὶ δράγματι λιμόϲ.* sed cf. Russo, Studi Italiani 27/28, 1956, 488

τῶι δράχματι cod. O: *τῶι δράγματι* codd. VSW: *δράγματι* cod. B: *δώματι* vulg.: *τῶι φράγματι* Bury: *ῥιγώματι* Platt Prato et Russo sic interpungunt: *τί προϲδοκᾶν ἔδει τηνικαῦτα—ἡνίκα φηϲὶν ὁ Βοιώτιοϲ ποιητὴϲ χαλεπὸν γενέϲθαι τὸν λιμόν—ἐπὶ τῶι δράγματι;* Merk. haec fere exspectaverit *τί προϲδοκᾶν ἔδει τηνικαῦτα, ἡνίκα φηϲὶν ὁ Βοιώτιοϲ ποιητὴϲ χαλεπὸν γενέϲθαι τὸν λιμόν; ἐπὶ δραχμῆι* (= *ἀργυρίωι, νομίϲματι*) *ἆρ' οὐ πέντε* (sc. *μέτρα*) *μόγιϲ κτλ.;*

360 Servius auctus in Verg. Aen. iv. 484 (i. 552–3 Thilo, iii. 410 ed. Harvard.)

Hesiodus has Hesperidas Aeglen, Erytheam, Hesperethusam, Noctis filias, ultra Oceanum mala aurea habuisse dicit.

Schol. Clement. Protrept., p. 302. 34–303. 2 Stählin

Ἑςπερίδες νύμφαι τινὲς νόμιοι οὕτω λεγόμεναι, αἳ φυλάττουςαι τὰ λεγόμενα χρύςεα μῆλα· "ἡ δὲ Ἐρύθεια καὶ Ἑςπερέθουςα βοῶπις", ὥς φηςιν Ἀπολλώνιος ὁ Ῥόδιος.

361 Plato, Resp. iii p. 390 E

οὐδ' ᾀςτέον αὐτοῖς ὅτι

δῶρα θεοὺς πείθει, δῶρ' αἰδοίους βαςιλῆας

Suda δ 1451 (ii. 135. 12 Adler)

"δῶρα — βαςιλῆας". οἱ μὲν Ἡςιόδειον οἴονται τὸν ςτίχον, εἴρηται δὲ καὶ Πλάτωνος ἐν τρίτηι Πολιτείαι.

362 Clemens, Strom. v. 14. 107. 2 (ii. 397. 21 Stählin) ex Aristobulo

Ἡςίοδος μὲν οὖν οὕτως περὶ αὐτῆς (sc. τῆς ἑβδόμης ἡμέρας) λέγει· "πρῶτον ἔνη τετράς τε καὶ ἑβδόμη ἱερὸν ἦμαρ" (Op. 770), καὶ πάλιν

ἑβδομάτηι δ' αὖτις λαμπρὸν φάος ἠελίοιο

Clementem exscripsit Eusebius praep. ev. xiii. 12. 13 (ii. 196 Mras) et xiii. 13. 34 (ii. 210 Mras)

---

360 (270) *egle, erit(h)eren, h(a)esperit(h)usa(m)* codd. Hesperidum nomina apud Apollonium (Δ 1427 sq.) Hespere, Erytheis, Aegle. versum Hesiodeum sic refinxit Unger Αἴγλη τ' ἠδ' Ἐρύθεια καὶ Ἑςπερέθουςα βοῶπις, scholiastam Clementis nomina Apollonii et Hesiodi confudisse ratus. Hesperidum nomina eadem in Bibl. ii. [114] 5. 11 (cod.: Αἴγλη Ἐρύθεια Ἑςτιαερέθουςα). nomina Hesperidum post Theog. 216 excidisse coniecerunt Goettling et Muetzell. in Tzetzae Theogonia v. 117 sqq. haec leguntur: (ἡ Νὺξ γεννᾶι) τὰς Ἑςπερίδας ςὺν αὐτοῖς ἑτέρας θεὰς πάλιν, | Ἑςπέραν καὶ Ἐρείθυιαν καὶ Αἴθουςαν καὶ Αἴγλην· | κατὰ δὲ τὸν Ἡςίοδον αἱ Ἑςπερίδες αὗται, | Ἀπάτη καὶ Φιλότης τε καὶ Νέμεςις καὶ Ἔρις. quae plane ex Hes. Th. 215–25 pendent

361 (272) δῶρ': καὶ Suda

362 (273) ab Aristobulo fictum esse statuit Valckenaer: ad aliam Operum recensionem pertinere ratus est Hermann: antecessisse versum qualem ἐξῆμαρ μὲν γαῖαν ἐπέςχετο νὺξ ἐρεβεννή ci. West (e.g. de casu Phaethontis, fr. 311; cf. Ov. Met. ii. 329 sqq.) αὖτις Euseb. xiii. 12: αὖθις Clemens et Euseb. xiii. 13

363* Apollonius Soph., Lex. Hom. p. 164. 14 Bekker

Φοῖβοc . . . φοῖβον δὲ κατὰ γλῶτταν τὸ καθαρόν, ὡc καὶ Ἡλιόδωροc·

φοῖβον ὕδωρ ἐπάγων κέραc' Ὠκεανοῖο ῥοῇιcι

363A Philodemus *π. εὐcεβείαc* in Hercul. voll. coll. alt. viii. 107

12]τεωcυc[
13]cμεγαλαc[
14]αγραφαcηερο̣[
15]τὴν κεφαλ[ὴν
16 αὐ]τῆι τῆc Γορ[γοῦc
17 παρ]έδωκεν ω[
18 .]ε[..]με..πιδα[
19]αcαc̣τερου[

---

363 (274) *Ἡλιόδωροc*:*Ἡcίοδοc* Villoison *κέραc'* Bekker: *κέραc* cod. (cf. Theog. 789): possis etiam *κερὰc* (adverb.)

363 A 12–15 ita redigit Schober: *ὡc ἱ̣c[τορεῖ ὁ τὰ]c μεγάλαc ['Ἠοίαc cυ]ν̣γράψαc, Π̣ερc̣[εύc ποτε] τὴν κεφαλ[ὴν* 16 *αὐτῆι* sc. Minervae 17–19 *ὡ[c δ' ὁ τ]ῆ̣[ν] Α̣ἰ̣θ̣ι̣ο̣πίδα* (vel *Π̣ελο̣πίδα̣*) *[ποιήc]αc ἱ̣cτο̣ρε̣ῖ̣* Schober: *ὥ[cτε τ]ῆ̣[ν] μὲν̣ α̣ἰγ̣ίδα̣ [ποιήc]αcα cτερου[μένη δέ* West

SPURIA

364 Aristoteles, Hist. Anim. *Θ* 601^{a}31 sqq.

τὰ μὲν οὖν γαμψώνυχα, καθάπερ εἴρηται πρότερον, ὡϲ ἁπλῶϲ εἰπεῖν ἄποτα πάμπαν ἐϲτίν. ἀλλ᾿ Ἡϲίοδοϲ ἠγνόει τοῦτο· πεποίηκε γὰρ τὸν τῆϲ μαντείαϲ πρόεδρον ἀετὸν ἐν τῆι διηγήϲει τῆι περὶ τὴν πολιορκίαν τὴν Νίνου πίνοντα.

365 Aristoteles, De caelo *Γ* 298^{b}25–29

εἰϲὶ γάρ τινεϲ οἵ φαϲιν οὐθὲν ἀγένητον εἶναι τῶν πραγμάτων, ἀλλὰ πάντα γίγνεϲθαι· γενόμενα δὲ τὰ μὲν ἄφθαρτα διαμένειν, τὰ δὲ πάλιν φθείρεϲθαι, μάλιϲτα μὲν οἱ περὶ Ἡϲίοδον, εἶτα καὶ τῶν ἄλλων οἱ πρῶτοι φυϲιολογήϲαντεϲ.

366 Diogenes Laertius viii. 48

ἀλλὰ μὴν καὶ τὸν οὐρανὸν πρῶτον ὀνομάϲαι (sc. *τὸν Πυθαγόραν*) *κόϲμον καὶ τὴν γῆν ϲτρογγύλην, ὡϲ δὲ Θεόφραϲτοϲ Παρμενίδην, ὡϲ δὲ Ζήνων Ἡϲίοδον.*

367 Nicander, Ther. 8 sqq.

ἀλλ᾿ ἤτοι κακοεργὰ φαλάγγια, ϲὺν καὶ ἀνιγροὺϲ
ἑρπηϲτὰϲ ἔχιάϲ τε καὶ ἄχθεα μυρία γαίηϲ
Τιτήνων ἐνέπουϲιν ἀφ᾿ αἵματοϲ, εἰ ἐτεόν περ
Ἀϲκραῖοϲ μυχάτοιο Μελιϲϲήεντοϲ ἐπ᾿ ὄχθαιϲ
Ἡϲίοδοϲ κατέλεξε παρ᾿ ὕδαϲι Περμηϲϲοῖο.

cf. schol. ad v. 11 *ἰϲτέον δὲ ὅτι ψεύδεται ὁ Νίκανδροϲ ἐνταῦθα. οὐδαμοῦ γὰρ τοῦτο εἶπεν* (sc. *ὁ Ἡϲίοδοϲ*) *ἐν τοῖϲ πραττομένοιϲ . . . περὶ γοῦν τῆϲ τῶν δακνόντων θηρίων γενέϲεωϲ, ὅτι ἐϲτὶν ἐκ τῶν Τιτάνων τοῦ αἵματοϲ, παρὰ μὲν τῶι Ἡϲιόδωι οὐκ ἔϲτιν εὑρεῖν· Ἀκουϲίλαοϲ δέ* (2 F 14) *φηϲιν ἐκ τοῦ αἵματοϲ τοῦ Τυφῶνοϲ πάντα τὰ δάκνοντα γενέϲθαι.*

---

364 (fals. 1) *Ἡϲίοδοϲ*: *Ἡρόδοτοϲ* cod. Vat. 262, sed non est Herodoti

365 (253) ad Theog. 116 sqq. referendum videtur (Sittl)

366 (254) ad Theog. 127 spectare videtur (Sittl) Theophrastus, Phys. Opin. 17 (Doxogr. p. 492); Parmenides, Vorsokr.[5] 28 A 44; Zeno fr. 276 (Stoic. Vet. Fr. i. 63)

367 (fals. 2) poeta videtur auctores confudisse

368 Strabo i. 3. 18 p. 59

καὶ ἡ πρότερον δὲ Ἀρτεμίτα λεγομένη μία τῶν Ἐχινάδων νήσων ἤπειρος γέγονε· καὶ ἄλλας δὲ τῶν περὶ τὸν Ἀχελῶιον νησίδων τὸ αὐτὸ πάθος φασὶ παθεῖν ἐκ τῆς ὑπὸ τοῦ ποταμοῦ προσχώσεως τοῦ πελάγους· συγχοῦνται δὲ καὶ αἱ λοιπαί, ὡς Ἡσίοδός φησι.

369 Manil. ii. 19 sqq., de Hesiodi carminibus

quin etiam ruris cultus legesque notavit
militiamque soli, quod colles Bacchus amaret,
quod fecunda Ceres campos, quod Pallas utrumque,
atque arbusta vagis essent quod adultera pomis,
silvarumque deos †sacrataque numina nymphas.

370 Theophrastus, Hist. Plant. vii. 13. 3

καὶ γὰρ ὁ ἀνθέρικος ἐδώδιμος σταθευόμενος καὶ τὸ σπέρμα φρυγόμενον, καὶ πάντων δὲ μάλιστα ἡ ῥίζα κοπτομένη μετὰ σύκου, καὶ πλείστην ὄνησιν ἔχει καθ' Ἡσίοδον.

Plinius, Nat. Hist. xxi. 108

asphodelus manditur et semine tosto et bulbo, sed hoc in cinere tosto, dein sale et oleo addito, praeterea tuso cum ficis, praecipua voluptate, ut videtur Hesiodo.

cf. etiam fr. 348

371 Plinius, Nat. Hist. xxiii. 43

meracis potionibus per viginti dies ante Canis ortum totidemque postea suadet Hesiodus uti.

---

368 (fals. 9) Ἡσίοδος: Ἡρόδοτος Koraes (Herod. ii. 10. 3; cf. etiam Thuc. ii. 102, ps. Scyl. 34)

369 de Magnis Operibus cogitat Housman, sed manifestum est Manilium post Theogoniam memorare Opera et Dies; neutrum carmen accurate describit, hic pendet a Vergilio, de quo et Propertius dixerat (ii. 34. 77–78)

tu canis Ascraei veteris praecepta poetae,
quo seges in campo, quo viret uva iugo.

370 (228, 255) omnia ad Op. 41 referenda

371 (231) oraculum Delphicum Atheniensibus datum agnovit West, cf. Chamaeleonem (fr. 11 Wehrli) apud Athen. i. 42 p. 22 E et Oenomaum apud Euseb., praep. ev. v. 30 (i. 278 Mras)

372 Athenaeus iii. 84 p. 116 A–D

Εὐθύδημος ὁ Ἀθηναῖος, ἄνδρες φίλοι, ἐν τῶι Περὶ Ταρίχων, Ἡσίοδόν φησι περὶ πάντων τῶν ταριχευομένων τάδ' εἰρηκέναι·

†ἄμφακες μὲν πρῶτον στόμα καὶ κριται αντα καὶ θιοην†
γναθμὸν ⟨ὃν⟩ ηὐδάξαντο δυσείμονες ἰχθυβολῆες,
οἷς ὁ ταριχόπλεως ἅδε Βόσπορος, οἵ θ' ὑπόγαστρα
τμήγοντες τετράγωνα ταρίχια τεκταίνονται.
ναὶ μὴν οὐκ ἀκλεὲς θνητοῖς γένος ὀξυρρύγχου,
ὃν καὶ ὅλον καὶ τμητὸν Ἀλεξανδρεῖς ἐκόμισσαν.
θύννων δ' ὡραίων Βυζάντιον ἔπλετο μήτηρ
καὶ σκόμβρων κυβίων τε καὶ εὐχόρτου †λικιβάττεω·
καὶ Πάριον κολιῶν κυδρὴ τροφὸς ἔσκε πολίχνη·
Ἰόνιον δ' ἀνὰ κῦμα φέρων Γαδειρόθεν ἄξει
Βρέττιος ἢ Καμπανὸς ἢ ἐξ ἀγαθοῖο Τάραντος
ὀρκύνοιο τρίγωνα, τά τ' ⟨ἐν⟩ στάμνοισι τεθέντα
ἀμφαλλὰξ δείπνοισιν ἐνὶ πρώτοισιν ὀπηδεῖ.

ταῦτα τὰ ἔπη ἐμοὶ μὲν δοκεῖ τινος μαγείρου εἶναι μᾶλλον ἢ τοῦ μουσικωτάτου Ἡσιόδου. πόθεν γὰρ εἰδέναι δύναται Πάριον ἢ Βυζάντιον, ἔτι δὲ Τάραντα καὶ Βρεττίους καὶ Καμπανούς, πολλοῖς ἔτεσι τούτων πρεσβύτερος ὤν; δοκεῖ οὖν μοι αὐτοῦ τοῦ Εὐθυδήμου εἶναι τὰ ποιήματα.

373 Plutarchus, De sera numinis vindicta 9 p. 553 F–554 A (iii. 409. 13 Pohlenz–Sieveking)

τὰ λοιπὰ δ' Ἡσιόδου χρὴ νομίζειν ἀκροᾶσθαι λέγοντος . . . ἡ γὰρ κακή, φησί, βουλὴ τῶι βουλεύσαντι κακίστη (Op. 266)· *καὶ*

ὃς δ' ἄλλωι κακὰ τεύχει, ἑῶι κακὸν ἥπατι τεύχει

---

372 (fals. 15b) 1 *μὲν* del. Bergk *κέκριται* Kaibel 2 *ὃν* add. Kaibel 3 *ταριπόλεως* cod., corr. Casaubonus *οἱ πυθόγαστρι* cod., corr. Hermann 4 *τετρωαγωνα* cod., corr. Musurus *ταρίχια* Koraes: *ταχητρια* cod., vix recte ut sit *τάχ' ἢ τρία* 5 *οξυορύγχου* cod., corr. Meineke 6 *Ἀλεξανδρεῖς* Rzach: *ἅλες τρηχεῖς* cod. 8 *κυβίων* Meineke: *βυθίων* cod. *λικιβάττεω*: cf. Epicharm. fr. 42. 2 *κικιβάλους* (◡ ◡ ◡ –) et Hesych. *κικοβαυλιτίδες* 10 *φέρων* Kaibel: *φεύγων* cod.: *φυγὼν* Musurus *γαθείραθεν* cod., corr. Meineke 11 *ἐκ ζαθέοιο* Kaibel 12 *ἐν* add. Musurus

373 (fals. 12b) confunditur Hes. Op. 265 *οἷ τ' αὐτῶι κακὰ τεύχει ἀνὴρ ἄλλωι κακὰ τεύχων* propter Callim. fr. 2. 5 (de Hesiodo) *τεύχων ὡς ἑτέρωι τις ἑῶι κακὸν ἥπατι τεύχει*, unde etiam Lucillius Anth. Pal. xi. 183. 5 *ὃς δ' ἄλλωι κακὰ τεύχει, ἑῶι κακὸν ἥπατι τεύχει*

Philippus philosophus, Comment. in Charicleam (ed. Hercher, Hermes 3, 1869, 385; Colonna, Heliodori Aethiopica [1938] 368)

εἰ δέ τις δολοπλοκίας συρράπτει κατὰ τοῦ πέλας, ὁράτω Θίσβην καὶ ξίφος Θυάμιδος κατὰ τῶν σπλάγχνων αὐτῆς διωθούμενον, καὶ Κυβέλην καθ' ἑαυτῆς τὸ δηλητήριον συγκεράσασαν, καὶ τὸ τοῦ Ἡσιόδου πληρούμενον·

ὃς κακὸν ἄλλωι τεύχει, ⟨ἑ⟩ῶι κακὸν ἥπατι τεύχει

374 Lucianus, Hermotimus 2–3

ἡ δ' Ἀρετὴ πάνυ πόρρω κατὰ τὸν Ἡσίοδον (Op. 289 sqq.) οἰκεῖ, καί ἐστιν ὁ οἶμος ἐπ' αὐτὴν μακρός τε καὶ ὄρθιος καὶ τρηχύς . . . τὸ δὲ νῦν ἀρχόμεθα ἔτι, ὦ Λυκῖνε. — Ἀλλὰ τήν γε ἀρχὴν ὁ αὐτὸς οὗτος Ἡσίοδος ἥμισυ τοῦ παντὸς ἔφη εἶναι· ὥστε κατὰ μέσην τὴν ἄνοδον εἶναί σε ἤδη λέγοντες οὐκ ἂν ἁμάρτοιμεν.

375 Pausanias i. 3. 1 (de porticu regia)

ταύτης ἔπεστι τῶι κεράμωι τῆς στοᾶς ἀγάλματα ὀπτῆς γῆς, ἀφιεὶς Θησεὺς ἐς θάλασσαν Σκίρωνα, καὶ φέρουσα Ἡμέρα Κέφαλον, ὃν κάλλιστον γενόμενόν φασιν ὑπὸ Ἡμέρας ἐρασθείσης ἁρπασθῆναι· καί οἱ παῖδα γενέσθαι Φαέθοντα, ⟨ὃν ὕστερον ἡ Ἀφροδίτη ἥρπασε⟩ καὶ φύλακα ἐποίησε τοῦ ναοῦ. ταῦτα ἄλλοι τε καὶ Ἡσίοδος εἴρηκεν ἐν ἔπεσι τοῖς ἐς τὰς γυναῖκας.

376 Athenagoras, supplicatio pro Christianis 14

ἀλλ' Ἀθηναῖοι μὲν Κελεὸν καὶ Μετάνειραν ἵδρυνται θεούς, Λακεδαιμόνιοι δὲ Μενέλεων. . . . Σάμιοι Λύσανδρον ἐπὶ τοσαύταις σφαγαῖς καὶ τοσούτοις κακοῖς· Ἀλκμὰν (Melici 163 Page) καὶ Ἡσίοδος Μήδειαν· †ἢ Νιόβην Κίλικες.

377 Hieronymus, epist. 60 (ad Heliodorum, Epitaph. Nepotiani) 14

et Hesiodus natales hominum plangens gaudet in funere.

---

374 (fals. 5) respicit Op. 40

375 respicit Theog. 984–91; locum per errorem Catalogo tribuit, qui paullo post incipiebat in libris Ἡμέρα: h.e. Ἠώς, cf. Eur. Tro. 848 sq., Hellan. 4 F 140 ὃν — ἥρπασε suppl. Hartung et Urlichs

376 (fals. 19) Medea inter deas recensetur in Theog. 992 sqq. sed locus fort. corruptus

377 (fals. 10) ad locum celeberrimum ex Eur. Cresph. fr. 449 refert Buresch; cf. etiam Certamen Hom. et Hes. p. 37. 7–8 Wil. (= Theogn. 425 sqq.)

378 Theo, Progymn. 6 (Rhet. gr. i. 217. 9 W. = ii. 93. 16 Sp.)

δεύτερον δὲ ἀπὸ τοῦ ἀδυνάτου ἐπιχειρήσομεν, δεικνύντες ὅτι ἀδύνατον τὸ πρᾶγμα οὕτω γενέσθαι, ὥς φησιν ὁ συγγραφεύς, ἤτοι διὰ τὸ μηδ' ὅλως πεφυκέναι γίνεσθαι, ἢ διὰ τὸ μὴ κατὰ τὸν αὐτὸν χρόνον εἶναι τὰ ἱστορούμενα, οἷον πρὸς τοὺς λέγοντας ὅτι Ἡρακλῆς ἀπέκτεινε Βούσιριν· κατὰ γὰρ Ἡσίοδον πρεσβύτερος Ἡρακλέους ἐστὶν ὁ Βούσιρις ἕνδεκα γενεαῖς.

379 Proleg. in Hes. Op., p. 4. 7 Pertusi

⟨χαῖρε γέρων Ἀσκραῖε, τὸν οὐκέτι ποιμένα Μούσαις⟩
ἀρνειῶν καλέειν εὔαδεν ἀλλὰ βροτῶν.
χαῖρ' Ἑλικὼν ὅς τοῖον ἐθρέψαο, χαίρετε λεπταὶ
ῥήσιες Ἡσιόδου μουσοπνόων στομάτων.

380 Priscianus, Inst. 14. 34 (Gramm. Lat. iii. 41. 19 K.) '*circumcirca*'

et hoc tum fit, quando ἀμφὶ περί significare volumus, ut Hesiodus:

ἀμφὶ περὶ κρήνην ἰοειδέα

381 Fulgentius, Mitol. 3. 1 (p. 59–60 Helm)

Pritos Panfila lingua sordidus dicitur, sicut Esiodus in bucolico carmine scribit dicens:

{ *προῖτος σταφύλης εὖ λακτισμένης αἱμορρόωι ⟨ ⟩*
{ *προῖτος σταφυλῶν καλῶς λακτιστῶν αἱματίο⟨ι⟩ς δρόσο⟨ι⟩ς*

id est, sordidus uvarum bene calcatarum sanguineo rore.

---

378 (fals. 11) *Ἡσίοδον*: *Ἰσοκράτην* recte Kontos (Isocr. Busiris 36–37)

379 (fals. 18) solus olim ultimus versus notus erat, quem ita distinxerunt quidam: *ῥήσεις Ἡσιόδου· "μουσοπνόων στομάτων"* 1 suppl. e.g. West 4 *ῥήσιες* Leo: *ῥήσεις* codd. cf. Callim. epigr. 27. 4

380 confunditur Theog. 3 cum Homero *B* 305. cf. etiam fr. 26. 19

381 (fals. 15) verborum Graecorum duo recensiones in libris videntur fuisse. alteram reddunt Helmii codices: *pritos ista fulueu lactis menes emoru* (*peprigros* αβ, *pepigros* HM; *fulueo* H; *mene somoru* H: *Προῖτος* Casaubonus, ⟨*ὁ*⟩ *δὲ Προῖτος* Ritschl; *σταφυλάων εὖ λακτιζομένων* Leutsch, *σταφύλης εὖ* ⟨*λε*⟩*λακτισμένης* Kaibel; *αἱμορρόωι* (*ἐέρσηι* vel *δρόσωι*) Ritschl; alii alia); alteram cod. Gothanus: *προtoc ctaφoyaon cadoc daktestunai matios drωφoc* (*σταφυλῶν καλῶς λακτιστῶν αἱμάτιος δρόσος* Jacobs, *αἱματίοισι δρόσοις* Kaibel). talis variatio ab auctore manavisse videtur; quo arguitur locum ab ipso fictum esse ad exemplar Ovidii Met. ii. 29 et Fast. iv. 897 *calcatis sordidus uvis*. et cui imponent nugae hominis imperitissimi cum rei metricae tum linguae Graecae?

382 Lactantius Placidus, Narrat. fabul. Ovid. Met. i fab. 1 p. 632 Magnus

ex terra cum omnia generata sint variarumque rerum mater reperiatur, tum humanum genus, quod cuncta vinceret, Prometheus Iapeti filius, ut idem Hesiodus ostendit, ex humo finxit, cui Minerva spiritum infudit.

383 Schol. T Hom. Φ 281 (vi. 352. 10 Maass), "λευγαλέωι"

χαλεπῶι, οὐ διύγρωι ὡς Ἡcίοδος. τί γὰρ ἐπὶ τοῦ "λευγαλέοι τ' ἐcόμε⟨c⟩θα" (β 61);

384 Eustath. in Hom. (*A* 404) p. 124. 37

ὁ δὲ ποιητής φηcι καὶ ὅτι τοῦ πατρὸc ἀμείνων ἦν, ὅπερ cπάνιον κατὰ τὸν Ἡcίοδον λέγοντα

παῦροι δέ τε πατρὸc ἀρείουc

ibid. p. 447. 26 (ad *Δ* 87)

καὶ καινὸν οὐδὲν εἰ παῖc πατρὸc ἀγαθοῦ νόμουc ἐνταῦθα παρέβη ξενίαc· παῦροι γὰρ παῖδεc ἐοίκαcι πατράcι, οἱ πλείονεc κακίουc, φηcὶν Ἡcίοδοc.

385 Eustath. in Hom. p. 1293. 25

ἐc πηγὰc δὲ ἱερεύονται μῆλα διὰ τὸ αὐτὰc γονίμουc εἶναι τοῦ ὅλου ποταμοῦ, ἔτι δὲ καὶ τιμίαc ἀρχικῶι λόγωι, καθὰ παραδηλοῖ καὶ Ἡcίοδοc.

386 Eustath. in Hom. p. 1318. 7

. . . τὸ ὑπερβαίνειν, καὶ ἡ ἐξ αὐτοῦ ὑπερβαcία, ἧc καὶ παρ' Ἡcιόδωι χρῆcίc ἐcτιν ἐν τῶι

ὑπερβαcίαι δ' ἀλεγειναί

---

382 (268) Prometheus Iapeti filius: Theog. 510, Op. 54, etc.

383 (279 Marckscheffel) respicit Op. 525; cf. schol. ad loc. (p. 175. 3 sq. Pertusi)

384 (fals. 4) verba Homerica (β 277) lapsu memoriae, ut vid., Hesiodo ascripta propter eius doctrinam de saeculis

385 (257) ad Op. 757 refert Sittl, Wien. Stud. 12, 1890, 45; cf. etiam Theog. 346 sqq.

386 (fals. 13) ὑπερβαcίαι δ' ἀλεγειναί ps. Phocyl. 36 (s.v.l.): ὑπερβαcίαc ἀλεείνων Hes. Op. 828

387 Eustath. in Hom. p. 1688. 65

ὅτι Κλυμένη θυγάτηρ Ἴφιος ἢ Μινύου ὑπὸ Φυλάκωι τῶι Δηιονέως Ἴφικλον τίκτει παῖδα ποδώκη . . . ὃν φασι διὰ τὴν τῶν ποδῶν ἀρετὴν καὶ ἀνέμοις ἁμιλλᾶσθαι καὶ ἐπ' ἄκρων ἀνθερίκων θέειν καὶ μὴ κατακλᾶν αὐτούς. Ἡσίοδος δέ φησι προμιγῆναι αὐτὴν Ἡλίωι καὶ τεκεῖν Φαέθοντα.

388 Schol. Aesch. Prom. 367 (p. 19. 20 Dindorf) "*τὸν γηγενῆ τε Κιλικίων οἰκήτορα | ἄντρων*"

οἰκήσαντα μὲν ἐν Κιλικίαι, κολασθέντα δὲ ἐν Σικελίαι. Ἡσίοδος δέ·

τόν ποτε Κιλίκιον θρέψεν πολυώνυμον ἄντρον

389 Schol. in Simiae Alas 1 (Wendel, Scholia in Theocritum Vetera p. 343. 1) "*λεῦσσέ με τὸν Γᾶς τε βαθυστέρνου ἄνακτ' Ἀκμονίδαν τ' ἄλλυδις ἑδράσαντα*"

Ἀκμονίδαν δέ ⌊φησι⌋ τὸν Οὐρανὸν ⌊Ἡσίοδος⌋· Γαῖα μὲν Ἄκμονα ἔτικτεν, ἀπὸ δ' Ἄκμονος ὁ Οὐρανός.

390 Schol. Ap. Rhod. Γ 309–13 (p. 229. 11 Wendel) "*πατρὸς ἐν ἅρμασιν . . . ἐκόμιζεν Κίρκην ἑσπερίης εἴσω χθονός*"

(*a*) *ἠκολούθησεν Ἀπολλώνιος τοῖς κατὰ τὸ Τυρσηνικὸν πέλαγος ὑποτιθεμένοις τὴν Ὀδυσσέως πλάνην, ὧν ἀρχηγὸς Ἡσίοδος κατωικηκέναι λέγων Κίρκην ἐν τῶι προειρημένωι πελάγει.*

(*b*) *περὶ τὴν Ἰταλίαν ὤικησεν ἡ Κίρκη, ὅθεν ὄρος Κιρκαῖον ἀπ' αὐτῆς πολυφάρμακον. φησὶ δὲ Ἀπολλώνιος Ἡσιόδωι ἑπόμενος ἐπὶ τοῦ ἅρματος τοῦ Ἡλίου εἰς τὴν κατὰ Τυρρηνίαν κειμένην νῆσον τὴν Κίρκην ἐλθεῖν.*

---

387 error provenit a schol. Hom. λ 326, q.v. ad fr. 62

388 (fals. 7) Pindari est, Pyth. i. 16–17. Pindarum Hesiodi versum repetiisse censuit von Mess: contra dixit Usener, Rh. Mus. 56, 1901, 186 = Kl. Schr. iii. 187. licet suspicari scholium olim plenius fuisse, e.g. *Ἡσίοδος· ⟨φλὸξ δὲ κεραυνωθέντος ἀπέσσυτο τοῖο ἄνακτος οὔρεος ἐν βήσσῃσιν Ἀϊδνῆς παιπαλοέσσης πληγέντος* (Theog. 859–61, quos versus etiam Tzetzes in Lyc. 688 citat ut demonstret Typhonem in Sicilia victum esse). *καὶ Πίνδαρος⟩ δέ· τόν ποτε Κιλίκιον θρέψεν πολυώνυμον ἄντρον· ⟨νῦν γε μὰν ταί θ' ὑπὲρ Κύμας ἁλιερκέες ὄχθαι Σικελία τ' αὐτοῦ πιέζει στέρνα λαχνάεντα.⟩*

389 (fals. 6) *φησι* cod. G: om. cod. K et Anth. Pal. xv. 24 *Ἡσίοδος* Anth. Pal.: om. KG: 'quod nomen', ait Wendel, 'ortum mihi esse videtur e verbo (*φ*)*ησι* super linea postea addito' cf. Titanomachiam cyclicam fr. i Allen; Bergk, PLG[4] iii. 68–69; Pfeiffer ad Callim. fr. 498. verbis *Γαῖα — Οὐρανός* utrum versus referatur an genealogia tantum, non liquet *μὲν* ⟨*γὰρ*⟩ Wendel

390 (66, 67) ad Theog. 1011 sqq. rettulit Wendel

391 Schol. Ap. Rhod. Δ 1396 (p. 315. 13 Wendel), "ἶξον δ' ἱερὸν πέδον, ᾧι ἔνι Λάδων | εἰcέτι που χθιζὸν παγχρύcεα ῥύετο μῆλα"

Πείcανδρος (16 F 8) τὸν δράκοντα ὑπείληφεν ἀπὸ τῆς γῆς γεγενῆcθαι, Ἡcίοδος δὲ ἐκ Τυφῶνός φηcιν.

392 Comment. in Arat. p. 97. 25 Maass

cτρέφεται δὲ τὸ πᾶν αὐτὸ περὶ αὐτὸ ὁcημέραι καὶ ὧραι, καθὸ καὶ ὁ Ἀcκραῖός φηcι·

cφαῖρος κυκλοτερὴς μονίηι περιηγέϊ χαίρων

393 Schol. Theocrit. i. 27 (p. 38. 11 Wendel); schol. Lucian. p. 210. 6 Rabe; Et. gen. s.v. κιccύβιον

Ἡcίοδος·

ὀλίγωι δ' ἥδετο κιccυβίωι

394 Galenus in Hippocr. de aeribus aquis locis vi. 202 Chart. (habemus nil nisi interpretationem Hebraeam ab altera Arabica factam, cuius notitiam novissimam et accuratissimam praestiterunt Kraus–Schmidt–Kranz, Rh. Mus. 95, 1952, 217 sqq. nos tibi locum Latine reddimus:)

et multa de hac re dixit vir sapiens *'ns'rōs*. cum (sidus) *kōri* (= Pleiades) oritur, incipiunt homines messem; cum occidit, incipiunt arare et glebam frangere. dixit praeterea, quod (sidus) *nōri* (= Pleiades) xl diebus et xl noctibus celatur. celatur autem, ut dixit, non nisi his xl diebus. postea apparet noctu . . . (*sequuntur plura de temporibus quibus sidus aspici possit*) . . . ex hac causa non diutius videtur, neque in conspectum venit per multas ex iis xl noctibus, ut dixit vir sapiens ac doctus *'ns'rōs*. dixit enim nullum esse sidus eiusmodi praeter unum, quod vocatur *šōmr 'l pdḳd* (= Arcturus) . . . (*sequuntur plura de sideribus aliis*) . . . sed qui post eum (Hippocratem) clari fuerunt, omnes consentiunt, quod ver

---

391 (249) Ἡcίοδος ⟨δὲ ἐκ Κητοῦς καὶ Φόρκυνος, Φερεκύδης⟩ δὲ Wendel, cl. 3 F 16a. at potuit commentatorem fallere Theogonia 306–35 incautius inspecta

392 (276 Marckscheffel) Ἀκραγαντῖνος Maass (praeeunte Marckscheffel), est enim Empedoclis (Vorsokr.[5] 31 B 27. 4, 28. 2)

393 (fals. 12) Callimachi est, fr. 178. 12 Pf.

394 *'ns'rōs*: *Anaxagoras* Alatino (interpres Latinus, saec. xvi), inde Vorsokr.[5] 59 B 20: Hesiodum agnoverunt Kraus–Schmidt–Kranz (praeeunte Diller), qui ad Astronomiam referunt. sed omnia conveniunt Operibus (383–7, 564–7, 571–5, 614–7)

sit aequinoctium post hiemem, aestatis autem initium ortus (sideris) *kimah* (= Pleiades), auctumni initium ortus Canis. et hoc dixit *'si'ōsds*, cum in aliis disciplinis versatus esset, aestatis initium esse ortum (sideris) *kimah*, hiemis initium occasum eius. etiamque Homerus poeta dixit, id sidus, quod Canis vocatur, est vero Sirius, ad tempus pomorum oriri praeclaro ortu.

395 Schol. Stat. Theb. iv. 481 (p. 225. 21 Jahnke), '*tu separe coetu | Elysios Persee pios, virgaque potenti | nubilus Arcas agat*'

imperat autem Mercurio et Libero ut animas piorum evocent. quare autem 'Persee' dicat, ratio est. quidam enim volunt non Iouis filium esse Mercurium sed Proserpinae, in qua opinione etiam Hesiodus versatur in his libris quos de theogonia scripsit. quidam 'Persei'.

396 Hesych. α 7017

Ἀργείη· Πελοποννηςία. λευκὴν δὲ Ἡςίοδος.

397 Hesych. α 4153

ἀμφουδίς· περὶ τὸ ἔδαφος. ὁ δὲ Ἡςίοδος, ἀμφοτέραις ταῖς χερςὶν εἰς τὸ οὖδας ῥίπτων.

398 Orion, Etymol. p. 96. 27 Sturz

λακίδες· ἐπὶ ςχίςματος ἱματίου, παρὰ τὸ λακεῖν καὶ ψοφεῖν ἠρέμα ἐν τῶι ςχίζεςθαι. οὕτως Ἀριςτόνικος ἐν τοῖς Cημείοις Ἡςιόδου.

'si'ōsds: *Asuedus* Alatino, eundem Hesiodum esse censent Kraus–Schmidt–Kranz. cf. Op. 383–4, 619–21 *Homerus*: cf. *X* 26 sqq.

395 (fals. 17) *Libero*: immo Hecatae *Persee dicat* Jahnke: *persecate, peseucate, pse cate* (corr. in *hate*), *pse ecate* codd. *Proserpinae* Tiliobroga: *Pyrrhae* (*pyre, pire*) codd. scholiasta inscitus 'Persee' a Persephone explicat. verba *sed Proserpinae* post *scripsit* transponenda sunt, cf. Theog. 938 *Persei*: vera lectio, quam coniectura attigerunt Parrhasius et Heinsius; cf. Ap. Rhod. Γ 467 Περςηΐ

396 (fals. 20) nomen grammatici desideratur, ut vid. Ἡλιόδωρος Ruhnken

397 (fals. 21) desideratur nomen grammatici, cum sit explicatio loci Homerici ρ 237 Ἡλιόδωρος Pearson: Ἡρωδιανός Hermann

398 haec fort. hausta sunt e commentario in Theog. 694 λάκε; non est cur credas verbum λακίς in Hesiodeis obvium fuisse Ἀριςτόνικος Lehrs: Ἀρίςταρχος

399 Suda κ 2000 (iii. 150. 6 Adler)

κομιδή· ἡ ἀνάcωcιc. Ἡρόδοτοc. λέγεται δὲ καὶ ἡ ἄφιξιc, ἡ δίοδοc. Πολύβιοc· "τῆc εἰc τοὔμπροcθεν κομιδῆc καὶ τῆc ὅληc ἐπιβολῆc ἀπέcτη." (fr. 56, iv. 522 Büttner-Wobst).

400 Etymol. magn. p. 215. 37

βροτόc· ὡc μὲν Εὐήμεροc ὁ Μεccήνιοc (63 F 8), *ἀπὸ Βροτοῦ τινοc αὐτόχθονοc· ὡc δὲ Ἡcίοδοc, ἀπὸ Βροτοῦ τοῦ Αἰθέροc καὶ Ἡμέραc.*

401 Ps. Ammonius, de adf. vocab. diff. 113 p. 28 Nickau

καὶ ἡ ἑcτίαc ημαίνει καὶ τὸν οἶκον· "ἑcτίη τ' Ὀδυcῆοc ἀμύμονοc" (τ 304). *καὶ "ἀνέcτιοc" ὁ ἄοικοc παρ' Ἡcιόδωι καὶ ἡ cωματοειδὴc θεὸc Ἑcτία·*

Ἑcτί{ν}ην καὶ Δήμητραν καὶ Ἥρην χρυcοπέδιλον (Hes. Th. 454)

Etymol. magn. p. 382. 42 s.v. *ἑστία*

οἱ δὲ Ἴωνεc καὶ οἱ Δωριεῖc διὰ τοῦ ῑ, ἱcτιῶ καὶ ἱcτία. ἀμφότερα δέ εἰcι παρὰ τῶι ποιητῆι· "ἱcτίη τ' Ὀδυcῆοc", καὶ διὰ τοῦ ε̄ ἐν τῶι "ἀνέcτιοc" (*Ι* 63), *ὁ μὴ ἔχων οἰκίαν καὶ παρὰ Ἡcιόδωι ὁ ἄοικοc καὶ ἡ cωματοειδὴc θεόc·*

Ἱcτίην Δήμητρα καὶ Ἥρην χρυcοπέδιλον.

402 Etymol. magn. p. 557. 55

λάταξ· παρὰ τὸ λα ἐπιτατικὸν καὶ τὸ cτάζω, cτάξ, καὶ λάταξ, ἡ μεγάλη cταγών. Ἡcίοδοc.

403 Etymol. magn. p. 773. 22 s.v. *τῷ*

πολλαὶ λέξειc ἐλλείπονται προθέcεων, οἷον "τρέμω cε" ἀντὶ τοῦ διὰ cέ. Ἡcίοδοc·

πικρὰc ὠδῖναc ἔχουcαι,

ἀντὶ τοῦ ἐπέχουcαι.

---

399 (253 Marckscheffel) *ἡ δίοδοc*: *ἡcίοδοc* cod. V

400 (114) *ὡc δὲ* Jacoby: *ὁ δὲ* codd. fr. vix Hesiodeum; cf. Sittl, Wien. Stud. 12, 1890, 41, qui Acusilaum in schol. Theocr. xiii. 1–2 (c) confert (Vorsokr.[5] 9 B 3, F. Gr. Hist. 2 F 6c)

401 (Ammon.) *ὁ ἄοικοc. παρ' Ἡcιόδωι καὶ* Valckenaer, Nickau (Et. magn.) *ὁ μὴ ἔχων οἰκίαν, ὁ ἄοικοc. καὶ παρ' Ἡcιόδωι ἡ* Ruhnken, recte praeter quod pro *οἰκίαν* fort. legendum *ἑcτίαν*, cf. Et. magn. p. 104. 30 *ἀνέcτιοc· ἑcτίαν μὴ ἔχων, ἄοικοc*

402 (fals. 22) *Ἡcίοδοc*: *Ἡρωδιανόc* Ruhnken

403 (268 Marckscheffel) Homeri est, *Λ* 271; cf. schol. BT ad loc.

404 Etymol. magn. p. 796. 57 s.v. *Φοῖβος Ἀπόλλων*

. . . ἢ ἀπὸ Φοίβης, μαμμωνυμικῶς, ὡς Ἡσίοδος.

405 Etymol. gen. s.v. *Βύβλος* (Reitzenstein, Gesch. d. gr. Etymologika p. 329. 27)

οἱ δέ φασιν ὅτι Ἶσις ἀπὸ τῆς Αἰγύπτου παραγενομένη κλαίουσά τε τὸν Ὄσιριν τὸ διάδημα τῆς κεφαλῆς ἐκεῖσε ἀπέθετο βύβλινον ὑπάρχον ἀπὸ τῆς ἐν τῶι Νείλωι φυομένης βύβλου. ἐν Ἀσπίδι Ἡσίοδος, οἷον

Βύβλον τ' ἀγχίαλον καὶ Σίδων' ἀνθεμόεσσαν

406 Etymol. gen. s.v. *εἰλυφάζω*

Ἡσίοδος·

ἄνεμος φλόγα εἰλυφάζων

407 Etymol. Gud. s.v. *ἄρκυς* (i. 198. 5 de Stefani)

. . . καὶ δασύνεται. ἐκ τοῦ εἴργω, τὸ κωλύω, τροπῆι τῆς διφθόγγου εἰς ᾱ. {καὶ δασύνεται.}

cf. Epimerism. alph., Anecd. Ox. ii. 336 Cramer

408 Etymol. Gud. s.v. *ἀτασθαλία* (i. 224. 24 de Stefani)

ἡ περὶ τὸν οἶνον ἀταξία. Ὅμηρος· "ἀτασθαλίῃσι νόοιο." ἀτάσθαλος· ὑβριστής, ἀκόλαστος, ἄδικος, αὐθάδης, ἁμαρτωλός. Ἡσίοδος (Theog. 164)· "ἀτασθάλου", πονηροῦ.

---

404 (259 Marckscheffel) respicit Theog. 136, 404–8, 918–20

405 (fals. 14) ἐν Ἀσπίδι Ἡσίοδος A: deest B: ἐν ἔλεσι. Διονύσιος Reitzenstein. est utique Dionysii versus, Perieg. 912. error fort. ex eo ortus est, quod Dionysius saepe in iisdem libris atque Hesiodus traditur. apud 'Sanchuniathonem' a Wagenfeldio falsum (anno 1837), pp. 4–6, legitur: καὶ γὰρ περὶ ἐνίων ὧν οὐδὲ τὰ ὀνόματα ἴσασιν οἱ Φοίνικες, οὔτ' Ἀγήνορος οἱ Σιδόνιοι οὔθ' οἱ Βύβλιοι τοῦ Βάλαντος, ὅν φασιν οἱ ποιηταὶ

Βύβλον τ' ἀγχίαλον καὶ Σίδων' ἀνθεμόεσσαν
νικῆσαι τρικάρηνον,

λόγους πεποιηκότες Ἕλληνες δῆλοί εἰσι τῶν Φοινίκων τὰ μὲν διαφθαρόντες, τὰ δ' ὅλως ψευσάμενοι διὰ τὴν παλαιὰν τῆς Ἑλλάδος εἰς Ἀσίαν ζηλοτυπίαν.

406 (fals. 3) confunditur Hes. Th. 692 ἱερὴν φλόγα εἰλυφόωντες et Hom. *Υ* 492 ἄνεμος φλόγα εἰλυφάζει

407 (261) {καὶ δασύνεται}: καὶ δ[a] cod. *d* (archetypus): Ἡσίοδος apogr.

408 (259) haec decurtata olim legebantur, ut verba Homerica Hesiodo ascriberentur

409 Etymol. Gud. s.v. χῆτις (p. 565. 7 Sturz)

ἡ ἔνδεια. καὶ χῆτος ἕτερον ὄνομα, παρὰ τὸν χήσω μέλλοντα· χήτεα Ἡσίοδος.

410 Georgius Gennadius Scholarius, Epist. v (iv. 494. 10 ed. Paris. 1928–36)

ὁ μὲν γὰρ Ἡσίοδος σοφόν φησιν εἶναι τὸν πολλὰ εἰδότα φυᾶι.

411 Eustath. in Hom. p. 1398. 23

τέττορας Δωρικῶς λεχθέν, οὗ εὐθεῖα κεῖται παρ' Ἡσιόδωι.

412 Ἀνθολογία γνωμῶν καὶ ἀποφθεγμάτων quae exstat in cod. Patm. 6 (Decharme–de Julleville, Note sur les Manuscrits d'Auteurs Anciens qui se trouvent dans la Bibliothèque du Monastère de Saint-Jean à Patmos, 1866, p. 48)

Ἡσιόδου·

θνητὸς πεφυκὼς τὰ ὀπίσω πειρῶ βλέπειν

413 Anon., De Tropis (Fredrich–Wentzel, Gött. Nachr. 1896, 340; Hilgard, Grammatici Graeci i. 3. 460. 3)

γίνεται δὲ ἀναστροφὴ καὶ διὰ πλειόνων μερῶν τοῦ λόγου, ὡς παρὰ Σοφοκλεῖ ἐν Συνδείπνοις (fr. 562 Pearson) ἡ Θέτις πρὸς τὸν Ἀχιλλέα φησίν· "λιποῦσα μὲν Νηρηΐδων ὤρουσα πόντιον χορόν·" τὸ γὰρ ἑξῆς οὕτως ἐστί· πόντιον χορὸν λιποῦσα Νηρηΐδων ὤρουσα. †ὅτι μετὰ σὲ ἀντὶ τοῦ πρὸς σὲ καὶ παρ' Ἡσιόδωι†

---

409 (263 Marckscheffel) ad Theog. 605 χήτει rettulit Sittl

410 (fals. 8) Pindari est, Ol. ii. 86 Gennadius auctor recentissimus est (saec. xv)

411 (267) ad Op. 698 rettulit Ahrens, De dialecto Dorica (Gottingae 1843) ii. 279. 1; cf. etiam Et. magn. τέτορε

412 Isidori est, fr. 2 Nauck (Trag. Fr. p. 829); cf. Stob. Flor. iii. 22. 27 p. 590. 12 Wachsmuth–Hense; [Men.] Monost. 343 Jäkel; Apostol. iii. 8 (Paroem. Gr. ii. 289. 19) τἀπὶ σοὶ Apostolius

413 fort. καὶ παρ' Ἡσιόδωι· "τὰ μέταζε χατίζων πτώσσῃς ⟨ἀλλοτρίους οἴκους" (Op. 394–5), ἀντὶ τοῦ χατίζων πτώσσῃς μετὰ τοὺς ἀλλοτρίους οἴκους⟩

COMPARATIO NUMERORUM

Rzach (1913)	haec editio	Rzach (1913)	haec editio	Rzach (1913)	haec editio
1	Cat.	41	219	84	212 (a)
1b	Cat.	42	220	85	214
2	2, 3	43	160	86	49
3	4	44	161	87	50
4	3, 5	45	162	88	52
5	7	46	167	89	53
6	8	47	121	90	23 (a)
7	9, 10	48	158	91	24
7b	43 (a)	49	159	92	24
8	6	50	63	93	176
9	19	51	68	94	196–200
10	20	52	157	95	202
11	245	53	157	96	204
12	17 (b)	54	151	97	191
13	18	55	150	98	194
14	33	56	155	99	175
15	35	57	156	100	23 (b)
16	34	58	156	101	223
17	221	59	156	102	224
18	38	60	150	103	144
19	40	61	152	104	146
20	72	62	153	105	147, 298
21	73	63	241	106	225
21b	75, 76	64	241	107	226
22	74	65	150	108	230
23	137	66	390	109	232
24	128	67	390	110	26
25	127	68	27	111	64
26	130	69	28	112	67 (b)
27	131	70	204	112b	43 (c)
28	132	71	222	113	166
29	133	72	26	114	400
30	140	73	12	115	234
31	138	74	13	116	235
32	139	75	184	117	62
33	22	76	205	118	236
34	183	77	206	119	237
35	192	78	208	120	238
36	78	79	209	121	239
37	70	80	210	122	59
38	70	81	211	123	60
39	71	82	1	124	42
40	218	83	213	125	51

Rzach (1913)	haec editio	Rzach (1913)	haec editio	Rzach (1913)	haec editio
126	54 (b)	175	287	224	325
127	54 (c)	176	282	225	326
128	215	177	288	226	327
129	216	178	289	227	347
130	32	179	290	228	348
131	346	180	291	229	349
132	181	181	163	230	349
133	182	182	148	231	371
134	240	183	149	232	350
135	25	184	299	233	142
136	195	185	300	234	204
137	247	186	296	235	328
138	248	187	124	236	329
139	249	188	294	237	330
140	250	189	126	238	331
141	251 (b)	190	301	239	332
142	252	191	233	240	333
143	253	192	305	241	334
144	257	193	306	242	340
145	258	194	307	243	341
146	246	195	308	244	342
147	259 (a)	196	309	245	43 (a)
148	260	197	310	245b	193
149	261	198	123	246	65
150	262	199	311	247	69
151	254	200	87	248	335
152	255	201	231	249	391
153	256	202	344	250	351
154	263	203	312	251	352
155	264	204	313	252	353
156	228	205	203	253	365
157	266 (b)	205b	179	254	366
158	266 (c), 267	206	314	255	348
159	15	207	315	256	356
159b	268	208	316	257	385
160	278	209	150	258	Astr.
161	276	210	317	259	408
162	275	211	318	260	354
163	274	212	319	261	407
164	273	213	189	262	336
165	271	214	204	263	293
166	272	215	270	264	337
167	277	216	204	265	357
168	279	217	320	266	358
169	303	218	339	267	411
170	283	219	61	268	382
171	304	220	321	269	359
172	284	221	322	270	360
173	285	222	323	271	338
174	286	223	324	272	361

Rzach (1913)	haec editio	Rzach (1913)	haec editio	Rzach (1913)	haec editio
273	362	fals. 5b	43 (b)	fals. 15	381
274	363	6	389	15b	372
275	169	7	388	16	355
276	170	8	410	17	395
277	77	9	368	18	379
278	—	10	377	19	376
fals. 1	364	11	378	20	396
2	367	12	393	21	397
3	406	12b	373	22	402
4	384	13	386		
5	374	14	405		

Merk. (1957)	haec editio	Merk. (1957)	haec editio	Merk. (1957)	haec editio
A	1	F 10	119	M 4	178
B	43 (a)	F 11	120	M 5	172
C	31	G 1	196	M 6	173
D	37	G 2	197	M 7	174
E	70	G 3	198	N	193
F 1	22	G 4	199	O	211
F 2	11	G 5	200	P	195
F 3	26, 185, 186	H	204	Q	73
		I	135	R	75, 76
F 4	25	K 1	141, 143	S	280, 281
F 5	23 (a)	K 2	150, 154	Z 1	268
F 6	116	L	145	Z 2	179
F 7	117	M 1	165	Z 3	242
F 8	21	M 2	171	Z 4	292
F 9	118	M 3	177		

INDEX PAPYRORUM

INDEX AUCTORUM

Stellula notantur loci in quos coniecturas protulimus.

INDEX VERBORUM

* Stella notantur loci ubi habes supplementa vel variam lectionem vel aliam occasionem cavendi.

( ) Cancellis saepiuntur loci prosa scripti.

Excluduntur supplementa coniecturaeque incertiores, et maior pars spuriorum.